I0156053

ESPANHOL
VOCABULÁRIO

PALAVRAS MAIS ÚTEIS

PORTUGUÊS
ESPANHOL

Para alargar o seu léxico e apurar
as suas competências linguísticas

9000 palavras

Vocabulário Português-Espanhol - 9000 palavras

Por Andrey Taranov

Os vocabulários da T&P Books destinam-se a ajudar a aprender, a memorizar, e a rever palavras estrangeiras. O dicionário é dividido em temas, cobrindo todas as principais esferas de atividades quotidianas, negócios, ciência, cultura, etc.

O processo de aprendizagem, utilizando os dicionários baseados em temáticas da T&P Books dá-lhe as seguintes vantagens:

- Informação de origem corretamente agrupada predetermina o sucesso em fases subsequentes da memorização de palavras
- Disponibilização de palavras derivadas da mesma raiz, o que permite a memorização de unidades de texto (em vez de palavras separadas)
- Pequenas unidades de palavras facilitam o processo de estabelecimento de vínculos associativos necessários para a consolidação do vocabulário
- O nível de conhecimento da língua pode ser estimado pelo número de palavras aprendidas

T&P Books Publishing
www.tpbooks.com

ISBN: 978-1-78400-852-9

Este livro também está disponível em formato E-book.
Por favor visite www.tpbooks.com ou as principais livrarias on-line.

VOCABULÁRIO ESPANHOL
palavras mais úteis

Os vocabulários da T&P Books destinam-se a ajudar a aprender, a memorizar, e a rever palavras estrangeiras. O vocabulário contém mais de 9000 palavras de uso comum organizadas tematicamente.

O vocabulário contém as palavras mais comummente usadas
Recomendado como adicional para qualquer curso de línguas
Satisfaz as necessidades dos iniciados e dos alunos avançados de línguas estrangeiras
Conveniente para o uso diário, sessões de revisão e atividades de auto-teste
Permite avaliar o seu vocabulário

Características especias do vocabulário

* As palavras estão organizadas de acordo com o seu significado, e não por ordem alfabética
* As palavras são apresentadas em três colunas para facilitar os processos de revisão e auto-teste
* As palavras compostas são divididas em pequenos blocos para facilitar o processo de aprendizagem
* O vocabulário oferece uma transcrição simples e adequada de cada palavra estrangeira

O vocabulário contém 256 tópicos incluindo:

Conceitos básicos, Números, Cores, Meses, Estações do ano, Unidades de medida, Roupas & Acessórios, Alimentos & Nutrição, Restaurante, Membros da Família, Parentes, Caráter, Sentimentos, Emoções, Doenças, Cidade, Passeios, Compras, Dinheiro, Casa, Lar, Escritório, Trabalho no Escritório, Importação & Exportação, Marketing, Pesquisa de Emprego, Desportos, Educação, Computador, Internet, Ferramentas, Natureza, Países, Nacionalidades e muito mais ...

TABELA DE CONTEÚDOS

GUIA DE PRONUNCIAÇÃO

Alfabeto fonético T&P	Exemplo Espanhol	Exemplo Português
[a]	grado	chamar
[e]	mermelada	metal
[i]	física	sinónimo
[o]	tomo	lobo
[u]	cubierta	bonita
[b]	baño, volar	barril
[β]	abeja	sábado
[d]	dicho	dertista
[ð]	tirada	[z] - fricativa dental sonora não-sibilante
[f]	flauta	safári
[dʒ]	azerbaidzhano	adjetivo
[g]	gorro	gosto
[ɣ]	negro	agora
[j]	botella	géiser
[k]	tabaco	kiwi
[l]	arqueólogo	libra
[lʲ]	novela	ralho
[m]	mosaico	magnólia
[m̩]	confitura	[m] nasal
[n]	camino	natureza
[ŋ]	blanco	alcançar
[p]	zapatero	presente
[r]	sabroso	riscar
[s]	asesor	sanita
[θ]	lápiz	[s] - fricativa dental surda não-sibilante
[t]	estatua	tulipa
[tʃ]	lechuza	Tchau!
[v]	Kiev	fava
[x]	dirigir	fricativa uvular surda
[z]	esgrima	sésamo
[ʃ]	sheriff	mês
[w]	whisky	página web
[']	[re'loχ]	acento principal
[·]	[aβre·'lʲatas]	ponto mediano

ABREVIATURAS
usadas no vocabulário

Abreviaturas do Português

adj	-	adjetivo
adv	-	advérbio
anim.	-	animado
conj.	-	conjunção
desp.	-	desporto
etc.	-	etecetra
ex.	-	por exemplo
f	-	nome feminino
f pl	-	feminino plural
fem.	-	feminino
inanim.	-	inanimado
m	-	nome masculino
m pl	-	masculino plural
m, f	-	masculino, feminino
masc.	-	masculino
mat.	-	matemática
mil.	-	militar
pl	-	plural
prep.	-	preposição
pron.	-	pronome
sb.	-	sobre
sing.	-	singular
v aux	-	verbo auxiliar
vi	-	verbo intransitivo
vi, vt	-	verbo intransitivo, transitivo
vr	-	verbo reflexivo
vt	-	verbo transitivo

Abreviaturas do Espanhol

adj	-	adjetivo
adv	-	advérbio
f	-	nome feminino
f pl	-	feminino plural
fam.	-	familiar
m	-	nome masculino
m pl	-	masculino plural
m, f	-	masculino, feminino

n	-	neutro
pl	-	plural
v aux	-	verbo auxiliar
vi	-	verbo intransitivo
vi, vt	-	verbo intransitivo, transitivo
vr	-	verbo reflexvo
vt	-	verbo transitivo

CONCEITOS BÁSICOS

Conceitos básicos. Parte 1

1. Pronomes

eu	yo	[jo]
tu	tú	[tu]
ele	él	[elʲ]
ela	ella	['eja]
nós (masc.)	nosotros	[no'sotros]
nós (fem.)	nosotras	[no'sotras]
vocês (masc.)	vosotros	[bo'sotros]
vocês (fem.)	vosotras	[bo'sotras]
você (sing.)	Usted	[us'teð]
você (pl)	Ustedes	[us'teðes]
eles	ellos	['ejos]
elas	ellas	['ejas]

2. Cumprimentos. Saudações. Despedidas

Olá!	¡Hola!	['olʲa]
Bom dia! (formal)	¡Hola!	['olʲa]
Bom dia! (de manhã)	¡Buenos días!	['buenos 'dias]
Boa tarde!	¡Buenas tardes!	['buenas 'tarðes]
Boa noite!	¡Buenas noches!	['buenas 'notʃes]
cumprimentar (vt)	decir hola	[de'θir 'olʲa]
Olá!	¡Hola!	['olʲa]
saudação (f)	saludo (m)	[sa'lʲuðo]
saudar (vt)	saludar (vt)	[salʲu'ðar]
Como vai?	¿Cómo estás?	['komo es'tas]
O que há de novo?	¿Qué hay de nuevo?	[ke aj de nu'eβo]
Adeus! (formal)	¡Adiós!	[a'ðjos]
Até à vista! (informal)	¡Hasta la vista!	['asta lʲa 'bista]
Até breve!	¡Hasta pronto!	['asta 'pronto]
Adeus!	¡Adiós!	[a'ðjos]
despedir-se (vr)	despedirse (vr)	[despe'ðirse]
Até logo!	¡Hasta luego!	['asta lʲu'ego]
Obrigado! -a!	¡Gracias!	['graθias]
Muito obrigado! -a!	¡Muchas gracias!	['mutʃas 'graθias]
De nada	De nada	[de 'naða]
Não tem de quê	No hay de qué	[no aj de 'ke]

De nada	De nada	[de 'naða]
Desculpa!	¡Disculpa!	[dis'kulˈpa]
Desculpe!	¡Disculpe!	[dis'kulˈpe]
desculpar (vt)	disculpar (vt)	[diskulˈˈpar]

desculpar-se (vr)	disculparse (vr)	[diskulˈˈparse]
As minhas desculpas	Mis disculpas	[mis disˈkulˈpas]
Desculpe!	¡Perdóneme!	[per'ðor eme]
perdoar (vt)	perdonar (vt)	[perðo'r ar]
Não faz mal	¡No pasa nada!	[no 'paɕa 'naða]
por favor	por favor	[por fa'ɓor]

Não se esqueça!	¡No se le olvide!	[no se lɜ olˈˈβiðe]
Certamente! Claro!	¡Ciertamente!	[θjerta'mento]
Claro que não!	¡Claro que no!	['klˈaro ke 'no]
Está bem! De acordo!	¡De acuerdo!	[de akuˌerðo]
Basta!	¡Basta!	['basta]

3. Como se dirigir a alguém

Desculpe	¡Perdóneme!	[per'ðoneme]
(para chamar a atenção)		
senhor	señor	[se'njorˈ]
senhora	señora	[se'njorˈa]
rapariga	señorita	[senjo'rita]
rapaz	joven	['χoβen]
menino	niño	['ninjo]
menina	niña	['ninja]

4. Números cardinais. Parte 1

zero	cero	['θero]
um	uno	['uno]
dois	dos	[dos]
três	tres	[tres]
quatro	cuatro	[ku'atro]

cinco	cinco	['θiŋko˙
seis	seis	['sejs]
sete	siete	['sjete]
oito	ocho	['otʃo]
nove	nueve	[nu'eβe]

dez	diez	[djeθ]
onze	once	['onθe]
doze	doce	['doθe]
treze	trece	['treθe˙
catorze	catorce	[ka'torθe]

quinze	quince	['kinθe]
dezasseis	dieciséis	['djeθi-ˈsejs]
dezassete	diecisiete	['djeθi-ˈsjete]

dezoito	dieciocho	['djeθi·'otʃo]
dezanove	diecinueve	['djeθi·nu'eβe]
vinte	veinte	['bejnte]
vinte e um	veintiuno	['bejnti·'uno]
vinte e dois	veintidós	['bejnti·'dos]
vinte e três	veintitrés	['bejnti·'tres]
trinta	treinta	['trejnta]
trinta e um	treinta y uno	['trejnta i 'uno]
trinta e dois	treinta y dos	['trejnta i 'dos]
trinta e três	treinta y tres	['trejnta i 'tres]
quarenta	cuarenta	[kua'renta]
quarenta e um	cuarenta y uno	[kua'renta i 'uno]
quarenta e dois	cuarenta y dos	[kua'renta i 'dos]
quarenta e três	cuarenta y tres	[kua'renta i 'tres]
cinquenta	cincuenta	[θiŋku'enta]
cinquenta e um	cincuenta y uno	[θiŋku'enta i 'uno]
cinquenta e dois	cincuenta y dos	[θiŋku'enta i 'dos]
cinquenta e três	cincuenta y tres	[θiŋku'enta i 'tres]
sessenta	sesenta	[se'senta]
sessenta e um	sesenta y uno	[se'senta i 'uno]
sessenta e dois	sesenta y dos	[se'senta i 'dos]
sessenta e três	sesenta y tres	[se'senta i 'tres]
setenta	setenta	[se'tenta]
setenta e um	setenta y uno	[se'tenta i 'uno]
setenta e dois	setenta y dos	[se'tenta i 'dos]
setenta e três	setenta y tres	[se'tenta i 'tres]
oitenta	ochenta	[o'tʃenta]
oitenta e um	ochenta y uno	[o'tʃenta i 'uno]
oitenta e dois	ochenta y dos	[o'tʃenta i 'dos]
oitenta e três	ochenta y tres	[o'tʃenta i 'tres]
noventa	noventa	[no'βenta]
noventa e um	noventa y uno	[no'βenta i 'uno]
noventa e dois	noventa y dos	[no'βenta i 'dos]
noventa e três	noventa y tres	[no'βenta i 'tres]

5. Números cardinais. Parte 2

cem	cien	[θjen]
duzentos	doscientos	[doθ·'θjentos]
trezentos	trescientos	[treθ·'θjentos]
quatrocentos	cuatrocientos	[ku'atro·'θjentos]
quinhentos	quinientos	[ki'njentos]
seiscentos	seiscientos	[sejs·'θjentos]
setecentos	setecientos	[θete·'θjentos]
oitocentos	ochocientos	[otʃo·'θjentos]

novecentos	novecientos	[noβe·'θjentos]
mil	mil	[milʲ]

dois mil	dos mil	[dos 'milʲ]
três mil	tres mil	[tres 'milʲ]
dez mil	diez mil	[djeθ 'milʲ]
cem mil	cien mil	[θjen 'milʲ]
um milhão	millón (m)	[mi'jon]
mil milhões	mil millones	[milʲ mi jones]

6. Números ordinais

primeiro	primero (adj)	[pri'me·o]
segundo	segundo (adj)	[se'gur·do]
terceiro	tercero (adj)	[ter'θero]
quarto	cuarto (adj)	[ku'artc]
quinto	quinto (adj)	['kinto]

sexto	sexto (adj)	['seksto]
sétimo	séptimo (adj)	['septimo]
oitavo	octavo (adj)	[ok'taβɔ]
nono	noveno (adj)	[no'βeno]
décimo	décimo (adj)	['deθimo]

7. Números. Frações

fração (f)	fracción (f)	[frak'θjon]
um meio	un medio	[un 'meðio]
um terço	un tercio	[un 'terθio]
um quarto	un cuarto	[un ku arto]

um oitavo	un octavo	[un ok taβo]
um décimo	un décimo	[un 'deθimo]
dois terços	dos tercios	[dos 'terθjos]
três quartos	tres cuartos	[tres kɹ'artos]

8. Números. Operações básicas

subtração (f)	sustracción (f)	[sustrak'θjon]
subtrair (vi, vt)	sustraer (vt)	[sustra'er]

divisão (f)	división (f)	[diβi'θ on]
dividir (vt)	dividir (vt)	[diβi'ð r]

adição (f)	adición (f)	[aði'θjon]
somar (vt)	sumar (vt)	[su'mar]
adicionar (vt)	adicionar (vt)	[aðiθjo'nar]

multiplicação (·)	multiplicación (f)	[mulʲtiplika'θjon]
multiplicar (vt)	multiplicar (vt)	[mulʲtipli'kar]

9. Números. Diversos

algarismo, dígito (m)	cifra (f)	['θifra]
número (m)	número (m)	['numero]
numeral (m)	numeral (m)	[nume'ralʲ]
menos (m)	menos (m)	['menos]
mais (m)	más (m)	[mas]
fórmula (f)	fórmula (f)	['formulʲa]
cálculo (m)	cálculo (m)	['kalʲkulʲo]
contar (vt)	contar (vt)	[kon'tar]
calcular (vt)	calcular (vt)	[kalʲku'lʲar]
comparar (vt)	comparar (vt)	[kompa'rar]
Quanto, -os, -as?	¿Cuánto?	[ku'anto]
soma (f)	suma (f)	['suma]
resultado (m)	resultado (m)	[resulʲ'taðo]
resto (m)	resto (m)	['resto]
alguns, algumas ...	algunos, algunas ...	[alʲ'gunos], [alʲ'gunas]
um pouco de ...	poco, poca	['poko], ['poka]
resto (m)	resto (m)	['resto]
um e meio	uno y medio	['uno i 'meðio]
dúzia (f)	docena (f)	[do'θena]
ao meio	en dos	[en 'dos]
em partes iguais	en partes iguales	[en 'partes igu'ales]
metade (f)	mitad (f)	[mi'tað]
vez (f)	vez (f)	[beθ]

10. Os verbos mais importantes. Parte 1

abrir (vt)	abrir (vt)	[a'βrir]
acabar, terminar (vt)	acabar, terminar (vt)	[aka'βar], [termi'nar]
aconselhar (vt)	aconsejar (vt)	[akonse'χar]
adivinhar (vt)	adivinar (vt)	[aðiβi'nar]
advertir (vt)	advertir (vt)	[aðβer'tir]
ajudar (vt)	ayudar (vt)	[aju'ðar]
almoçar (vi)	almorzar (vi)	[alʲmor'θar]
alugar (~ um apartamento)	alquilar (vt)	[alʲki'lʲar]
amar (vt)	querer, amar (vt)	[ke'rer], [a'mar]
ameaçar (vt)	amenazar (vt)	[amena'θar]
anotar (escrever)	tomar nota	[to'mar 'nota]
apanhar (vt)	coger (vt)	[ko'χer]
apressar-se (vr)	tener prisa	[te'ner 'prisa]
arrepender-se (vr)	arrepentirse (vr)	[arepen'tirse]
assinar (vt)	firmar (vt)	[fir'mar]
atirar, disparar (vi)	tirar, disparar (vi)	[ti'rar], [dispa'rar]
brincar (vi)	bromear (vi)	[brome'ar]
brincar, jogar (crianças)	jugar (vi)	[χu'gar]

buscar (vt)	buscar (vt)	[bus'kar]
caçar (vi)	cazar (vi, vt)	[ka'θar]
cair (vi)	caer (vi)	[ka'er]
cavar (vt)	cavar (vt)	[ka'βar]
cessar (vt)	cesar (vt)	[θe'sar]
chamar (~ por socorro)	llamar (vt)	[ja'mar]
chegar (vi)	llegar (vi)	[je'gar]
chorar (vi)	llorar (vi)	[jo'rar]
começar (vt)	comenzar (vi, vt)	[komen'θar]
comparar (vt)	comparar (vt)	[kompa rar]
compreender (vt)	comprender (vt)	[kompren'der]
concordar (vi)	estar de acuerdo	[es'tar ce aku'erðo]
confiar (vt)	confiar (vt)	[kom'fjar]
confundir (equivocar-se)	confundir (vt)	[komfun'dir]
conhecer (vt)	conocer (vt)	[kono'θer]
contar (fazer contas)	contar (vt)	[kon'tar]
contar com (esperar)	contar con …	[kon'tar kon]
continuar (vt)	continuar (vt)	[kontinu 'ar]
convidar (vt)	invitar (vt)	[imbi'tar]
correr (vi)	correr (vi)	[ko'rer]
criar (vt)	crear (vt)	[kre'ar]
custar (vt)	costar (vt)	[kos'tar]

11. Os verbos mais importantes. Parte 2

dar (vt)	dar (vt)	[dar]
dar uma dica	dar una pista	[dar 'ura 'pista]
decorar (enfeitar)	decorar (vt)	[deko'rar]
defender (vt)	defender (vt)	[defen'der]
deixar cair (vt)	dejar caer	[de'χar ka'er]
descer (para baixo)	descender (vi)	[deθen der]
desculpar (vt)	disculpar (vt)	[diskul'par]
dirigir (~ uma empresa)	dirigir (vt)	[diri'χir]
discutir (notícias, etc.)	discutir (vt)	[disku'tr]
dizer (vt)	decir (vt)	[de'θir]
duvidar (vt)	dudar (vt)	[du'ðar]
encontrar (achar)	encontrar (vt)	[eŋkon trar]
enganar (vt)	engañar (vi, vt)	[enga'r jar]
entrar (na sala, etc.)	entrar (vi)	[en'trar]
enviar (uma carta)	enviar (vt)	[em'bjɛr]
errar (equivoca -se)	equivocarse (vr)	[ekiβo'karse]
escolher (vt)	escoger (vt)	[esko'χer]
esconder (vt)	esconder (vt)	[eskon der]
escrever (vt)	escribir (vt)	[eskri'ɸir]
esperar (o autocarro, etc.)	esperar (vt)	[espe'rar]
esperar (ter esperança)	esperar (vi)	[espe'rar]
esquecer (vt)	olvidar (vt)	[ol'βi'ðar]

19

estar (vi)	estar (vi)	[es'tar]
estudar (vt)	estudiar (vt)	[estu'ðjar]
exigir (vt)	exigir (vt)	[eksi'χir]
existir (vi)	existir (vi)	[eksis'tir]

explicar (vt)	explicar (vt)	[ekspli'kar]
falar (vi)	hablar (vi, vt)	[a'βlʲar]
faltar (clases, etc.)	faltar a ...	[falʲ'tar a]
fazer (vt)	hacer (vt)	[a'θer]
ficar em silêncio	callarse (vr)	[ka'jarse]
gabar-se, jactar-se (vr)	jactarse, alabarse (vr)	[χas'tarse], [alʲa'βarse]

gostar (apreciar)	gustar (vi)	[gus'tar]
gritar (vi)	gritar (vi)	[gri'tar]
guardar (cartas, etc.)	guardar (vt)	[guar'ðar]
informar (vt)	informar (vt)	[iɱfor'mar]
insistir (vi)	insistir (vi)	[insis'tir]

insultar (vt)	insultar (vt)	[insulʲ'tar]
interessar-se (vr)	interesarse (vr)	[intere'sarse]
ir (a pé)	ir (vi)	[ir]
ir nadar	bañarse (vr)	[ba'njarse]
jantar (vi)	cenar (vi)	[θe'nar]

12. Os verbos mais importantes. Parte 3

ler (vt)	leer (vi, vt)	[le'er]
libertar (cidade, etc.)	liberar (vt)	[liβe'rar]
matar (vt)	matar (vt)	[ma'tar]
mencionar (vt)	mencionar (vt)	[menθjo'nar]
mostrar (vt)	mostrar (vt)	[mos'trar]

mudar (modificar)	cambiar (vt)	[kam'bjar]
nadar (vi)	nadar (vi)	[na'ðar]
negar-se a ...	negarse (vr)	[ne'garse]
objetar (vt)	objetar (vt)	[oβχe'tar]

observar (vt)	observar (vt)	[oβser'βar]
ordenar (mil.)	ordenar (vt)	[orðe'nar]
ouvir (vt)	oír (vt)	[o'ir]
pagar (vt)	pagar (vi, vt)	[pa'gar]
parar (vi)	pararse (vr)	[pa'rarse]

participar (vi)	participar (vi)	[partiθi'par]
pedir (comida)	pedir (vt)	[pe'ðir]
pedir (um favor, etc.)	pedir (vt)	[pe'ðir]
pegar (tomar)	tomar (vt)	[to'mar]
pensar (vt)	pensar (vi, vt)	[pen'sar]

perceber (ver)	percibir (vt)	[perθi'βir]
perdoar (vt)	perdonar (vt)	[perðo'nar]
perguntar (vt)	preguntar (vt)	[pregun'tar]
permitir (vt)	permitir (vt)	[permi'tir]
pertencer a ...	pertenecer a ...	[pertene'θer a]

planear (vt)	planear (vt)	[plʲane'ɛr]
poder (vi)	poder (v aux)	[po'ðer]
possuir (vt)	poseer (vt)	[pose'eɪ]
preferir (vt)	preferir (vt)	[prefe'ri]
preparar (vt)	preparar (vt)	[prepa'rɔr]
prever (vt)	prever (vt)	[pre'βer]
prometer (vt)	prometer (vt)	[prome'ːer]
pronunciar (vt)	pronunciar (vt)	[pronunˈθjar]
propor (vt)	proponer (vt)	[propo'r er]
punir (castigar)	punir, castigar (vt)	[pu'nir], [kasti'gar]

13. Os verbos mais importantes. Parte 4

quebrar (vt)	quebrar (vt)	[ke'βrar]
queixar-se (vr)	quejarse (vr)	[ke'xarse]
querer (desejar)	querer (vt)	[ke'rer]
recomendar (vt)	recomendar (vt)	[rekomen'dar]
repetir (dizer ou:ra vez)	repetir (vt)	[repe'tir]
repreender (vt)	regañar, reprender (vt)	[rega'njɔr], [repren'der]
reservar (~ um quarto)	reservar (vt)	[reser'βar]
responder (vt)	responder (vi, vt)	[respon'der]
rezar, orar (vi)	orar (vi)	[o'rar]
rir (vi)	reírse (vr)	[re'irse]
saber (vt)	saber (vt)	[sa'βer]
sair (~ de casa)	salir (vi)	[sa'lir]
salvar (vt)	salvar (vt)	[salʲ'βar]
seguir …	seguir …	[se'gir]
sentar-se (vr)	sentarse (vr)	[sen'tarse]
ser (vi)	ser (vi)	[ser]
ser necessário	ser necesario	[ser neθe'sario]
ser, estar	ser, estar (vi)	[ser], [ɛs'tar]
significar (vt)	significar (vt)	[siɣnifi'kar]
sorrir (vi)	sonreír (vi)	[sonre'ɪr]
subestimar (vt)	subestimar (vt)	[suβesˈi'mar]
surpreender-se (vr)	sorprenderse (vr)	[sorpren'derse]
tentar (vt)	probar, tentar (vt)	[pro'βaˑ], [ten'tar]
ter (vt)	tener (vt)	[te'ner]
ter fome	tener hambre	[te'ner ambre]
ter medo	tener miedo	[te'ner mjeðo]
ter sede	tener sed	[te'ner seð]
tocar (com as mãos)	tocar (vt)	[to'kar]
tomar o pequeno-almoço	desayunar (vi)	[desajʋ'nar]
trabalhar (vi)	trabajar (vi)	[traβa'xar]
traduzir (vt)	traducir (vt)	[traðu'θir]
unir (vt)	unir (vt)	[u'nir]
vender (vt)	vender (vt)	[ben'der]
ver (vt)	ver (vt)	[ber]

| virar (ex. ~ à direita) | girar (vi) | [χiˈrar] |
| voar (vi) | volar (vi) | [boˈlʲar] |

14. Cores

cor (f)	color (m)	[koˈlʲor]
matiz (m)	matiz (m)	[maˈtiθ]
tom (m)	tono (m)	[ˈtono]
arco-íris (m)	arco (m) iris	[ˈarko ˈlris]

branco	blanco (adj)	[ˈblʲaŋko]
preto	negro (adj)	[ˈneɣro]
cinzento	gris (adj)	[ˈgris]

verde	verde (adj)	[ˈberðe]
amarelo	amarillo (adj)	[amaˈrijo]
vermelho	rojo (adj)	[ˈroχo]

azul	azul (adj)	[aˈθulʲ]
azul claro	azul claro (adj)	[aˈθulʲ ˈklʲaro]
rosa	rosa (adj)	[ˈrosa]
laranja	naranja (adj)	[naˈranχa]
violeta	violeta (adj)	[bioˈleta]
castanho	marrón (adj)	[maˈron]

| dourado | dorado (adj) | [doˈraðo] |
| prateado | argentado (adj) | [arχenˈtaðo] |

bege	beige (adj)	[ˈbejʒ]
creme	crema (adj)	[ˈkrema]
turquesa	turquesa (adj)	[turˈkesa]
vermelho cereja	rojo cereza (adj)	[ˈroχo θeˈreθa]
lilás	lila (adj)	[ˈlilʲa]
carmesim	carmesí (adj)	[karmeˈsi]

claro	claro (adj)	[ˈklʲaro]
escuro	oscuro (adj)	[osˈkuro]
vivo	vivo (adj)	[ˈbiβo]

de cor	de color (adj)	[de koˈlʲor]
a cores	en colores (adj)	[en koˈlʲores]
preto e branco	blanco y negro (adj)	[ˈblʲaŋko i ˈneɣro]
unicolor	unicolor (adj)	[unikoˈlʲor]
multicor	multicolor (adj)	[mulʲtikoˈlʲor]

15. Questões

Quem?	¿Quién?	[ˈkjen]
Que?	¿Qué?	[ke]
Onde?	¿Dónde?	[ˈdonde]
Para onde?	¿Adónde?	[aˈðonde]
De onde?	¿De dónde?	[de ˈdonde]

Quando?	¿Cuándo?	[ku'ando]
Para quê?	¿Para qué?	[para 'ke]
Porquê?	¿Por qué?	[por 'ke]

Para quê?	¿Por qué razón?	[por ke ra'θon]
Como?	¿Cómo?	['komo]
Qual?	¿Qué?	[ke]
Qual? (entre dois ou mais)	¿Cuál?	[ku'al]

A quem?	¿A quién?	[a 'kjen]
Sobre quem?	¿De quién?	[de 'kjen]
Do quê?	¿De qué?	[de 'ke]
Com quem?	¿Con quién?	[kon 'kjen]

| Quanto, -os, -as? | ¿Cuánto? | [ku'anto] |
| De quem? (masc) | ¿De quién? | [de 'kjen] |

16. Preposições

com (prep.)	con ...	[kon]
sem (prep.)	sin	[sin]
a, para (exprime lugar)	a ...	[a]
sobre (ex. falar ~)	de ..., sobre ...	[de], ['soβre]
antes de ...	antes de ...	['antes de]
diante de ...	delante de ...	[de'l'ante de]

sob (debaixo de)	debajo	[de'βaχo]
sobre (em cima de)	sobre ..., encima de ...	['soβre], [en'θima de]
sobre (~ a mesa)	en ..., sobre ...	[en], ['soβre]
de (vir ~ Lisboa)	de ...	[de]
de (feito ~ pedra)	de ...	[de]

| dentro de (~ dez minutos) | dentro de ... | ['dentro de] |
| por cima de ... | encima de ... | [en'θima de] |

17. Palavras funcionais. Advérbios. Parte 1

Onde?	¿Dónde?	['donde]
aqui	aquí (adv)	[a'ki]
lá, ali	allí (adv)	[a'ji]

| em algum lugar | en alguna parte | [en al'guna 'parte] |
| em lugar nenhum | en ninguna parte | [en nir 'guna 'parte] |

| ao pé de ... | junto a ... | ['χunto a] |
| ao pé da janela | junto a la ventana | ['χunto a l'a ben'tana] |

Para onde?	¿Adónde?	[a'ðonde]
para cá	aquí (adv)	[a'ki]
para lá	allí (adv)	[a'ji]
daqui	de aquí (adv)	[de a'ki]
de lá, dali	de allí (adv)	[de a'j]

| perto | cerca | ['θerka] |
| longe | lejos (adv) | ['leχos] |

perto de ...	cerca de ...	['θerka de]
ao lado de	al lado de ...	[alʲ 'lʲaðo de]
perto, não fica longe	no lejos (adv)	[no 'leχos]

esquerdo	izquierdo (adj)	[iθ'kjerðo]
à esquerda	a la izquierda	[a lʲa iθ'kjerða]
para esquerda	a la izquierda	[a lʲa iθ'kjerða]

direito	derecho (adj)	[de'retʃo]
à direita	a la derecha	[a lʲa de'retʃa]
para direita	a la derecha	[a lʲa de'retʃa]

à frente	delante	[de'lʲante]
da frente	delantero (adj)	[delʲan'tero]
em frente (para a frente)	adelante	[aðe'lʲante]

atrás de ...	detrás de ...	[de'tras de]
por detrás (vir ~)	desde atrás	['desðe a'tras]
para trás	atrás	[a'tras]

| meio (m), metade (f) | centro (m), medio (m) | ['θentro], ['meðio] |
| no meio | en medio (adv) | [en 'meðio] |

de lado	de lado (adv)	[de 'lʲaðo]
em todo lugar	en todas partes	[en 'toðas 'partes]
ao redor (olhar ~)	alrededor (adv)	[alʲreðe'ðor]

de dentro	de dentro (adv)	[de 'dentro]
para algum lugar	a alguna parte	[a alʲ'guna 'parte]
diretamente	todo derecho (adv)	['toðo de'retʃo]
de volta	atrás	[a'tras]

| de algum lugar | de alguna parte | [de alʲ'guna 'parte] |
| de um lugar | de alguna parte | [de alʲ'guna 'parte] |

em primeiro lugar	primero (adv)	[pri'mero]
em segundo lugar	segundo (adv)	[se'gundo]
em terceiro lugar	tercero (adv)	[ter'θero]

de repente	de súbito (adv)	[de 'suβito]
no início	al principio (adv)	[alʲ prin'θipio]
pela primeira vez	por primera vez	[por pri'mera beθ]
muito antes de ...	mucho tiempo antes ...	['mutʃo 'tjempo 'antes]
de novo, novamente	de nuevo (adv)	[de nu'eβo]
para sempre	para siempre (adv)	['para 'sjempre]

nunca	nunca (adv)	['nuŋka]
de novo	de nuevo (adv)	[de nu'eβo]
agora	ahora (adv)	[a'ora]
frequentemente	frecuentemente (adv)	[frekuente'mente]
então	entonces (adv)	[en'tonθes]
urgentemente	urgentemente	[urχente'mente]
usualmente	usualmente (adv)	[usualʲ'mente]

24

a propósito, ...	a propósito, ...	[a pro'posito]
é possível	es probable	[es pro'βaβle]
provavelmente	probablemente	[proβaβle'mente]
talvez	tal vez	[tal' beθ]
além disso, ...	además ...	[aðe'mas]
por isso ...	por eso ...	[por 'eso]
apesar de ...	a pesar de ...	[a pe'sa⁻de]
graças a ...	gracias a ...	['graθias a]

que (pron.)	qué	[ke]
que (conj.)	que	[ke]
algo	algo	['al'go]
alguma coisa	algo	['al'go]
nada	nada (f)	['naða]

quem	quien	[kjen]
alguém (~ teve uma ideia ...)	alguien	['al'gjen]
alguém	alguien	['al'gjen]

ninguém	nadie	['naðje]
para lugar nenhum	a ninguna parte	[a nin'guna 'parte]
de ninguém	de nadie	[de 'naďje]
de alguém	de alguien	[de 'al'gjen]

tão	tan, tanto (adv)	[tan], ['tanto]
também (gostaria ~ de ...)	también	[tam'bjen]
também (~ eu)	también	[tam'bjen]

18. Palavras funcionais. Advérbios. Parte 2

Porquê?	¿Por qué?	[por 'ke]
por alguma razão	por alguna razón	[por al'guna ra'θon]
porque ...	porque ...	['porke]
por qualquer razão	por cualquier razón (adv)	[por kual'kjer ra'θon]

e (tu ~ eu)	y	[i]
ou (ser ~ não ser)	o	[o]
mas (porém)	pero	['pero]
para (~ a minha mãe)	para	['para]

demasiado, muito	demasiado (adv)	[dema'sjaðo]
só, somente	sólo, solamente (adv)	['sol'o], [sol'a'mente]
exatamente	exactamente (adv)	[eksak:a'mente]
cerca de (~ 10 kg)	cerca de ...	['θerka de]

aproximadamente	aproximadamente	[aproksimaða'mente]
aproximado	aproximado (adj)	[aproksi'maðo]
quase	casi (adv)	['kasi]
resto (m)	resto (m)	['resto]

o outro (segundo)	el otro (adj)	[el' 'otro]
outro	otro (adj)	['otro]
cada	cada (adj)	['kaða]
qualquer	cualquier (adj)	[kual'kjer]

muito	mucho (adv)	['muʧo]
muitas pessoas	mucha gente	['muʧa 'xente]
todos	todos	['toðos]

em troca de ...	a cambio de ...	[a 'kambjo de]
em troca	en cambio (adv)	[en 'kambio]
à mão	a mano	[a 'mano]
pouco provável	poco probable	['poko pro'βaβle]

provavelmente	probablemente	[proβaβle'mente]
de propósito	a propósito (adv)	[a pro'posito]
por acidente	por accidente (adv)	[por akθi'ðente]

muito	muy (adv)	['muj]
por exemplo	por ejemplo (adv)	[por e'xemplʲo]
entre	entre	['entre]
entre (no meio de)	entre	['entre]
tanto	tanto	['tanto]
especialmente	especialmente (adv)	[espeθjalʲ'mente]

Conceitos básicos. Parte 2

19. Opostos

rico	rico (adj)	['riko]
pobre	pobre (adj)	['poβre]
doente	enfermo (adj)	[eɱ'ferˑo]
são	sano (adj)	['sano]
grande	grande (adj)	['grandᵉ]
pequeno	pequeño (adj)	[pe'kenjo]
rapidamente	rápidamente (adv)	['rapiða mente]
lentamente	lentamente (adv)	[lenta'mˑente]
rápido	rápido (adj)	['rapiðo]
lento	lento (adj)	['lento]
alegre	alegre (adj)	[a'leɣre]
triste	triste (adj)	['triste]
juntos	juntos (adv)	['χuntos]
separadamente	separadamente	[separɛða'mente]
em voz alta (ler ~)	en voz alta	[en 'boθ 'alˑta]
para si (em silêncio)	en silencio	[en si'lenθio]
alto	alto (adj)	['alˑto]
baixo	bajo (adj)	['baχo]
profundo	profundo (adj)	[pro'fundo]
pouco fundo	poco profundo (adj)	['poko ɔro'fundo]
sim	sí	[si]
não	no	[no]
distante (no espaço)	lejano, distante (adj)	[le'χanɔ], [dis'tante]
próximo	próximo, cercano (adj)	['proks mo], [θer'karo]
longe	lejos (adv)	['leχos]
perto	cerco (adv)	['θerkɔ]
longo	largo (adj)	['lˑargo]
curto	corto (adj)	['kortoˉ]
bom, bondoso	bueno, bondadoso (adj)	[bu'enɔ], [bonda'ðoso]
mau	malo, malvado (adj)	['malˑo], [malˑ'βaðo]

casado	casado (adj)	[ka'saðo]
solteiro	soltero (adj)	[solʲ'tero]
proibir (vt)	prohibir (vt)	[proi'βir]
permitir (vt)	permitir (vt)	[permi'tir]
fim (m)	fin (m)	[fin]
começo (m)	principio, comienzo (m)	[prin'θipio], [ko'mjenθo]
esquerdo	izquierdo (adj)	[iθ'kjerðo]
direito	derecho (adj)	[de'retʃo]
primeiro	primero (adj)	[pri'mero]
último	último (adj)	['ulʲtimo]
crime (m)	crimen (m)	['krimen]
castigo (m)	castigo (m)	[kas'tigo]
ordenar (vt)	ordenar (vt)	[orðe'nar]
obedecer (vt)	obedecer (vi, vt)	[oβeðe'θer]
reto	recto (adj)	['rekto]
curvo	curvo (adj)	['kurβo]
paraíso (m)	paraíso (m)	[para'iso]
inferno (m)	infierno (m)	[imˌ'fjerno]
nascer (vi)	nacer (vi)	[na'θer]
morrer (vi)	morir (vi)	[mo'rir]
forte	fuerte (adj)	[fu'erte]
fraco, débil	débil (adj)	['deβilʲ]
idoso	viejo (adj)	['bjeχo]
jovem	joven (adj)	['χoβen]
velho	viejo (adj)	['bjeχo]
novo	nuevo (adj)	[nu'eβo]
duro	duro (adj)	['duro]
mole	blando (adj)	['blʲando]
tépido	tibio (adj)	['tiβio]
frio	frío (adj)	['frio]
gordo	gordo (adj)	['gorðo]
magro	delgado (adj)	[delʲ'gado]
estreito	estrecho (adj)	[es'tretʃo]
largo	ancho (adj)	['antʃo]
bom	bueno (adj)	[bu'eno]
mau	malo (adj)	['malʲo]
valente	valiente (adj)	[ba'ljente]
cobarde	cobarde (adj)	[ko'βarðe]

20. Dias da semana

segunda-feira (f)	lunes (m)	['lʲunes]
terça-feira (f)	martes (m)	['martes]
quarta-feira (f)	miércoles (m)	['mjerkoles]
quinta-feira (f)	jueves (m)	[χu'eβes]
sexta-feira (f)	viernes (m)	['bjernes]
sábado (m)	sábado (m)	['saβaðɔ]
domingo (m)	domingo (m)	[do'minɣo]
hoje	hoy (adv)	[oj]
amanhã	mañana (adv)	[ma'njaɲa]
depois de amanhã	pasado mañana	[pa'saðɔ ma'njana]
ontem	ayer (adv)	[a'jer]
anteontem	anteayer (adv)	[ante·a ̄jer]
dia (m)	día (m)	['dia]
dia (m) de trabalho	día (m) de trabajo	['dia de tra'βaχo]
feriado (m)	día (m) de fiesta	['dia de 'fjesta]
dia (m) de folga	día (m) de descanso	['dia de des'kanso]
fim (m) de semana	fin (m) de semana	['fin de se'mana]
o dia todo	todo el día	['toðo elʲ 'dia]
no dia seguinte	al día siguiente	[alʲ 'dia si'gjente]
há dois dias	dos días atrás	[dos 'dias a'tras]
na véspera	en vísperas (adv)	[en 'bisperas]
diário	diario (adj)	['djario ̄]
todos os dias	cada día (adv)	['kaða dia]
semana (f)	semana (f)	[se'maɲa]
na semana passada	semana (f) pasada	[se'maɲa pa'saða]
na próxima semana	semana (f) que viene	[se'maɲa ke 'bjene]
semanal	semanal (adj)	[sema ̄halʲ]
cada semana	cada semana (adv)	['kaða se'mana]
duas vezes por semana	dos veces por semana	[dos 'beθes por se'mana]
cada terça-feira	todos los martes	['toðos los 'martes]

21. Horas. Dia e noite

manhã (f)	mañana (f)	[ma'njana]
de manhã	por la mañana	[por lʲɛ ma'njana]
meio-dia (m)	mediodía (m)	['meðjɔ'ðia]
à tarde	por la tarde	[por lʲɛ 'tarðe]
noite (f)	noche (f)	['notʃe
à noite (noitinha)	por la noche	[por lʲa 'notʃe]
noite (f)	noche (f)	['notʃe]
à noite	por la noche	[por lʲa 'notʃe]
meia-noite (f)	medianoche (f)	['meðia'notʃe]
segundo (m)	segundo (m)	[se'gundo]
minuto (m)	minuto (m)	[mi'nuto]
hora (f)	hora (f)	['ora]

meia hora (f)	media hora (f)	['meðia 'ora]
quarto (m) de hora	cuarto (m) de hora	[ku'arto de 'ora]
quinze minutos	quince minutos	['kinθe mi'nutos]
vinte e quatro horas	veinticuatro horas	['bejti·ku'atro 'oras]
nascer (m) do sol	salida (f) del sol	[sa'liða delʲ 'solʲ]
amanhecer (m)	amanecer (m)	[amane'θer]
madrugada (f)	madrugada (f)	[maðru'gaða]
pôr do sol (m)	puesta (f) del sol	[pu'esta delʲ 'solʲ]
de madrugada	de madrugada	[de maðru'gaða]
hoje de manhã	esta mañana	['esta ma'njana]
amanhã de manhã	mañana por la mañana	[ma'njana por lʲa ma'njana]
hoje à tarde	esta tarde	['esta 'tarðe]
à tarde	por la tarde	[por lʲa 'tarðe]
amanhã à tarde	mañana por la tarde	[ma'njana por lʲa 'tarðe]
hoje à noite	esta noche	['esta 'notʃe]
amanhã à noite	mañana por la noche	[ma'njana por lʲa 'notʃe]
às três horas em ponto	a las tres en punto	[a lʲas 'tres en 'punto]
por volta das quatro	a eso de las cuatro	[a 'eso de lʲas ku'atro]
às doze	para las doce	['para lʲas 'doθe]
dentro de vinte minutos	dentro de veinte minutos	['dentro de 'bejnte mi'nutos]
dentro duma hora	dentro de una hora	['dentro de 'una 'ora]
a tempo	a tiempo (adv)	[a 'tjempo]
menos um quarto	… menos cuarto	['menos ku'arto]
durante uma hora	durante una hora	[du'rante 'una 'ora]
a cada quinze minutos	cada quince minutos	['kaða 'kinθe mi'nutos]
as vinte e quatro horas	día y noche	['dia i 'notʃe]

22. Meses. Estações

janeiro (m)	enero (m)	[e'nero]
fevereiro (m)	febrero (m)	[fe'βrero]
março (m)	marzo (m)	['marθo]
abril (m)	abril (m)	[a'βrilʲ]
maio (m)	mayo (m)	['majo]
junho (m)	junio (m)	['χunio]
julho (m)	julio (m)	['χulio]
agosto (m)	agosto (m)	[a'gosto]
setembro (m)	septiembre (m)	[sep'tjembre]
outubro (m)	octubre (m)	[ok'tuβre]
novembro (m)	noviembre (m)	[no'βjembre]
dezembro (m)	diciembre (m)	[di'θjembre]
primavera (f)	primavera (f)	[prima'βera]
na primavera	en primavera	[en prima'βera]
primaveril	de primavera (adj)	[de prima'βera]
verão (m)	verano (m)	[be'rano]

no verão	en verano	[em be'rano]
de verão	de verano (adj)	[de be'rano]

outono (m)	otoño (m)	[o'tonjo]
no outono	en otoño	[en o'tonjo]
outonal	de otoño (adj)	[de o'tonjo]

inverno (m)	invierno (m)	[im'bjerro]
no inverno	en invierno	[en im'berno]
de inverno	de invierno (adj)	[de im'berno]
mês (m)	mes (m)	[mes]
este mês	este mes	['este 'mes]
no próximo mês	al mes siguiente	[al 'mes si'gjente]
no mês passado	el mes pasado	[el 'mes pa'saðo]

há um mês	hace un mes	['aθe ur 'mes]
dentro de um mês	dentro de un mes	['dentro de un mes]
dentro de dois meses	dentro de dos meses	['dentro de dos 'meses]
todo o mês	todo el mes	['toðo el 'mes]
um mês inteiro	todo un mes	['toðo un 'mes]

mensal	mensual (adj)	[mensu al]
mensalmente	mensualmente (adv)	[mensual'mente]
cada mês	cada mes	['kaða 'mes]
duas vezes por mês	dos veces por mes	[dos 'beθes por 'mes]

ano (m)	año (m)	['anjo]
este ano	este año	['este 'anjo]
no próximo ano	el próximo año	[el 'proksimo 'anjo]
no ano passado	el año pasado	[el 'anjo pa'saðo]
há um ano	hace un año	['aθe un 'anjo]
dentro dum ano	dentro de un año	['dentro de un 'anjo]
dentro de 2 anos	dentro de dos años	['dentro de dos 'anjos]
todo o ano	todo el año	['toðo el 'anjo]
um ano inteiro	todo un año	['toðo un 'anjo]

cada ano	cada año	['kaða 'anjo]
anual	anual (adj)	[anu'al]
anualmente	anualmente (adv)	[anual'mente]
quatro vezes por ano	cuatro veces por año	[ku'atro 'beθes por 'anjo]

data (~ de hoje)	fecha (f)	['fetʃa]
data (ex. ~ de nascimento)	fecha (f)	['fetʃa]
calendário (m)	calendario (m)	[kalen'dario]

meio ano	medio año (m)	['meðjo 'anjo]
seis meses	seis meses	['sejs 'meses]
estação (f)	estación (f)	[esta'θjon]
século (m)	siglo (m)	['siɣlo]

23. Tempo. Diversos

tempo (m)	tiempo (m)	['tjempo]
momento (m)	momento (m)	[mo'mento]

instante (m)	instante (m)	[ins'tante]
instantâneo	instantáneo (adj)	[instan'taneo]
lapso (m) de tempo	lapso (m) de tiempo	['lʲapso de 'tjempo]
vida (f)	vida (f)	['biða]
eternidade (f)	eternidad (f)	[eterni'ðað]
época (f)	época (f)	['epoka]
era (f)	era (f)	['era]
ciclo (m)	ciclo (m)	['θiklʲo]
período (m)	periodo (m)	[pe'rjoðo]
prazo (m)	plazo (m)	['plʲaθo]
futuro (m)	futuro (m)	[fu'turo]
futuro	futuro (adj)	[fu'turo]
da próxima vez	la próxima vez	[lʲa 'proksima 'beθ]
passado (m)	pasado (m)	[pa'saðo]
passado	pasado (adj)	[pa'saðo]
na vez passada	la última vez	[lʲa 'ulʲtima 'beθ]
mais tarde	más tarde (adv)	[mas 'tarðe]
depois	después	[despu'es]
atualmente	actualmente (adv)	[aktualʲ'mente]
agora	ahora (adv)	[a'ora]
imediatamente	inmediatamente	[immeðjata'mente]
em breve, brevemente	pronto (adv)	['pronto]
de antemão	de antemano (adv)	[de ante'mano]
há muito tempo	hace mucho tiempo	['aθe 'mutʃo 'tjempo]
há pouco tempo	hace poco (adv)	['aθe 'poko]
destino (m)	destino (m)	[des'tino]
recordações (f pl)	recuerdos (m pl)	[reku'erðos]
arquivo (m)	archivo (m)	[ar'tʃiβo]
durante ...	durante ...	[du'rante]
durante muito tempo	mucho tiempo (adv)	['mutʃo 'tjempo]
pouco tempo	poco tiempo (adv)	['poko 'tjempo]
cedo (levantar-se ~)	temprano (adv)	[tem'prano]
tarde (deitar-se ~)	tarde (adv)	['tarðe]
para sempre	para siempre (adv)	['para 'sjempre]
começar (vt)	comenzar (vt)	[komen'θar]
adiar (vt)	aplazar (vt)	[aplʲa'θar]
simultaneamente	simultáneamente	[simulʲ'tanea'mente]
permanentemente	permanentemente	[permanenta'mente]
constante (ruído, etc.)	constante (adj)	[kons'tante]
temporário	temporal (adj)	[tempo'ralʲ]
às vezes	a veces (adv)	[a 'beθes]
raramente	raras veces, raramente (adv)	['raras 'beθes], [rara'mente]
frequentemente	frecuentemente (adv)	[frekuente'mente]

24. Linhas e formas

quadrado (m)	cuadrado (m)	[kua'ðraðo]
quadrado	cuadrado (adj)	[kua'ðraðo]

círculo (m)	círculo (m)	['θirkulʲo]
redondo	redondo (adj)	[re'ðondo]
triângulo (m)	triángulo (m)	[tri'anguʲo]
triangular	triangular (adj)	[triangurʲar]

oval (f)	óvalo (m)	['oβalʲo]
oval	oval (adj)	[o'βalʲ]
retângulo (m)	rectángulo (m)	[rek'tanguʲo]
retangular	rectangular (adj)	[rektaɲcu'lʲar]

pirâmide (f)	pirámide (f)	[pi'ramiðe]
rombo, losango (m)	rombo (m)	['rombo]
trapézio (m)	trapecio (m)	[tra'peθo]
cubo (m)	cubo (m)	['kuβo]
prisma (m)	prisma (m)	['prisma]

circunferência (f)	circunferencia (f)	[θirkuɲʲe'renθia]
esfera (f)	esfera (f)	[es'fera]
globo (m)	globo (m)	['glʲoβo]
diâmetro (m)	diámetro (m)	[di'ameˑro]
raio (m)	radio (m)	['raðio]
perímetro (m)	perímetro (m)	[pe'rimetro]
centro (m)	centro (m)	['θentro]

horizontal	horizontal (adj)	[oriθonˈtalʲ]
vertical	vertical (adj)	[berti'kalʲ]
paralela (f)	paralela (f)	[para'lʲɛlʲa]
paralelo	paralelo (adj)	[para'lʲɛlʲo]

linha (f)	línea (f)	['linea]
traço (m)	trazo (m)	['traθo]
reta (f)	recta (f)	['rekta]
curva (f)	curva (f)	['kurβa]
fino (linha ~a)	fino (adj)	['fino]
contorno (m)	contorno (m)	[kon'torno]

interseção (f)	intersección (f)	[intersek'θjon]
ângulo (m) reto	ángulo (m) recto	['angulʲo 'rekto]
segmento (m)	segmento (m)	[seɣ'mento]
setor (m)	sector (m)	[sek'toˑ]
lado (de um triângulo, etc.)	lado (m)	['lʲaðo]
ângulo (m)	ángulo (m)	['angulʲo]

25. Unidades de medida

peso (m)	peso (m)	['peso]
comprimento (m)	longitud (f)	[lʲonχiˑuð]
largura (f)	anchura (f)	[an'tʃura]
altura (f)	altura (f)	[alʲ'tura]
profundidade (f)	profundidad (f)	[profundi'ðað]
volume (m)	volumen (m)	[bo'lʲumen]
área (f)	área (f)	['area]
grama (m)	gramo (m)	['gramo]
miligrama (m)	miligramo (m)	[mili'ɣramo]

quilograma (m)	kilogramo (m)	[kiˡoˈɣramo]
tonelada (f)	tonelada (f)	[toneˈlˡaða]
libra (453,6 gramas)	libra (f)	[ˈliβra]
onça (f)	onza (f)	[ˈonθa]

metro (m)	metro (m)	[ˈmetro]
milímetro (m)	milímetro (m)	[miˈlimetro]
centímetro (m)	centímetro (m)	[θenˈtimetro]
quilómetro (m)	kilómetro (m)	[kiˈlˡometro]
milha (f)	milla (f)	[ˈmija]

polegada (f)	pulgada (f)	[pulˡˈgaða]
pé (304,74 mm)	pie (m)	[pje]
jarda (914,383 mm)	yarda (f)	[ˈjarða]

| metro (m) quadrado | metro (m) cuadrado | [ˈmetro kuaˈðraðo] |
| hectare (m) | hectárea (f) | [ekˈtarea] |

litro (m)	litro (m)	[ˈlitro]
grau (m)	grado (m)	[ˈgraðo]
volt (m)	voltio (m)	[ˈbolˡtio]
ampere (m)	amperio (m)	[amˈperio]
cavalo-vapor (m)	caballo (m) de fuerza	[kaˈβajo de fuˈerθa]

quantidade (f)	cantidad (f)	[kantiˈðað]
um pouco de …	un poco de …	[un ˈpoko de]
metade (f)	mitad (f)	[miˈtað]
dúzia (f)	docena (f)	[doˈθena]
peça (f)	pieza (f)	[ˈpjeθa]

| dimensão (f) | dimensión (f) | [dimenˈsjon] |
| escala (f) | escala (f) | [esˈkalˡa] |

mínimo	mínimo (adj)	[ˈminimo]
menor, mais pequeno	el más pequeño (adj)	[elˡ mas peˈkenjo]
médio	medio (adj)	[ˈmeðio]
máximo	máximo (adj)	[ˈmaksimo]
maior, mais grande	el más grande (adj)	[elˡ ˈmas ˈgrande]

26. Recipientes

boião (m) de vidro	tarro (m) de vidrio	[ˈtaro de ˈbiðrio]
lata (~ de cerveja)	lata (f)	[ˈlˡata]
balde (m)	cubo (m)	[ˈkuβo]
barril (m)	barril (m)	[baˈrilˡ]

bacia (~ de plástico)	palangana (f)	[palˡanˈgana]
tanque (m)	tanque (m)	[ˈtaŋke]
cantil (m) de bolso	petaca (f)	[peˈtaka]
bidão (m) de gasolina	bidón (m) de gasolina	[biˈðon de gasoˈlina]
cisterna (f)	cisterna (f)	[θisˈterna]

| caneca (f) | taza (f) | [ˈtaθa] |
| chávena (f) | taza (f) | [ˈtaθa] |

pires (m)	platillo (m)	[pˡa'tijo̱]
copo (m)	vaso (m)	['baso]
taça (f) de vinho	copa (f) de vino	['kopa ce 'bino]
panela, caçarola (f)	olla (f)	['oja]

| garrafa (f) | botella (f) | [bo'teja̱] |
| gargalo (m) | cuello (m) de botella | [ku'ejo de bo'teja] |

jarro, garrafa (f)	garrafa (f)	[ga'rafa̱]
jarro (m) de barro	jarro (m)	['χaro]
recipiente (m)	recipiente (m)	[reθi'pjente]
pote (m)	tarro (m)	['taro]
vaso (m)	florero (m)	[flˡo'rero]

frasco (~ de perfume)	frasco (m)	['fraskȯ]
frasquinho (ex. ~ de iodo)	frasquito (m)	[fras'kitɔ]
tubo (~ de pasta dentífrica)	tubo (m)	['tuβo]

saca (ex. ~ de açúcar)	saco (m)	['sako]
saco (~ de plástico)	bolsa (f)	['bolˡsa̱]
maço (m)	paquete (m)	[pa'kete]

caixa (~ de sapatos, etc.)	caja (f)	['kaχa]
caixa (~ de madeira)	cajón (m)	[ka'χor]
cesta (f)	cesta (f)	['θesta̱]

27. Materiais

material (m)	material (m)	[mate'rjalˡ]
madeira (f)	madera (f)	[ma'ðera]
de madeira	de madera (adj)	[de ma'ðera]

| vidro (m) | vidrio (m) | ['biðric̣] |
| de vidro | de vidrio (adj) | [de 'biðrio] |

| pedra (f) | piedra (f) | ['pjeðra̱] |
| de pedra | de piedra (adj) | [de 'pjeðra] |

| plástico (m) | plástico (m) | ['plˡastiko] |
| de plástico | de plástico (adj) | [de 'plˡastiko] |

| borracha (f) | goma (f) | ['goma] |
| de borracha | de goma (adj) | [de 'goma] |

| tecido, pano (m) | tela (f) | ['telˡa] |
| de tecido | de tela (adj) | [de 'telˡa] |

| papel (m) | papel (m) | [pa'pelˡ] |
| de papel | de papel (adj) | [de pa'pelˡ] |

cartão (m)	cartón (m)	[kar'tɔn]
de cartão	de cartón (adj)	[de kar'ton]
polietileno (m)	polietileno (m)	[polieti'leno]
celofane (m)	celofán (m)	[θelˡo'fan]

35

| linóleo (m) | linóleo (m) | [li'noleo] |
| contraplacado (m) | contrachapado (m) | [kontratʃa'paðo] |

porcelana (f)	porcelana (f)	[porθe'lʲana]
de porcelana	de porcelana (adj)	[de porθe'lʲana]
barro (f)	arcilla (f), barro (m)	[ar'θija], ['baro]
de barro	de barro (adj)	[de 'baro]
cerâmica (f)	cerámica (f)	[θe'ramika]
de cerâmica	de cerámica (adj)	[de θe'ramika]

28. Metais

metal (m)	metal (m)	[me'talʲ]
metálico	metálico (adj)	[me'taliko]
liga (f)	aleación (f)	[alea'θjon]

ouro (m)	oro (m)	['oro]
de ouro	de oro (adj)	[de 'oro]
prata (f)	plata (f)	['plʲata]
de prata	de plata (adj)	[de 'plʲata]

ferro (m)	hierro (m)	['jero]
de ferro	de hierro (adj)	[de 'jero]
aço (m)	acero (m)	[a'θero]
de aço	de acero (adj)	[de a'θero]
cobre (m)	cobre (m)	['koβre]
de cobre	de cobre (adj)	[de 'koβre]

alumínio (m)	aluminio (m)	[alʲu'minio]
de alumínio	de aluminio (adj)	[de alʲu'minio]
bronze (m)	bronce (m)	['bronθe]
de bronze	de bronce (adj)	[de 'bronθe]

latão (m)	latón (m)	[lʲa'ton]
níquel (m)	níquel (m)	['nikelʲ]
platina (f)	platino (m)	[plʲa'tino]
mercúrio (m)	mercurio (m)	[mer'kurio]
estanho (m)	estaño (m)	[es'tanjo]
chumbo (m)	plomo (m)	['plʲomo]
zinco (m)	zinc (m)	[θiŋk]

O SER HUMANO

O ser humano. O corpo

29. Humanos. Conceitos básicos

ser (m) humano	ser (m) humano	[ser u'mano]
homem (m)	hombre (m)	['ombre]
mulher (f)	mujer (f)	[mu'xer]
criança (f)	niño (m), niña (f)	['ninjo], ['ninja]
menina (f)	niña (f)	['ninja]
menino (m)	niño (m)	['ninjo]
adolescente (m)	adolescente (m)	[aðole'ɛente]
velho (m)	viejo, anciano (m)	['bjexo] [an'θjano]
velha, anciã (f)	vieja, anciana (f)	['bjexa] [an'θjana]

30. Anatomia humana

organismo (m)	organismo (m)	[orga'nismo]
coração (m)	corazón (m)	[kora'θon]
sangue (m)	sangre (f)	['sangre]
artéria (f)	arteria (f)	[ar'teria]
veia (f)	vena (f)	['bena]
cérebro (m)	cerebro (m)	[θe'reβ'o]
nervo (m)	nervio (m)	['nerβio]
nervos (m pl)	nervios (m pl)	['nerβios]
vértebra (f)	vértebra (f)	['berteβra]
coluna (f) vertebral	columna (f) vertebral	[ko'lumna berte'βral]
estômago (m)	estómago (m)	[es'tomago]
intestinos (m pl)	intestinos (m pl)	[intes't nos]
intestino (m)	intestino (m)	[intes't no]
fígado (m)	hígado (m)	['igaðo]
rim (m)	riñón (m)	[ri'njon]
osso (m)	hueso (m)	[u'eso]
esqueleto (m)	esqueleto (m)	[eske'leto]
costela (f)	costilla (f)	[kos'tija]
crânio (m)	cráneo (m)	['kraneo]
músculo (m)	músculo (m)	['muskulo]
bíceps (m)	bíceps (m)	['biθeɾs]
tríceps (m)	tríceps (m)	['triθeps]
tendão (m)	tendón (m)	[ten'don]
articulação (f)	articulación (f)	[artiku'a'θjon]

pulmões (m pl)	pulmones (m pl)	[pulʲ'mones]
órgãos (m pl) genitais	genitales (m pl)	[χeni'tales]
pele (f)	piel (f)	[pjelʲ]

31. Cabeça

cabeça (f)	cabeza (f)	[ka'βeθa]
cara (f)	cara (f)	['kara]
nariz (m)	nariz (f)	[na'riθ]
boca (f)	boca (f)	['boka]

olho (m)	ojo (m)	['oχo]
olhos (m pl)	ojos (m pl)	['oχos]
pupila (f)	pupila (f)	[pu'pilʲa]
sobrancelha (f)	ceja (f)	['θeχa]
pestana (f)	pestaña (f)	[pes'tanja]
pálpebra (f)	párpado (m)	['parpaðo]

língua (f)	lengua (f)	['lengua]
dente (m)	diente (m)	['djente]
lábios (m pl)	labios (m pl)	['lʲaβjos]
maçãs (f pl) do rosto	pómulos (m pl)	['pomulʲos]
gengiva (f)	encía (f)	[en'θia]
palato (m)	paladar (m)	[palʲa'ðar]

narinas (f pl)	ventanas (f pl)	[ben'tanas]
queixo (m)	mentón (m)	[men'ton]
mandíbula (f)	mandíbula (f)	[man'diβulʲa]
bochecha (f)	mejilla (f)	[me'χija]

testa (f)	frente (f)	['frente]
têmpora (f)	sien (f)	[θjen]
orelha (f)	oreja (f)	[o'reχa]
nuca (f)	nuca (f)	['nuka]
pescoço (m)	cuello (m)	[ku'ejo]
garganta (f)	garganta (f)	[gar'ganta]

cabelos (m pl)	pelo, cabello (m)	['pelʲo], [ka'βejo]
penteado (m)	peinado (m)	[pej'naðo]
corte (m) de cabelo	corte (m) de pelo	['korte de 'pelʲo]
peruca (f)	peluca (f)	[pe'lʲuka]

bigode (m)	bigote (m)	[bi'gote]
barba (f)	barba (f)	['barβa]
usar, ter (~ barba, etc.)	tener (vt)	[te'ner]
trança (f)	trenza (f)	['trenθa]
suíças (f pl)	patillas (f pl)	[pa'tijas]

ruivo	pelirrojo (adj)	[peli'roχo]
grisalho	gris, canoso (adj)	[gris], [ka'noso]
calvo	calvo (adj)	['kalʲβo]
calva (f)	calva (f)	['kalʲβa]
rabo-de-cavalo (m)	cola (f) de caballo	['kolʲa de ka'βajo]
franja (f)	flequillo (m)	[fle'kijo]

32. Corpo humano

mão (f)	mano (f)	['mano]
braço (m)	brazo (m)	['braθo]
dedo (m)	dedo (m)	['deðo]
dedo (m) do pé	dedo (m) del pie	['deðo delʲ pje]
polegar (m)	dedo (m) pulgar	['deðo pulʲ'gar]
dedo (m) mindinho	dedo (m) meñique	['deðo me'njike]
unha (f)	uña (f)	['unja]
punho (m)	puño (m)	['punjo]
palma (f) da mão	palma (f)	['palʲma]
pulso (m)	muñeca (f)	[mu'njeka]
antebraço (m)	antebrazo (m)	[ante·'β·aθo]
cotovelo (m)	codo (m)	['koðo]
ombro (m)	hombro (m)	['ombro]
perna (f)	pierna (f)	['pjerna]
pé (m)	planta (f)	['plʲantɛ]
joelho (m)	rodilla (f)	[ro'ðija]
barriga (f) da perna	pantorrilla (f)	[panto'rija]
anca (f)	cadera (f)	[ka'ðera]
calcanhar (m)	talón (m)	[ta'lʲon]
corpo (m)	cuerpo (m)	[ku'erpo]
barriga (f)	vientre (m)	['bjentrə]
peito (m)	pecho (m)	['petʃo]
seio (m)	seno (m)	['seno]
lado (m)	lado (m), costado (m)	['lʲaðo], [kos'taðo]
costas (f pl)	espalda (f)	[es'palʲda]
região (f) lomba-	zona (f) lumbar	['θona lum'bar]
cintura (f)	cintura (f), talle (m)	[θin'tura], ['taje]
umbigo (m)	ombligo (m)	[om'bliɣo]
nádegas (f pl)	nalgas (f pl)	['nalʲgɛs]
traseiro (m)	trasero (m)	[tra'sero]
sinal (m)	lunar (m)	[lʲu'nar]
sinal (m) de nascença	marca (f) de nacimiento	['marka de naθi'mjento]
tatuagem (f)	tatuaje (m)	[tatu'aχe]
cicatriz (f)	cicatriz (f)	[sika'triθ]

Vestuário & Acessórios

roupa (f)	ropa (f)	['ropa]
roupa (f) exterior	ropa (f) de calle	['ropa de 'kaje]
roupa (f) de inverno	ropa (f) de invierno	['ropa de im'bjerno]
sobretudo (m)	abrigo (m)	[a'βrigo]
casaco (m) de peles	abrigo (m) de piel	[a'βrigo de pjelʲ]
casaco curto (m) de peles	abrigo (m) corto de piel	[a'βrigo 'korto de pjelʲ]
casaco (m) acolchoado	chaqueta (f) plumón	[ʧa'keta plʲu'mon]
casaco, blusão (m)	cazadora (f)	[kaθa'ðora]
impermeável (m)	impermeable (m)	[imperme'aβle]
impermeável	impermeable (adj)	[imperme'aβle]

34. Vestuário de homem & mulher

camisa (f)	camisa (f)	[ka'misa]
calças (f pl)	pantalones (m pl)	[panta'lʲones]
calças (f pl) de ganga	vaqueros (m pl)	[ba'keros]
casaco (m) de fato	chaqueta (f), saco (m)	[ʧa'keta], ['sako]
fato (m)	traje (m)	['traxe]
vestido (ex. ~ vermelho)	vestido (m)	[bes'tiðo]
saia (f)	falda (f)	['falʲda]
blusa (f)	blusa (f)	['blʲusa]
casaco (m) de malha	rebeca (f),	[re'βeka],
	chaqueta (f) de punto	[ʧa'keta de 'punto]
casaco, blazer (m)	chaqueta (f)	[ʧa'keta]
T-shirt, camiseta (f)	camiseta (f)	[kami'seta]
calções (Bermudas, etc.)	pantalones (m pl) cortos	[panta'lʲones 'kortos]
fato (m) de treino	traje (m) deportivo	['traxe depor'tiβo]
roupão (m) de banho	bata (f) de baño	['bata de 'banjo]
pijama (m)	pijama (m)	[pi'xama]
suéter (m)	suéter (m)	[su'eter]
pulôver (m)	pulóver (m)	[pu'lʲoβer]
colete (m)	chaleco (m)	[ʧa'leko]
fraque (m)	frac (m)	[frak]
smoking (m)	esmoquin (m)	[es'mokin]
uniforme (m)	uniforme (m)	[uni'forme]
roupa (f) de trabalho	ropa (f) de trabajo	['ropa de tra'βaxo]
fato-macaco (m)	mono (m)	['mono]
bata (~ branca, etc.)	bata (f)	['bata]

35. Vestuário. Roupa interior

roupa (f) interior	ropa (f) interior	['ropa ir te'rjor]
cuecas boxer (f pl)	bóxer (m)	['bokseɪ]
cuecas (f pl)	bragas (f pl)	['bragaɛ]
camisola (f) interior	camiseta (f) interior	[kami'θeta inte'rjor]
peúgas (f pl)	calcetines (m pl)	[kaⁱθe'tɪnes]
camisa (f) de noite	camisón (m)	[kami'son]
sutiã (m)	sostén (m)	[sos'terˉ]
meias longas (f pl)	calcetines (m pl) altos	[kaⁱθe'tɪnes 'alⁱtos]
meia-calça (f)	pantimedias (f pl)	[panti'meðias]
meias (f pl)	medias (f pl)	['meðiaɛ]
fato (m) de banho	traje (m) de baño	['traχe de 'banjo]

36. Adereços de cabeça

chapéu (m)	gorro (m)	['goro]
chapéu (m) de feltro	sombrero (m)	[som'brero]
boné (m) de beisebol	gorra (f) de béisbol	['gora ce 'bejsβoⁱ]
boné (m)	gorra (f) plana	['gora 'plⁱana]
boina (f)	boina (f)	['bojnaˉ]
capuz (m)	capuchón (m)	[kapu'ʧon]
panamá (m)	panamá (m)	[pana'ɾa]
gorro (m) de malha	gorro (m) de punto	['goro de 'punto]
lenço (m)	pañuelo (m)	[panju'əlⁱo]
chapéu (m) de mulher	sombrero (m) de mujer	[som'bˉero de mu'χer]
capacete (m) de proteção	casco (m)	['kaskc]
bibico (m)	gorro (m) de campaña	['goro de kam'panja]
capacete (m)	casco (m)	['kaskc]
chapéu-coco (ʈ)	bombín (m)	[bom'bin]
chapéu (m) alto	sombrero (m) de copa	[som'brero de 'kopa]

37. Calçado

calçado (m)	calzado (m)	[kaⁱ'θɛðo]
botinas (f pl)	botas (f pl)	['botaɛ]
sapatos (de salto alto, etc.)	zapatos (m pl)	[θa'paːos]
botas (f pl)	botas (f pl)	['botaɛ]
pantufas (f pl)	zapatillas (f pl)	[θapa'ːijas]
ténis (m pl)	tenis (m pl)	['tenisˉ]
sapatilhas (f pl)	zapatillas (f pl) de lona	[θapaˉijas de 'lⁱonaˉ]
sandálias (f pl)	sandalias (f pl)	[san'dɔljas]
sapateiro (m)	zapatero (m)	[θapaˈtero]
salto (m)	tacón (m)	[ta'kon]

par (m)	**par** (m)	[par]
atacador (m)	**cordón** (m)	[kor'ðon]
apertar os atacadores	**encordonar** (vt)	[eŋkorðo'nar]
calçadeira (f)	**calzador** (m)	[kalʲθa'ðor]
graxa (f) para calçado	**betún** (m)	[be'tun]

38. Têxtil. Tecidos

algodão (m)	**algodón** (m)	[alʲgo'ðon]
de algodão	**de algodón** (adj)	[de alʲgo'ðon]
linho (m)	**lino** (m)	['lino]
de linho	**de lino** (adj)	[de 'lino]

seda (f)	**seda** (f)	['seða]
de seda	**de seda** (adj)	[de 'seða]
lã (f)	**lana** (f)	['lʲana]
de lã	**de lana** (adj)	[de 'lʲana]

veludo (m)	**terciopelo** (m)	[terθjo'pelʲo]
camurça (f)	**gamuza** (f)	[ga'muθa]
bombazina (f)	**pana** (f)	['pana]

náilon (m)	**nilón** (m)	[ni'lʲon]
de náilon	**de nilón** (adj)	[de ni'lʲon]
poliéster (m)	**poliéster** (m)	[po'ljester]
de poliéster	**de poliéster** (adj)	[de po'ljester]

couro (m)	**piel** (f)	[pjelʲ]
de couro	**de piel**	[de 'pjelʲ]
pele (f)	**piel** (f)	[pjelʲ]
de peles, de pele	**de piel** (adj)	[de 'pjelʲ]

39. Acessórios pessoais

luvas (f pl)	**guantes** (m pl)	[gu'antes]
mitenes (f pl)	**manoplas** (f pl)	[ma'noplʲas]
cachecol (m)	**bufanda** (f)	[bu'fanda]

óculos (m pl)	**gafas** (f pl)	['gafas]
armação (f) de óculos	**montura** (f)	[mon'tura]
guarda-chuva (m)	**paraguas** (m)	[pa'raguas]
bengala (f)	**bastón** (m)	[bas'ton]
escova (f) para o cabelo	**cepillo** (m) **de pelo**	[θe'pijo de 'pelʲo]
leque (m)	**abanico** (m)	[aβa'niko]

gravata (f)	**corbata** (f)	[kor'βata]
gravata-borboleta (f)	**pajarita** (f)	[paχa'rita]
suspensórios (m pl)	**tirantes** (m pl)	[ti'rantes]
lenço (m)	**moquero** (m)	[mo'kero]

pente (m)	**peine** (m)	['pejne]
travessão (m)	**pasador** (m) **de pelo**	[pasa'ðor de 'pelʲo]

| gancho (m) de cabelo | horquilla (f) | [or'kija] |
| fivela (f) | hebilla (f) | [e'βija] |

| cinto (m) | cinturón (m) | [θintu'roɲ] |
| correia (f) | correa (f) | [ko'rea] |

mala (f)	bolsa (f)	['bolʲsa]
mala (f) de senhora	bolso (m)	['bolʲso]
mochila (f)	mochila (f)	[mo'tʃilʲa]

40. Vestuário. Diversos

moda (f)	moda (f)	['moða]
na moda	de moda (adj)	[de 'moða]
estilista (m)	diseñador (m) de moda	[disenja ðor de 'moða]

colarinho (m), gola (f)	cuello (m)	[ku'ejo]
bolso (m)	bolsillo (m)	[bolʲ'sijc]
de bolso	de bolsillo (adj)	[de bolʲ'sijo]
manga (f)	manga (f)	['mangɛ]
alcinha (f)	presilla (f)	[pre'sija]
braguilha (f)	bragueta (f)	[bra'getɔ]

fecho (m) de correr	cremallera (f)	[krema'_era]
fecho (m), colchete (m)	cierre (m)	['θjere]
botão (m)	botón (m)	[bo'ton]
casa (f) de botão	ojal (m)	[o'χalʲ]
soltar-se (vr)	saltar (vi)	[salʲ'tar]

coser, costurar rvi)	coser (vi, vt)	[ko'ser]
bordar (vt)	bordar (vt)	[bor'ðaɪ]
bordado (m)	bordado (m)	[bor'ðaðo]
agulha (f)	aguja (f)	[a'guχa]
fio (m)	hilo (m)	['ilʲo]
costura (f)	costura (f)	[kos'tura]

sujar-se (vr)	ensuciarse (vr)	[ensu'θjarse]
mancha (f)	mancha (f)	['mantʃa]
engelhar-se (vr)	arrugarse (vr)	[aru'ga˙se]
rasgar (vt)	rasgar (vt)	[ras'gaɾ]
traça (f)	polilla (f)	[po'lija]

41. Cuidados pessoais. Cosméticos

pasta (f) de dentes	pasta (f) de dientes	['pasta de 'djentes]
escova (f) de dentes	cepillo (m) de dientes	[θe'pijc de 'djentes]
escovar os dentes	limpiarse los dientes	[lim'pjarse los 'djentəs]

máquina (f) de barbear	maquinilla (f) de afeitar	[maki'rija de afej'tar]
creme (m) de barbear	crema (f) de afeitar	['krema de afej'tar]
barbear-se (vr)	afeitarse (vr)	[afej'tarse]
sabonete (m)	jabón (m)	[χa'βon]

champô (m)	champú (m)	[ʧam'pu]
tesoura (f)	tijeras (f pl)	[ti'xeras]
lima (f) de unhas	lima (f) de uñas	['lima de 'unjas]
corta-unhas (m)	cortaúñas (m pl)	[korta·'unjas]
pinça (f)	pinzas (f pl)	['pinθas]

cosméticos (m pl)	cosméticos (m pl)	[kos'metikos]
máscara (f) facial	mascarilla (f)	[maska'rija]
manicura (f)	manicura (f)	[mani'kura]
fazer a manicura	hacer la manicura	[a'θer lʲa mani'kura]
pedicure (f)	pedicura (f)	[peðiˈkura]

mala (f) de maquilhagem	bolsa (f) de maquillaje	['bolʲsa de maki'jaxe]
pó (m)	polvos (m pl)	['polʲβos]
caixa (f) de pó	polvera (f)	[polʲ'βera]
blush (m)	colorete (m)	[kolʲo'rete]

perfume (m)	perfume (m)	[per'fume]
água (f) de toilette	agua (f) de tocador	['agua de [toka'ðor]
loção (f)	loción (f)	[lʲo'θjon]
água-de-colónia (f)	agua (f) de Colonia	['agua de ko'lʲonia]

sombra (f) de olhos	sombra (f) de ojos	['sombra de 'oxos]
lápis (m) delineador	lápiz (m) de ojos	['lʲapiθ de 'oxos]
máscara (f), rímel (m)	rímel (m)	['rimelʲ]

batom (m)	pintalabios (m)	[pinta·'lʲaβios]
verniz (m) de unhas	esmalte (m) de uñas	[es'malʲte de 'unjas]
laca (f) para cabelos	fijador (m)	[fixa'ðor]
desodorizante (m)	desodorante (m)	[desoðo'rante]

creme (m)	crema (f)	['krema]
creme (m) de rosto	crema (f) de belleza	['krema de be'jeθa]
creme (m) de mãos	crema (f) de manos	['krema de 'manos]
creme (m) antirrugas	crema (f) antiarrugas	['krema anti·a'rugas]
creme (m) de dia	crema (f) de día	['krema de 'dia]
creme (m) de noite	crema (f) de noche	['krema de 'noʧe]
de dia	de día (adj)	[de 'dia]
da noite	de noche (adj)	[de 'noʧe]

tampão (m)	tampón (m)	[tam'pon]
papel (m) higiénico	papel (m) higiénico	[pa'pelʲ i'xjeniko]
secador (m) elétrico	secador (m) de pelo	[seka'ðor de 'pelʲo]

42. Joalheria

joias (f pl)	joyas (f pl)	['xojas]
precioso	precioso (adj)	[pre'θjoso]
marca (f) de contraste	contraste (m)	[kon'traste]

anel (m)	anillo (m)	[a'nijo]
aliança (f)	anillo (m) de boda	[a'nijo de 'boða]
pulseira (f)	pulsera (f)	[pulʲ'sera]
brincos (m pl)	pendientes (m pl)	[pen'djentes]

colar (m)	collar (m)	[ko'jar]
coroa (f)	corona (f)	[ko'rona]
colar (m) de contas	collar (m) de abalorios	[ko'jar də aβa'ʎorjos]
diamante (m)	diamante (m)	[dia'marte]
esmeralda (f)	esmeralda (f)	[esme'raʎda]
rubi (m)	rubí (m)	[ru'βi]
safira (f)	zafiro (m)	[θa'firo]
pérola (f)	perla (f)	['perʎa]
âmbar (m)	ámbar (m)	['ambar]

43. Relógios de pulso. Relógios

relógio (m) de pulso	reloj (m)	[re'ʎoχ]
mostrador (m)	esfera (f)	[es'fera]
ponteiro (m)	aguja (f)	[a'guχa]
bracelete (f) em aço	pulsera (f)	[puʎ'sera]
bracelete (f) em couro	correa (f)	[ko'rea]
pilha (f)	pila (f)	['piʎa]
descarregar-se	descargarse (vr)	[deskar garse]
trocar a pilha	cambiar la pila	[kam'bjar ʎa 'piʎa]
estar adiantado	adelantarse (vr)	[aðeʎar'tarθe]
estar atrasado	retrasarse (vr)	[retra'sarse]
relógio (m) de parede	reloj (m) de pared	[re'ʎoχ de pa'reð]
ampulheta (f)	reloj (m) de arena	[re'ʎoχ de a'rena]
relógio (m) de sol	reloj (m) de sol	[re'ʎoχ de 'soʎ]
despertador (m)	despertador (m)	[desperta'ðor]
relojoeiro (m)	relojero (m)	[reʎo'χero]
reparar (vt)	reparar (vt)	[repa'rɛr]

Alimentação. Nutrição

44. Comida

carne (f)	carne (f)	['karne]
galinha (f)	gallina (f)	[ga'jina]
frango (m)	pollo (m)	['poʝo]
pato (m)	pato (m)	['pato]
ganso (m)	ganso (m)	['ganso]
caça (f)	caza (f) menor	['kaθa me'nor]
peru (m)	pava (f)	['paβa]

carne (f) de porco	carne (f) de cerdo	['karne de 'θerðo]
carne (f) de vitela	carne (f) de ternera	['karne de ter'nera]
carne (f) de carneiro	carne (f) de carnero	['karne de kar'nero]
carne (f) de vaca	carne (f) de vaca	['karne de 'baka]
carne (f) de coelho	conejo (m)	[ko'neχo]

chouriço, salsichão (m)	salchichón (m)	[salʲtʃi'tʃon]
salsicha (f)	salchicha (f)	[salʲ'tʃitʃa]
bacon (m)	beicon (m)	['bejkon]
fiambre (f)	jamón (m)	[χa'mon]
presunto (m)	jamón (m) fresco	[χa'mon 'fresko]

patê (m)	paté (m)	[pa'te]
fígado (m)	hígado (m)	['igaðo]
carne (f) moída	carne (f) picada	['karne pi'kaða]
língua (f)	lengua (f)	['lengua]

ovo (m)	huevo (m)	[u'eβo]
ovos (m pl)	huevos (m pl)	[u'eβos]
clara (f) do ovo	clara (f)	['klʲara]
gema (f) do ovo	yema (f)	['ʲema]

peixe (m)	pescado (m)	[pes'kaðo]
mariscos (m pl)	mariscos (m pl)	[ma'riskos]
crustáceos (m pl)	crustáceos (m pl)	[krus'taθeos]
caviar (m)	caviar (m)	[ka'βjar]

caranguejo (m)	cangrejo (m) de mar	[kan'greχo de 'mar]
camarão (m)	camarón (m)	[kama'ron]
ostra (f)	ostra (f)	['ostra]
lagosta (f)	langosta (f)	[lʲan'gosta]
polvo (m)	pulpo (m)	['pulʲpo]
lula (f)	calamar (m)	[kalʲa'mar]

esturjão (m)	esturión (m)	[estu'rjon]
salmão (m)	salmón (m)	[salʲ'mon]
halibute (m)	fletán (m)	[fle'tan]
bacalhau (m)	bacalao (m)	[baka'lʲao]

cavala, sarda (f)	caballa (f)	[ka'βaja]
atum (m)	atún (m)	[a'tun]
enguia (f)	anguila (f)	[an'gilʲa]
truta (f)	trucha (f)	['trutʃa]
sardinha (f)	sardina (f)	[sar'ðina]
lúcio (m)	lucio (m)	['lʲuθio]
arenque (m)	arenque (m)	[a'reŋke]
pão (m)	pan (m)	[pan]
queijo (m)	queso (m)	['keso]
açúcar (m)	azúcar (m)	[a'θukaˈ]
sal (m)	sal (f)	[salʲ]
arroz (m)	arroz (m)	[a'roθ]
massas (f pl)	macarrones (m pl)	[maka'rones]
talharim (m)	tallarines (m pl)	[taja'rines]
manteiga (f)	mantequilla (f)	[manteˈkija]
óleo (m) vegetal	aceite (m) vegetal	[a'θejte beχe'talʲ]
óleo (m) de girassol	aceite (m) de girasol	[a'θejte de χira'solʲ]
margarina (f)	margarina (f)	[margaˈrina]
azeitonas (f pl)	olivas, aceitunas (f pl)	[o'liβas], [aθei'tunas]
azeite (m)	aceite (m) de oliva	[a'θejte de o'liβa]
leite (m)	leche (f)	['letʃe]
leite (m) condensado	leche (f) condensada	['letʃe konden'saða]
iogurte (m)	yogur (m)	[jo'gur]
nata (f) azeda	nata (f) agria	['nata 'aɣria]
nata (f) do leite	nata (f) líquida	['nata 'ʲikiða]
maionese (f)	mayonesa (f)	[majo'nesa]
creme (m)	crema (f) de mantequilla	['krema de mante'kija]
grãos (m pl) de cereais	cereales (m pl) integrales	[θere'ales inte'ɣrales]
farinha (f)	harina (f)	[a'rina]
enlatados (m pl)	conservas (f pl)	[kon'serβas]
flocos (m pl) de milho	copos (m pl) de maíz	['kopos de ma'iθ]
mel (m)	miel (f)	[mjelʲ]
doce (m)	confitura (f)	[komfiˈtura]
pastilha (f) elástica	chicle (m)	['tʃikle]

45. Bebidas

água (f)	agua (f)	['agua]
água (f) potáve	agua (f) potable	['agua po'taβle]
água (f) mineral	agua (f) mineral	['agua mine'ralʲ]
sem gás	sin gas	[sin 'gas]
gaseificada	gaseoso (adj)	[gase'oso]
com gás	con gas	[kon 'gas]
gelo (m)	hielo (m)	['jelʲo]

com gelo	con hielo	[kon 'jeⁱⁱo]
sem álcool	sin alcohol	[sin alⁱko'olʲ]
bebida (f) sem álcool	bebida (f) sin alcohol	[be'βiða sin alⁱko'olʲ]
refresco (m)	refresco (m)	[re'fresko]
limonada (f)	limonada (f)	[limo'naða]
bebidas (f pl) alcoólicas	bebidas (f pl) alcohólicas	[be'βiðas alⁱko'olikas]
vinho (m)	vino (m)	['bino]
vinho (m) branco	vino (m) blanco	['bino 'blⁱaŋko]
vinho (m) tinto	vino (m) tinto	['bino 'tinto]
licor (m)	licor (m)	[li'kor]
champanhe (m)	champaña (f)	[ʧam'panja]
vermute (m)	vermú (m)	[ber'mu]
uísque (m)	whisky (m)	['wiski]
vodka (f)	vodka (m)	['boðka]
gim (m)	ginebra (f)	[χi'neβra]
conhaque (m)	coñac (m)	[ko'njak]
rum (m)	ron (m)	[ron]
café (m)	café (m)	[ka'fe]
café (m) puro	café (m) solo	[ka'fe 'solⁱo]
café (m) com leite	café (m) con leche	[ka'fe kon 'leʧe]
cappuccino (m)	capuchino (m)	[kapu'ʧino]
café (m) solúvel	café (m) soluble	[ka'fe so'lⁱuβle]
leite (m)	leche (f)	['leʧe]
coquetel (m)	cóctel (m)	['koktelʲ]
batido (m) de leite	batido (m)	[ba'tiðo]
sumo (m)	zumo (m), jugo (m)	['θumo], ['χugo]
sumo (m) de tomate	jugo (m) de tomate	['χugo de to'mate]
sumo (m) de laranja	zumo (m) de naranja	['θumo de na'ranχa]
sumo (m) fresco	zumo (m) fresco	['θumo 'fresko]
cerveja (f)	cerveza (f)	[θer'βeθa]
cerveja (f) clara	cerveza (f) rubia	[θer'βeθa 'ruβia]
cerveja (f) preta	cerveza (f) negra	[θer'βeθa 'neɣra]
chá (m)	té (m)	[te]
chá (m) preto	té (m) negro	['te 'neɣro]
chá (m) verde	té (m) verde	['te 'berðe]

46. Vegetais

legumes (m pl)	legumbres (f pl)	[le'gumbres]
verduras (f pl)	verduras (f pl)	[ber'ðuras]
tomate (m)	tomate (m)	[to'mate]
pepino (m)	pepino (m)	[pe'pino]
cenoura (f)	zanahoria (f)	[θana'oria]
batata (f)	patata (f)	[pa'tata]
cebola (f)	cebolla (f)	[θe'βoja]

alho (m)	ajo (m)	['aχo]
couve (f)	col (f)	[kolʲ]
couve-flor (f)	coliflor (f)	[koli'flʲor]
couve-de-bruxelas (f)	col (f) de Bruselas	[kolʲ de ɔru'selʲas]
brócolos (m pl)	brócoli (m)	['brokoli

beterraba (f)	remolacha (f)	[remo'lʲɛtʃa]
beringela (f)	berenjena (f)	[beren'χena]
curgete (f)	calabacín (m)	[kalʲaβa θin]
abóbora (f)	calabaza (f)	[kalʲa'βɛθa]
nabo (m)	nabo (m)	['naβo]

salsa (f)	perejil (m)	[pere'χilʲ]
funcho, endro (m)	eneldo (m)	[e'nelʲdo]
alface (f)	lechuga (f)	[le'tʃugaǀ
aipo (m)	apio (m)	['apio]
espargo (m)	espárrago (m)	[es'parɛgo]
espinafre (m)	espinaca (f)	[espi'naka]

ervilha (f)	guisante (m)	[gi'sante]
fava (f)	habas (f pl)	['aβas]
milho (m)	maíz (m)	[ma'iθ]
feijão (m)	fréjol (m)	['freχolʲ]

pimentão (m)	pimiento (m) dulce	[pi'mjerto 'dulθe]
rabanete (m)	rábano (m)	['raβano]
alcachofra (f)	alcachofa (f)	[alʲka'tʃofa]

47. Frutos. Nozes

fruta (f)	fruto (m)	['fruto]
maçã (f)	manzana (f)	[man'θana]
pera (f)	pera (f)	['pera]
limão (m)	limón (m)	[li'mon]
laranja (f)	naranja (f)	[na'ranχa]
morango (m)	fresa (f)	['fresa]

tangerina (f)	mandarina (f)	[manda'rina]
ameixa (f)	ciruela (f)	[θiru'elʲa]
pêssego (m)	melocotón (m)	[melʲoko'ton]
damasco (m)	albaricoque (m)	[alʲβari'koke]
framboesa (f)	frambuesa (f)	[frambu'esa]
ananás (m)	piña (f)	['pinja]

banana (f)	banana (f)	[ba'nana]
melancia (f)	sandía (f)	[san'dia]
uva (f)	uva (f)	['uβa]
ginja (f)	guinda (f)	['gindaǀ
cereja (f)	cereza (f)	[θe're͡θa]
meloa (f)	melón (m)	[me'lʲon]

toranja (f)	pomelo (m)	[po'melʲo]
abacate (m)	aguacate (m)	[agua'kate]
papaia (f)	papaya (f)	[pa'paja]

| manga (f) | mango (m) | ['mango] |
| romã (f) | granada (f) | [gra'naða] |

groselha (f) vermelha	grosella (f) roja	[gro'seja 'roχa]
groselha (f) preta	grosella (f) negra	[gro'seja 'neɣra]
groselha (f) espinhosa	grosella (f) espinosa	[gro'seja espi'nosa]
mirtilo (m)	arándano (m)	[a'randano]
amora silvestre (f)	zarzamoras (f pl)	[θarθa'moras]

uvas (f pl) passas	pasas (f pl)	['pasas]
figo (m)	higo (m)	['igo]
tâmara (f)	dátil (m)	['datilʲ]

amendoim (m)	cacahuete (m)	[kakau'ete]
amêndoa (f)	almendra (f)	[alʲ'mendra]
noz (f)	nuez (f)	[nu'eθ]
avelã (f)	avellana (f)	[aβe'jana]
coco (m)	nuez (f) de coco	[nu'eθ de 'koko]
pistáchios (m pl)	pistachos (m pl)	[pis'tatʃos]

48. Pão. Bolaria

pastelaria (f)	pasteles (m pl)	[pas'teles]
pão (m)	pan (m)	[pan]
bolacha (f)	galletas (f pl)	[ga'jetas]

chocolate (m)	chocolate (m)	[tʃoko'lʲate]
de chocolate	de chocolate (adj)	[de tʃoko'lʲate]
rebuçado (m)	caramelo (m)	[kara'melʲo]
bolo (cupcake, etc.)	mini tarta (f)	['mini 'tarta]
bolo (m) de aniversário	tarta (f)	['tarta]

| tarte (~ de maçã) | tarta (f) | ['tarta] |
| recheio (m) | relleno (m) | [re'jeno] |

doce (m)	confitura (f)	[komfi'tura]
geleia (f) de frutas	mermelada (f)	[merme'lʲaða]
waffle (m)	gofre (m)	['gofre]
gelado (m)	helado (m)	[e'lʲaðo]
pudim (m)	pudin (m)	['puðin]

49. Pratos cozinhados

prato (m)	plato (m)	['plʲato]
cozinha (~ portuguesa)	cocina (f)	[ko'θina]
receita (f)	receta (f)	[re'θeta]
porção (f)	porción (f)	[por'θjon]

salada (f)	ensalada (f)	[ensa'lʲaða]
sopa (f)	sopa (f)	['sopa]
caldo (m)	caldo (m)	['kalʲdo]
sandes (f)	bocadillo (m)	[boka'ðijo]

ovos (m pl) estreladas	huevos (m pl) fritos	[u'eβos fritos]
hambúrguer (m)	hamburguesa (f)	[ambur'gesa]
bife (m)	bistec (m)	[bis'tek]

conduto (m)	guarnición (f)	[guarni'θjon]
espaguete (m)	espagueti (m)	[espa'geti]
puré (m) de batata	puré (m) de patatas	[pu're də pa'tatas]
pizza (f)	pizza (f)	['pitsa]
papa (f)	gachas (f pl)	['gatʃas]
omelete (f)	tortilla (f) francesa	[tor'tija fran'θesa]

cozido em água	cocido en agua (adj)	[ko'θiðo en 'agua]
fumado	ahumado (adj)	[au'maθo]
frito	frito (adj)	['frito]
seco	seco (adj)	['seko]
congelado	congelado (adj)	[konχe'laðo]
em conserva	marinado (adj)	[mari'naðo]

doce (açucarado)	azucarado, dulce (adj)	[aθuka'ːaðo], ['dulʲθe]
salgado	salado (adj)	[sa'lʲaðo]
frio	frío (adj)	['frio]
quente	caliente (adj)	[ka'ljente]
amargo	amargo (adj)	[a'margo]
gostoso	sabroso (adj)	[sa'βroso]

cozinhar (em água a ferver)	cocer (vt) en agua	[ko'θer ən 'agua]
fazer, preparar (vt)	preparar (vt)	[prepa'ɾar]
fritar (vt)	freír (vt)	[fre'ir]
aquecer (vt)	calentar (vt)	[kalen'tar]

salgar (vt)	salar (vt)	[sa'lʲar]
apimentar (vt)	poner pimienta	[po'ner pi'mjenta]
ralar (vt)	rallar (vt)	[ra'jar]
casca (f)	piel (f)	[pjelʲ]
descascar (vt)	pelar (vt)	[pe'lʲar]

50. Especiarias

sal (m)	sal (f)	[salʲ]
salgado	salado (adj)	[sa'lʲaðɔ]
salgar (vt)	salar (vt)	[sa'lʲar]

pimenta (f) preta	pimienta (f) negra	[pi'mjenta 'neɣra]
pimenta (f) vermelha	pimienta (f) roja	[pi'mjenta 'roχa]
mostarda (f)	mostaza (f)	[mos'taθa]
raiz-forte (f)	rábano (m) picante	['raβano pi'kante]

condimento (m)	condimento (m)	[kondi'mento]
especiaria (f)	especia (f)	[es'peθia]
molho (m)	salsa (f)	['salʲsa]
vinagre (m)	vinagre (m)	[bi'naɣˑe]

anis (m)	anís (m)	[a'nis]
manjericão (m)	albahaca (f)	[alʲβa'ɛka]

cravo (m)	clavo (m)	['klʲaβo]
gengibre (m)	jengibre (m)	[χen'χiβre]
coentro (m)	cilantro (m)	[θi'lʲantro]
canela (f)	canela (f)	[ka'nelʲa]

sésamo (m)	sésamo (m)	['sesamo]
folhas (f pl) de louro	hoja (f) de laurel	['oχa de lʲau'relʲ]
páprica (f)	paprika (f)	[pap'rika]
cominho (m)	comino (m)	[ko'mino]
açafrão (m)	azafrán (m)	[aθa'fran]

51. Refeições

comida (f)	comida (f)	[ko'miða]
comer (vt)	comer (vi, vt)	[ko'mer]

pequeno-almoço (m)	desayuno (m)	[desa'juno]
tomar o pequeno-almoço	desayunar (vi)	[desaju'nar]
almoço (m)	almuerzo (m)	[alʲmu'erθo]
almoçar (vi)	almorzar (vi)	[alʲmor'θar]
jantar (m)	cena (f)	['θena]
jantar (vi)	cenar (vi)	[θe'nar]

apetite (m)	apetito (m)	[ape'tito]
Bom apetite!	¡Que aproveche!	[ke apro'βetʃe]

abrir (~ uma lata, etc.)	abrir (vt)	[a'βrir]
derramar (vt)	derramar (vt)	[dera'mar]
derramar-se (vr)	derramarse (vr)	[dera'marse]

ferver (vi)	hervir (vi)	[er'βir]
ferver (vt)	hervir (vt)	[er'βir]
fervido	hervido (adj)	[er'βiðo]

arrefecer (vt)	enfriar (vt)	[eɱfri'ar]
arrefecer-se (vr)	enfriarse (vr)	[eɱfri'arse]

sabor, gosto (m)	sabor (m)	[sa'βor]
gostinho (m)	regusto (m)	[re'gusto]

fazer dieta	adelgazar (vi)	[aðelʲga'θar]
dieta (f)	dieta (f)	[di'eta]
vitamina (f)	vitamina (f)	[bita'mina]
caloria (f)	caloría (f)	[kalʲo'ria]

vegetariano (m)	vegetariano (m)	[beχeta'rjano]
vegetariano	vegetariano (adj)	[beχeta'rjano]

gorduras (f pl)	grasas (f pl)	['grasas]
proteínas (f pl)	proteínas (f pl)	[prote'inas]
carboidratos (m pl)	carbohidratos (m pl)	[karβoi'ðratos]
fatia (~ de limão, etc.)	loncha (f)	['lʲontʃa]
pedaço (~ de bolo)	pedazo (m)	[pe'ðaθo]
migalha (f)	miga (f)	['miga]

52. Por a mesa

colher (f)	cuchara (f)	[ku'tʃara]
faca (f)	cuchillo (m)	[ku'tʃijo]
garfo (m)	tenedor (m)	[tene'ðor]

chávena (f)	taza (f)	['taθa]
prato (m)	plato (m)	['plʲato]
pires (m)	platillo (m)	[plʲa'tijo]
guardanapo (m)	servilleta (f)	[serβi'jeta]
palito (m)	mondadientes (m)	[mondɛ'ðjentes]

53. Restaurante

restaurante (m)	restaurante (m)	[restau rante]
café (m)	cafetería (f)	[kafete ria]
bar (m), cervejaria (f)	bar (m)	[bar]
salão (m) de ché	salón (m) de té	[sa'lʲon de 'te]

empregado (m) de mesa	camarero (m)	[kama'rero]
empregada (f) de mesa	camarera (f)	[kama'rera]
barman (m)	barman (m)	['barman]

ementa (f)	carta (f), menú (m)	['karta], [me'nu]
lista (f) de vinhos	carta (f) de vinos	['karta ðe 'binos]
reservar uma mesa	reservar una mesa	[reser'βar 'una 'mesa]

prato (m)	plato (m)	['plʲato]
pedir (vt)	pedir (vt)	[pe'ðir]
fazer o pedido	hacer un pedido	[a'θer un pe'ðiðo]

aperitivo (m)	aperitivo (m)	[aperi'tβo]
entrada (f)	entremés (m)	[entre'mes]
sobremesa (f)	postre (m)	['postre]

conta (f)	cuenta (f)	[ku'enta]
pagar a conta	pagar la cuenta	[pa'gar lʲa ku'enta]
dar o troco	dar la vuelta	['dar lʲa bu'elta]
gorjeta (f)	propina (f)	[pro'pina]

Família, parentes e amigos

nome (m)	nombre (m)	['nombre]
apelido (m)	apellido (m)	[ape'jiðo]
data (f) de nascimento	fecha (f) de nacimiento	['fetʃa de naθi'mjento]
local (m) de nascimento	lugar (m) de nacimiento	[lʲu'gar de naθi'mjento]
nacionalidade (f)	nacionalidad (f)	[naθjonali'ðað]
lugar (m) de residência	domicilio (m)	[domi'θilio]
país (m)	país (m)	[pa'is]
profissão (f)	profesión (f)	[profe'sjon]
sexo (m)	sexo (m)	['sekso]
estatura (f)	estatura (f)	[esta'tura]
peso (m)	peso (m)	['peso]

mãe (f)	madre (f)	['maðre]
pai (m)	padre (m)	['paðre]
filho (m)	hijo (m)	['iχo]
filha (f)	hija (f)	['iχa]
filha (f) mais nova	hija (f) menor	['iχa me'nor]
filho (m) mais novo	hijo (m) menor	['iχo me'nor]
filha (f) mais velha	hija (f) mayor	['iχa ma'jor]
filho (m) mais velho	hijo (m) mayor	['iχo ma'jor]
irmão (m)	hermano (m)	[er'mano]
irmão (m) mais velho	hermano (m) mayor	[er'mano ma'jor]
irmão (m) mais novo	hermano (m) menor	[er'mano me'nor]
irmã (f)	hermana (f)	[er'mana]
irmã (f) mais velha	hermana (f) mayor	[er'mana ma'jor]
irmã (f) mais nova	hermana (f) menor	[er'mana me'nor]
primo (m)	primo (m)	['primo]
prima (f)	prima (f)	['prima]
mamã (f)	mamá (f)	[ma'ma]
papá (m)	papá (m)	[pa'pa]
pais (pl)	padres (pl)	['paðres]
criança (f)	niño (m), niña (f)	['ninjo], ['ninja]
crianças (f pl)	niños (pl)	['ninjos]
avó (f)	abuela (f)	[aβu'elʲa]
avô (m)	abuelo (m)	[aβu'elʲo]
neto (m)	nieto (m)	['njeto]

neta (f)	nieta (f)	['njeta]
netos (pl)	nietos (pl)	['njetos]
tio (m)	tío (m)	['tio]
tia (f)	tía (f)	['tia]
sobrinho (m)	sobrino (m)	[so'βrino]
sobrinha (f)	sobrina (f)	[so'βrina]
sogra (f)	suegra (f)	[su'eɣra]
sogro (m)	suegro (m)	[su'eɣrc]
genro (m)	yerno (m)	['jerno]
madrasta (f)	madrastra (f)	[ma'ðrastra]
padrasto (m)	padrastro (m)	[pa'ðrastro]
criança (f) de colo	niño (m) de pecho	['ninjo ce 'petʃo]
bebé (m)	bebé (m)	[be'βe]
menino (m)	chico (m)	['tʃiko]
mulher (f)	mujer (f)	[mu'xer]
marido (m)	marido (m)	[ma'riðo]
esposo (m)	esposo (m)	[es'posɔ]
esposa (f)	esposa (f)	[es'posa]
casado	casado (adj)	[ka'saðɔ]
casada	casada (adj)	[ka'saða]
solteiro	soltero (adj)	[sol'tero]
solteirão (m)	soltero (m)	[sol'tero]
divorciado	divorciado (adj)	[diβor'ɕjaðo]
viúva (f)	viuda (f)	['bjuða]
viúvo (m)	viudo (m)	['bjuðo]
parente (m)	pariente (m)	[pa'rjerte]
parente (m) próximo	pariente (m) cercano	[pa'rjerte θer'kano]
parente (m) distante	pariente (m) lejano	[pa'rjerte le'xano]
parentes (m pl)	parientes (pl)	[pa'rjertes]
órfão (m)	huérfano (m)	[u'erfaro]
órfã (f)	huérfana (f)	[u'erfara]
tutor (m)	tutor (m)	[tu'tor]
adotar (um filho)	adoptar, ahijar (vt)	[aðop'tar], [ai'xar]
adotar (uma filha)	adoptar, ahijar (vt)	[aðop'tar], [ai'xar]

56. Amigos. Colegas de trabalho

amigo (m)	amigo (m)	[a'migc]
amiga (f)	amiga (f)	[a'miga]
amizade (f)	amistad (f)	[amis'tað]
ser amigos	ser amigo	[ser a'migo]
amigo (m)	amigote (m)	[ami'gote]
amiga (f)	amiguete (f)	[ami'gete]
parceiro (m)	compañero (m)	[kompa'njero]
chefe (m)	jefe (m)	['xefe]
superior (m)	superior (m)	[supe'rjor]

proprietário (m)	propietario (m)	[propje'tario]
subordinado (m)	subordinado (m)	[suβorði'naðo]
colega (m)	colega (m, f)	[ko'lega]

conhecido (m)	conocido (m)	[kono'θiðo]
companheiro (m) de viagem	compañero (m) de viaje	[kompa'njero de 'bjaχe]
colega (m) de classe	condiscípulo (m)	[kondi'θipulʲo]

vizinho (m)	vecino (m)	[be'θino]
vizinha (f)	vecina (f)	[be'θina]
vizinhos (pl)	vecinos (pl)	[be'θinos]

57. Homem. Mulher

mulher (f)	mujer (f)	[mu'χer]
rapariga (f)	muchacha (f)	[mu'ʧaʧa]
noiva (f)	novia (f)	['noβia]

bonita	guapa (adj)	[gu'apa]
alta	alta (adj)	['alʲta]
esbelta	esbelta (adj)	[es'βelʲta]
de estatura média	de estatura mediana	[de esta'tura me'ðjana]

loura (f)	rubia (f)	['ruβia]
morena (f)	morena (f)	[mo'rena]

de senhora	de señora (adj)	[de se'njora]
virgem (f)	virgen (f)	['birχen]
grávida	embarazada (adj)	[embara'θaða]

homem (m)	hombre (m)	['ombre]
louro (m)	rubio (m)	['ruβio]
moreno (m)	moreno (m)	[mo'reno]
alto	alto (adj)	['alʲto]
de estatura média	de estatura mediana	[de esta'tura me'ðjana]

rude	grosero (adj)	[gro'sero]
atarracado	rechoncho (adj)	[re'ʧonʧo]
robusto	robusto (adj)	[ro'βusto]
forte	fuerte (adj)	[fu'erte]
força (f)	fuerza (f)	[fu'erθa]

gordo	gordo (adj)	['gorðo]
moreno	moreno (adj)	[mo'reno]
esbelto	esbelto (adj)	[es'βelʲto]
elegante	elegante (adj)	[ele'gante]

58. Idade

idade (f)	edad (f)	[e'ðað]
juventude (f)	juventud (f)	[χuβen'tuð]
jovem	joven (adj)	['χoβen]

mais novo	menor (adj)	[me'nor]
mais velho	mayor (adj)	[ma'jor]
jovem (m)	joven (m)	['χoβen]
adolescente (m)	adolescente (m)	[aðole'θente]
rapaz (m)	muchacho (m)	[mu'ʧaʧɔ]
velho (m)	anciano (m)	[an'θjaro]
velhota (f)	anciana (f)	[an'θjara]
adulto	adulto	[a'ðulʲto]
de meia-idade	de edad media (adj)	[de e'ðɛð 'meðia]
idoso, de idade	anciano, mayor (adj)	[an'θjaro], [ma'jor]
velho	viejo (adj)	['bjeχo]
reforma (f)	jubilación (f)	[χuβilʲa'θjon]
reformar-se (vr)	jubilarse (vr)	[χuβi'lʲarse]
reformado (m)	jubilado (m)	[χuβi'lʲaðo]

59. Crianças

criança (f)	niño (m), niña (f)	['ninjo], ['ninja]
crianças (f pl)	niños (pl)	['ninjos]
gémeos (m pl)	gemelos (pl)	[χe'melos]
berço (m)	cuna (f)	['kuna]
guizo (m)	sonajero (m)	[sona'χəro]
fralda (f)	pañal (m)	[pa'njal]
chupeta (f)	chupete (m)	[ʧu'pete]
carrinho (m) de bebé	cochecito (m)	[koʧe'θito]
jardim (m) de infância	jardín (m) de infancia	[χar'ðir de iɲ'fanθia]
babysitter (f)	niñera (f)	[ni'njera]
infância (f)	infancia (f)	[iɲ'fanθia]
boneca (f)	muñeca (f)	[mu'njɛka]
brinquedo (m)	juguete (m)	[χu'getə]
jogo (m) de armar	mecano (m)	[me'kano]
bem-educado	bien criado (adj)	[bjen kri'aðo]
mal-educado	mal criado (adj)	[malʲ kri'aðo]
mimado	mimado (adj)	[mi'maðo]
ser travesso	hacer travesuras	[a'θer traβe'suras]
travesso, traquinas	travieso (adj)	[tra'βjeso]
travessura (f)	travesura (f)	[traβe'sura]
criança (f) travessa	travieso (m)	[tra'βjeso]
obediente	obediente (adj)	[oβe'ðjɘnte]
desobediente	desobediente (adj)	[desoβe'ðjente]
dócil	dócil (adj)	['doθilʲ]
inteligente	inteligente (adj)	[inteli'χente]
menino (m) prodígio	niño (m) prodigio	['ninjo pro'ðiχio]

60. Casais. Vida de família

beijar (vt)	besar (vt)	[be'sar]
beijar-se (vr)	besarse (vr)	[be'sarse]
família (f)	familia (f)	[fa'milia]
familiar	familiar (adj)	[fami'ljar]
casal (m)	pareja (f)	[pa'reχa]
matrimónio (m)	matrimonio (m)	[matri'monio]
lar (m)	hogar (m) familiar	[o'gar fami'ljar]
dinastia (f)	dinastía (f)	[dinas'tia]

encontro (m)	cita (f)	['θita]
beijo (m)	beso (m)	['beso]

amor (m)	amor (m)	[a'mor]
amar (vt)	querer (vt)	[ke'rer]
amado, querido	querido (adj)	[ke'riðo]

ternura (f)	ternura (f)	[ter'nura]
fiel	fiel (adj)	['fjelʲ]
cuidado (m)	cuidado (m)	[kui'ðaðo]
carinhoso	cariñoso (adj)	[kari'njoso]

recém-casados (m pl)	recién casados (pl)	[re'θjen ka'saðos]
lua de mel (f)	luna (f) de miel	['lʲuna de mjelʲ]
casar-se (com um homem)	estar casada	[es'tar ka'saða]
casar-se (com uma mulher)	casarse (vr)	[ka'sarse]

boda (f)	boda (f)	['boða]
bodas (f pl) de ouro	bodas (f pl) de oro	['boðas de 'oro]
aniversário (m)	aniversario (m)	[aniβer'sario]

amante (m)	amante (m)	[a'mante]
amante (f)	amante (f)	[a'mante]

adultério (m)	adulterio (m)	[aðulʲ'terio]
cometer adultério	cometer adulterio	[kome'ter aðulʲ'terio]
ciumento	celoso (adj)	[θe'lʲoso]
ser ciumento	tener celos	[te'ner 'θelʲos]
divórcio (m)	divorcio (m)	[di'βorθio]
divorciar-se (vr)	divorciarse (vr)	[diβor'θjarse]

brigar (discutir)	reñir (vi)	[re'njir]
fazer as pazes	reconciliarse (vr)	[rekonθi'ljarse]
juntos	juntos (adv)	['χuntos]
sexo (m)	sexo (m)	['sekso]

felicidade (f)	felicidad (f)	[feliθi'ðað]
feliz	feliz (adj)	[fe'liθ]
infelicidade (f)	desgracia (f)	[des'ɣraθia]
infeliz	desgraciado (adj)	[desɣra'θjaðo]

Caráter. Sentimentos. Emoções

61. Sentimentos. Emoções

sentimento (m)	sentimiento (m)	[senti'mjento]
sentimentos (m pl)	sentimientos (m pl)	[senti'mjentos]
sentir (vt)	sentir (vt)	[sen'tir]
fome (f)	hambre (f)	['ambre]
ter fome	tener hambre	[te'ner 'ambre]
sede (f)	sed (f)	[seð]
ter sede	tener sed	[te'ner 'seð]
sonolência (f)	somnolencia (f)	[somnc'lenθia]
estar sonolento	tener sueño	[te'ner su'enjo]
cansaço (m)	cansancio (m)	[kan'sanθio]
cansado	cansado (adj)	[kan'saðo]
ficar cansado	estar cansado	[es'tar kan'saðo]
humor (m)	humor (m)	[u'mor]
tédio (m)	aburrimiento (m)	[aβuri'mjento]
aborrecer-se (vr)	aburrirse (vr)	[aβu'rirse]
isolamento (m)	soledad (f)	[sole'ðað]
isolar-se	aislarse (vr)	[ais'l'arse]
preocupar (vt)	inquietar (vt)	[inkje'tar]
preocupar-se (vr)	inquietarse (vr)	[inkje'tarse]
preocupação (f)	inquietud (f)	[inkje'tuð]
ansiedade (f)	preocupación (f)	[preokupa'θjon]
preocupado	preocupado (adj)	[preoku'paðo]
estar nervoso	estar nervioso	[es'tar ner'βjoso]
entrar em pânico	darse al pánico	['darse al' 'paniko]
esperança (f)	esperanza (f)	[espe'ranθa]
esperar (vt)	esperar (vi)	[espe'rar]
certeza (f)	seguridad (f)	[segur'ðað]
certo	seguro (adj)	[se'guro]
indecisão (f)	inseguridad (f)	[inseguri'ðað]
indeciso	inseguro (adj)	[inse'guro]
ébrio, bêbado	borracho (adj)	[bo'rat'o]
sóbrio	sobrio (adj)	['soβrio]
fraco	débil (adj)	['deβil]
feliz	feliz (adj)	[fe'liθ]
assustar (vt)	asustar (vt)	[asus'ar]
fúria (f)	furia (f)	['furia]
ira, raiva (f)	rabia (f)	['raβia]
depressão (f)	depresión (f)	[depre'sjon]
desconforto (m)	incomodidad (f)	[inkomoði'ðað]

conforto (m)	comodidad (f)	[komoði'ðað]
arrepender-se (vr)	arrepentirse (vr)	[arepen'tirse]
arrependimento (m)	arrepentimiento (m)	[arepenti'mjento]
azar (m), má sorte (f)	mala suerte (f)	['malˈa su'erte]
tristeza (f)	tristeza (f)	[tris'teθa]

vergonha (f)	vergüenza (f)	[berɣu'enθa]
alegria (f)	júbilo (m)	['χuβilˈo]
entusiasmo (m)	entusiasmo (m)	[entu'sjasmo]
entusiasta (m)	entusiasta (m)	[entu'sjasta]
mostrar entusiasmo	mostrar entusiasmo	[mos'trar entu'sjasmo]

62. Caráter. Personalidade

caráter (m)	carácter (m)	[ka'rakter]
falha (f) de caráter	defecto (m)	[de'fekto]
mente (f)	mente (f)	['mente]
razão (f)	razón (f)	[ra'θon]

consciência (f)	consciencia (f)	[kon'θjenθia]
hábito (m)	hábito (m)	['aβito]
habilidade (f)	habilidad (f)	[aβili'ðað]
saber (~ nadar, etc.)	poder (vt)	[po'ðer]

paciente	paciente (adj)	[pa'θjente]
impaciente	impaciente (adj)	[impa'θjente]
curioso	curioso (adj)	[ku'rjoso]
curiosidade (f)	curiosidad (f)	[ku'rjosi'ðað]

modéstia (f)	modestia (f)	[mo'ðestia]
modesto	modesto (adj)	[mo'ðesto]
imodesto	inmodesto (adj)	[inmo'ðesto]

preguiça (f)	pereza (f)	[pe're0a]
preguiçoso	perezoso (adj)	[pere'θoso]
preguiçoso (m)	perezoso (m)	[pere'θoso]

astúcia (f)	astucia (f)	[as'tuθia]
astuto	astuto (adj)	[as'tuto]
desconfiança (f)	desconfianza (f)	[deskoɱ'fjanθa]
desconfiado	desconfiado (adj)	[deskoɱ'fjaðo]

generosidade (f)	generosidad (f)	[χenerosi'ðað]
generoso	generoso (adj)	[χene'roso]
talentoso	talentoso (adj)	[talen'toso]
talento (m)	talento (m)	[ta'lento]

corajoso	valiente (adj)	[ba'ljente]
coragem (f)	coraje (m)	[ko'raχe]
honesto	honesto (adj)	[o'nesto]
honestidade (f)	honestidad (f)	[onesti'ðað]

prudente	prudente (adj)	[pru'ðente]
valente	valeroso (adj)	[bale'roso]

| sério | serio (adj) | ['serio] |
| severo | severo (adj) | [se'βerc] |

decidido	decidido (adj)	[deθi'ðióo]
indeciso	indeciso (adj)	[inde'θiso]
tímido	tímido (adj)	['timiðo]
timidez (f)	timidez (f)	[timi'ðeθ]

confiança (f)	confianza (f)	[koɱ'fjænθa]
confiar (vt)	creer (vt)	[kre'er]
crédulo	confiado (adj)	[koɱ'fjæðo]

sinceramente	sinceramente (adv)	[sinθera'mente]
sincero	sincero (adj)	[sin'θerɔ]
sinceridade (f)	sinceridad (f)	[sinθeri ðað]
aberto	abierto (adj)	[a'βjerto]

calmo	calmado (adj)	[kalʲ'maðo]
franco	franco (adj)	['fraŋko]
ingénuo	ingenuo (adj)	[in'χenʊo]
distraído	distraído (adj)	[distra'iðo]
engraçado	gracioso (adj)	[gra'θjɑso]

ganância (f)	avaricia (f)	[aβa'riθia]
ganancioso	avaro (adj)	[a'βaro]
avarento	tacaño (adj)	[ta'kanjɔ]
mau	malvado (adj)	[malʲ'βɛðo]
teimoso	terco (adj)	['terko]
desagradável	desagradable (adj)	[desaɣɪa'ðaβle]

egoísta (m)	egoísta (m)	[ego'ista]
egoísta	egoísta (adj)	[ego'ista]
cobarde (m)	cobarde (m)	[ko'βarðe]
cobarde	cobarde (adj)	[ko'βarðe]

63. O sono. Sonhos

dormir (vi)	dormir (vi)	[dor'mi˧]
sono (m)	sueño (m)	[su'enjɵ]
sonho (m)	sueño (m)	[su'enjɵ]
sonhar (vi)	soñar (vi)	[so'njar]
sonolento	adormilado (adj)	[aðorɱi'lʲaðo]

cama (f)	cama (f)	['kama]
colchão (m)	colchón (m)	[kolʲ'ʧo˧]
cobertor (m)	manta (f)	['manta]
almofada (f)	almohada (f)	[alʲmo'aða]
lençol (m)	sábana (f)	['saβana]

insónia (f)	insomnio (m)	[in'somnio]
insone	de insomnio (adj)	[de in'somnio]
sonífero (m)	somnífero (m)	[som'nifero]
tomar um sonífero	tomar el somnífero	[to'maɪ elʲ som'nifero]
estar sonolento	tener sueño	[te'ner su'enjo]

61

bocejar (vi)	bostezar (vi)	[boste'θar]
ir para a cama	irse a la cama	['irse a lʲa 'kama]
fazer a cama	hacer la cama	[a'θer lʲa 'kama]
adormecer (vi)	dormirse (vr)	[dor'mirse]
pesadelo (m)	pesadilla (f)	[pesa'ðija]
ronco (m)	ronquido (m)	[roŋ'kiðo]
roncar (vi)	roncar (vi)	[roŋ'kar]
despertador (m)	despertador (m)	[desperta'ðor]
acordar, despertar (vt)	despertar (vt)	[desper'tar]
acordar (vi)	despertarse (vr)	[desper'tarse]
levantar-se (vr)	levantarse (vr)	[leβan'tarse]
lavar-se (vr)	lavarse (vr)	[lʲa'βarse]

64. Humor. Riso. Alegria

humor (m)	humor (m)	[u'mor]
sentido (m) de humor	sentido (m) del humor	[sen'tiðo delʲ u'mor]
divertir-se (vr)	divertirse (vr)	[diβer'tirse]
alegre	alegre (adj)	[a'leɣre]
alegria (f)	júbilo (m)	['χuβilʲo]
sorriso (m)	sonrisa (f)	[son'risa]
sorrir (vi)	sonreír (vi)	[sonre'ir]
começar a rir	echarse a reír	[e'ʧarse a re'ir]
rir (vi)	reírse (vr)	[re'irse]
riso (m)	risa (f)	['risa]
anedota (f)	anécdota (f)	[a'nekðota]
engraçado	gracioso (adj)	[gra'θjoso]
ridículo	ridículo (adj)	[ri'ðikulʲo]
brincar, fazer piadas	bromear (vi)	[brome'ar]
piada (f)	broma (f)	['broma]
alegria (f)	alegría (f)	[ale'ɣria]
regozijar-se (vr)	alegrarse (vr)	[ale'ɣrarse]
alegre	alegre (adj)	[a'leɣre]

65. Discussão, conversação. Parte 1

comunicação (f)	comunicación (f)	[komunika'θjon]
comunicar-se (vr)	comunicarse (vr)	[komuni'karse]
conversa (f)	conversación (f)	[kombersa'θjon]
diálogo (m)	diálogo (m)	['djalʲogo]
discussão (f)	discusión (f)	[disku'sjon]
debate (m)	debate (m)	[de'βate]
debater (vt)	debatir (vi)	[deβa'tir]
interlocutor (m)	interlocutor (m)	[interlʲoku'tor]
tema (m)	tema (m)	['tema]

ponto (m) de vista	punto (m) de vista	['punto de 'bista]
opinião (f)	opinión (f)	[opi'njon]
discurso (m)	discurso (m)	[dis'kurso]
discussão (f)	discusión (f)	[disku's on]
discutir (vt)	discutir (vt)	[disku'ti-]
conversa (f)	conversación (f)	[kombe 'sa'θjon]
conversar (vi)	conversar (vi)	[kombe 'sar]
encontro (m)	reunión (f)	[reu'njon]
encontrar-se (vr)	encontrarse (vr)	[eŋkon' rarse]
provérbio (m)	proverbio (m)	[pro'βerβio]
ditado (m)	dicho (m)	['ditʃo]
adivinha (f)	adivinanza (f)	[aðiβi'nanθa]
dizer uma adivinha	contar una adivinanza	[kon'tar una aðiβi'nanθa]
senha (f)	contraseña (f)	[kontra'senja]
segredo (m)	secreto (m)	[se'kretɔ]
juramento (m)	juramento (m)	[xura'mento]
jurar (vi)	jurar (vt)	[xu'rar]
promessa (f)	promesa (f)	[pro'mesa]
prometer (vt)	prometer (vt)	[prome'ter]
conselho (m)	consejo (m)	[kon'sexo]
aconselhar (vt)	aconsejar (vt)	[akonse'xar]
seguir o conselho	seguir un consejo	[se'gir un kon'sexo]
escutar (~ os conselhos)	escuchar (vt)	[esku'tʃar]
novidade, notícia (f)	noticias (f pl)	[no'tiθias]
sensação (f)	sensación (f)	[sensa'θjon]
informação (f)	información (f)	[imforr a'θjon]
conclusão (f)	conclusión (f)	[koŋkl u 'sjon]
voz (f)	voz (f)	[boθ]
elogio (m)	cumplido (m)	[kum'pliðo]
amável	amable (adj)	[a'maβ e]
palavra (f)	palabra (f)	[pa'l aβra]
frase (f)	frase (f)	['frase]
resposta (f)	respuesta (f)	[respu'esta]
verdade (f)	verdad (f)	[ber'ðað]
mentira (f)	mentira (f)	[men'ti a]
pensamento (m)	pensamiento (m)	[pensa'mjento]
ideia (f)	idea (f)	[i'ðea]
fantasia (f)	fantasía (f)	[fanta'sia]

66. Discussão, conversação. Parte 2

estimado	respetado (adj)	[respe taðo]
respeitar (vt)	respetar (vt)	[respe tar]
respeito (m)	respeto (m)	[res'peto]
Estimado ..., Caro ...	Estimado ...	[esti'maðo]
apresentar (vt)	presentar (vt)	[prese 'tar]

travar conhecimento	conocer a alguien	[kono'θer a 'alʲgjen]
intenção (f)	intención (f)	[inten'θjon]
tencionar (vt)	tener intención de ...	[te'ner inten'θjon de]
desejo (m)	deseo (m)	[de'seo]
desejar (ex. ~ boa sorte)	desear (vt)	[dese'ar]
surpresa (f)	sorpresa (f)	[sor'presa]
surpreender (vt)	sorprender (vt)	[sorpren'der]
surpreender-se (vr)	sorprenderse (vr)	[sorpren'derse]
dar (vt)	dar (vt)	[dar]
pegar (tomar)	tomar (vt)	[to'mar]
devolver (vt)	devolver (vt)	[deβolʲ'βer]
retornar (vt)	retornar (vt)	[retor'nar]
desculpar-se (vr)	disculparse (vr)	[diskulʲ'parse]
desculpa (f)	disculpa (f)	[dis'kulʲpa]
perdoar (vt)	perdonar (vt)	[perðo'nar]
falar (vi)	hablar (vi)	[a'βlʲar]
escutar (vt)	escuchar (vt)	[esku'tʃar]
ouvir até o fim	escuchar hasta el final	[esku'tʃar 'asta elʲ fi'nalʲ]
compreender (vt)	comprender (vt)	[kompren'der]
mostrar (vt)	mostrar (vt)	[mos'trar]
olhar para ...	mirar a ...	[mi'rar a]
chamar (dizer em voz alta o nome)	llamar (vt)	[ja'mar]
distrair (vt)	distraer (vt)	[distra'er]
perturbar (vt)	molestar (vt)	[moles'tar]
entregar (~ em mãos)	pasar (vt)	[pa'sar]
pedido (m)	petición (f)	[peti'θjon]
pedir (ex. ~ ajuda)	pedir (vt)	[pe'ðir]
exigência (f)	exigencia (f)	[eksi'χenθia]
exigir (vt)	exigir (vt)	[eksi'χir]
chamar nomes (vt)	motejar (vr)	[mote'χar]
zombar (vt)	burlarse (vr)	[bur'lʲarse]
zombaria (f)	burla (f)	['burlʲa]
alcunha (f)	apodo (m)	[a'poðo]
insinuação (f)	alusión (f)	[alʲu'θjon]
insinuar (vt)	aludir (vi)	[alʲu'ðir]
subentender (vt)	sobrentender (vt)	['soβrenten'der]
descrição (f)	descripción (f)	[deskrip'θjon]
descrever (vt)	describir (vt)	[deskri'βir]
elogio (m)	elogio (m)	[e'lʲoχio]
elogiar (vt)	elogiar (vt)	[elʲo'χjar]
desapontamento (m)	decepción (f)	[deθep'θjon]
desapontar (vt)	decepcionar (vt)	[deθepθjo'nar]
desapontar-se (vr)	estar decepcionado	[es'tar deθepθjo'naðo]
suposição (f)	suposición (f)	[suposi'θjon]
supor (vt)	suponer (vt)	[supo'ner]

advertência (f)	advertencia (f)	[aðβer'enθia]
advertir (vt)	prevenir (vt)	[preβe'nir]

67. Discussão, conversação. Parte 3

convencer (vt)	convencer (vt)	[kombɛn'θer]
acalmar (vt)	calmar (vt)	[kalʲ'mɛr]
silêncio (o ~ é ce ouro)	silencio (m)	[si'lenθo]
ficar em silêncio	no decir nada	[no de'θir 'naða]
sussurrar (vt)	susurrar (vt)	[susu'rar]
sussurro (m)	susurro (m)	[su'suro]
francamente	francamente (adv)	[fraŋka mente]
a meu ver ...	en mi opinión ...	[en mi ɔpi'njon]
detalhe (~ da história)	detalle (m)	[de'tajɛ]
detalhado	detallado (adj)	[deta'jɛðo]
detalhadamente	detalladamente (adv)	[detajaða'mente]
dica (f)	pista (f)	['pista]
dar uma dica	dar una pista	[dar 'una 'pista]
olhar (m)	mirada (f)	[mi'raða]
dar uma vista de olhos	echar una mirada	[e'tʃar 'una mi'raða]
fixo (olhar ~)	fija (adj)	['fiχa]
piscar (vi)	parpadear (vi)	[parpaðe'ar]
pestanejar (vt)	guiñar un ojo	[gi'njar un 'oχo]
acenar (com a cabeça)	asentir con la cabeza	[asen'tir kon ʲa ka'βɘθa]
suspiro (m)	suspiro (m)	[sus'piro]
suspirar (vi)	suspirar (vi)	[suspi'ar]
estremecer (vi)	estremecerse (vr)	[estreme'θerse]
gesto (m)	gesto (m)	['χesto]
tocar (com as mãos)	tocar (vt)	[to'kar]
agarrar (~ pelo braço)	asir (vt)	[a'sir]
bater de leve	palmear (vt)	[palʲme'ar]
Cuidado!	¡Cuidado!	[kui'ðaðo]
A sério?	¿De veras?	[de 'bɛras]
Tem certeza?	¿Estás seguro?	[es'tas se'guro]
Boa sorte!	¡Suerte!	[su'ertɘ]
Compreendi!	¡Ya veo!	[ja 'beo]
Que pena!	¡Es una lástima!	[es 'una 'lʲastima]

68. Acordo. Recusa

consentimento (~ mútuo)	acuerdo (m)	[aku'eðo]
consentir (vi)	estar de acuerdo	[es'tar de aku'erðo]
aprovação (f)	aprobación (f)	[aproɛa'θjon]
aprovar (vt)	aprobar (vt)	[apro'βar]
recusa (f)	rechazo (m)	[re'tʃaθo]

negar-se (vt)	negarse (vr)	[ne'garse]
Está ótimo!	¡Excelente!	[ekθe'lente]
Muito bem!	¡De acuerdo!	[de aku'erðo]
Está bem! De acordo!	¡Vale!	['bale]
proibido	prohibido (adj)	[proi'βiðo]
é proibido	está prohibido	[es'ta proi'βiðo]
é impossível	es imposible	[es impo'siβle]
incorreto	incorrecto (adj)	[iŋko'rekto]
rejeitar (~ um pedido)	rechazar (vt)	[reʧa'θar]
apoiar (vt)	apoyar (vt)	[apo'jar]
aceitar (desculpas, etc.)	aceptar (vt)	[aθep'tar]
confirmar (vt)	confirmar (vt)	[koɱfir'mar]
confirmação (f)	confirmación (f)	[koɱfirma'θjon]
permissão (f)	permiso (m)	[per'miso]
permitir (vt)	permitir (vt)	[permi'tir]
decisão (f)	decisión (f)	[deθi'sjon]
não dizer nada	no decir nada	[no de'θir 'naða]
condição (com uma ~)	condición (f)	[kondi'θjon]
pretexto (m)	excusa (f)	[eks'kusa]
elogio (m)	elogio (m)	[e'lʲoxio]
elogiar (vt)	elogiar (vt)	[elʲo'xjar]

69. Sucesso. Boa sorte. Insucesso

êxito, sucesso (m)	éxito (m)	['eksito]
com êxito	con éxito (adv)	[kon 'eksito]
bem sucedido	exitoso (adj)	[eksi'toso]
sorte (fortuna)	suerte (f)	[su'erte]
Boa sorte!	¡Suerte!	[su'erte]
de sorte	de suerte (adj)	[de su'erte]
sortudo, felizardo	afortunado (adj)	[afortu'naðo]
fracasso (m)	fiasco (m)	['fjasko]
pouca sorte (f)	infortunio (m)	[iɱfor'tunio]
azar (m), má sorte (f)	mala suerte (f)	['malʲa su'erte]
mal sucedido	fracasado (adj)	[fraka'saðo]
catástrofe (f)	catástrofe (f)	[ka'tastrofe]
orgulho (m)	orgullo (m)	[or'gujo]
orgulhoso	orgulloso (adj)	[orgu'joso]
estar orgulhoso	estar orgulloso	[es'tar orgu'joso]
vencedor (m)	ganador (m)	[gana'ðor]
vencer (vi)	ganar (vi)	[ga'nar]
perder (vt)	perder (vi)	[per'ðer]
tentativa (f)	tentativa (f)	[tenta'tiβa]
tentar (vt)	intentar (vt)	[inten'tar]
chance (m)	chance (f)	['ʧanθe]

70. Conflitos. Emoções negativas

grito (m)	grito (m)	['grito]
gritar (vi)	gritar (vi)	[gri'tar]
começar a gritar	comenzar a gritar	[komen θar a gri'tar]
discussão (f)	riña (f)	['rinja]
discutir (vt)	reñir (vi)	[re'njir]
escândalo (m)	escándalo (m)	[es'kanˈdalʲo]
criar escândalo	causar escándalo	[kau'saˑ es'kandalʲo]
conflito (m)	conflicto (m)	[koɱ'flikto]
mal-entendido (m)	malentendido (m)	[malenten'diðo]
insulto (m)	insulto (m)	[in'sulʲto]
insultar (vt)	insultar (vt)	[insulʲ'tar]
insultado	insultado (adj)	[insulʲ'taðo]
ofensa (f)	ofensa (f)	[o'fensa]
ofender (vt)	ofender (vt)	[ofen'der]
ofender-se (vr)	ofenderse (vr)	[ofen'derse]
indignação (f)	indignación (f)	[indiɣna'θjon]
indignar-se (vr)	indignarse (vr)	[indiɣ'narse]
queixa (f)	queja (f)	['keχa]
queixar-se (vr)	quejarse (vr)	[ke'χarse]
desculpa (f)	disculpa (f)	[dis'kulʲpa]
desculpar-se (vr	disculparse (vr)	[diskulʲ'parse]
pedir perdão	pedir perdón	[pe'ðir per'ðon]
crítica (f)	crítica (f)	['kritikaǀ]
criticar (vt)	criticar (vt)	[kriti'kaˑ]
acusação (f)	acusación (f)	[akusa'θjon]
acusar (vt)	acusar (vt)	[aku'sar]
vingança (f)	venganza (f)	[ben'gɛnθa]
vingar (vt)	vengar (vt)	[ben'gɛr]
vingar-se (vr)	pagar (vt)	[pa'garǀ]
desprezo (m)	desprecio (m)	[des'prɘθio]
desprezar (vt)	despreciar (vt)	[despre'θjar]
ódio (m)	odio (m)	['oðio]
odiar (vt)	odiar (vt)	[o'ðjar]
nervoso	nervioso (adj)	[ner'βjoso]
estar nervoso	estar nervioso	[es'tar ner'βjoso]
zangado	enfadado (adj)	[eɱfa'ðaðo]
zangar (vt)	enfadar (vt)	[eɱfa'ðar]
humilhação (f)	humillación (f)	[umija'ɘjon]
humilhar (vt)	humillar (vt)	[umi'jaˑ]
humilhar-se (vr)	humillarse (vr)	[umi'jaˑse]
choque (m)	choque (m)	['ʧoke]
chocar (vt)	chocar (vi)	[ʧo'karǀ]
aborrecimento (m)	molestia (f)	[mo'lestia]

desagradável	desagradable (adj)	[desaɣra'ðaβle]
medo (m)	miedo (m)	['mjeðo]
terrível (tempestade, etc.)	terrible (adj)	[te'riβle]
assustador (ex. história ~a)	de miedo (adj)	[de 'mjeðo]
horror (m)	horror (m)	[o'ror]
horrível (crime, etc.)	horrible (adj)	[o'riβle]

começar a tremer	empezar a temblar	[empe'θar a tem'blʲar]
chorar (vi)	llorar (vi)	[jo'rar]
começar a chorar	comenzar a llorar	[komen'θar a jo'rar]
lágrima (f)	lágrima (f)	['lʲaɣrima]

falta (f)	culpa (f)	['kulʲpa]
culpa (f)	remordimiento (m)	[remorði'mjento]
desonra (f)	deshonra (f)	[de'sonra]
protesto (m)	protesta (f)	[pro'testa]
stresse (m)	estrés (m)	[es'tres]

perturbar (vt)	molestar (vt)	[moles'tar]
zangar-se com ...	estar furioso	[es'tar fu'rjoθo]
zangado	enfadado (adj)	[eɱfa'ðaðo]
terminar (vt)	terminar (vt)	[termi'nar]
praguejar	regañar (vt)	[rega'njar]

assustar-se	asustarse (vr)	[asus'tarse]
golpear (vt)	golpear (vt)	[golʲpe'ar]
brigar (na rua, etc.)	pelear (vi)	[pele'ar]

resolver (o conflito)	resolver (vt)	[resolʲ'βer]
descontente	descontento (adj)	[deskon'tento]
furioso	furioso (adj)	[fu'rjoso]

Não está bem!	¡No está bien!	[no es'ta 'bjen]
É mau!	¡Está mal!	[es'ta 'malʲ]

Medicina

doença (f)	enfermedad (f)	[eɱferme'ðað]
estar doente	estar enfermo	[es'tar eɱ'fermo]
saúde (f)	salud (f)	[sa'lʲuð]
nariz (m) a escorrer	resfriado (m)	[resfri'aðo]
amigdalite (f)	angina (f)	[an'xinɛ]
constipação (f)	resfriado (m)	[resfri'aðo]
constipar-se (vr)	resfriarse (vr)	[resfri'arse]
bronquite (f)	bronquitis (f)	[broŋ'kitis]
pneumonia (f)	pulmonía (f)	[pulʲmo nia]
gripe (f)	gripe (f)	['gripe]
míope	miope (adj)	[mi'ope]
presbita	présbita (adj)	['presβita]
estrabismo (m)	estrabismo (m)	[estra'βismo]
estrábico	estrábico (m) (adj)	[es'traβiko]
catarata (f)	catarata (f)	[kata'rɛta]
glaucoma (m)	glaucoma (m)	[glʲau'kɔma]
AVC (m), apoplexia (f)	insulto (m)	[in'sulʲto]
ataque (m) cardíaco	ataque (m) cardiaco	[a'take kar'ðjako]
enfarte (m) do miocárdio	infarto (m) de miocardio	[im'fartɔ de mio'karðio]
paralisia (f)	parálisis (f)	[pa'ralisis]
paralisar (vt)	paralizar (vt)	[parali'θar]
alergia (f)	alergia (f)	[a'lerxia]
asma (f)	asma (f)	['asma]
diabetes (f)	diabetes (f)	[dia'βeːes]
dor (f) de dentes	dolor (m) de muelas	[do'lʲor de mu'elʲas]
cárie (f)	caries (f)	['kariɛs]
diarreia (f)	diarrea (f)	[dia'rea]
prisão (f) de ventre	estreñimiento (m)	[estreɲi'mjento]
desarranjo (m) intestinal	molestia (f) estomacal	[mo'lestja estoma'kalʲ]
intoxicação (f) alimentar	envenenamiento (m)	[embenena'mjento]
intoxicar-se	envenenarse (vr)	[embene'narse]
artrite (f)	artritis (f)	[ar'tritis]
raquitismo (m)	raquitismo (m)	[raki'tismo]
reumatismo (m)	reumatismo (m)	[reuma'tismo]
arteriosclerose (f)	aterosclerosis (f)	[ateroskle'rosis]
gastrite (f)	gastritis (f)	[gas'tritis]
apendicite (f)	apendicitis (f)	[apendi'θitis]

colecistite (f)	colecistitis (f)	[koleθis'titis]
úlcera (f)	úlcera (f)	['ulʲθera]

sarampo (m)	sarampión (m)	[saram'pjon]
rubéola (f)	rubeola (f)	[ruβe'olʲa]
iterícia (f)	ictericia (f)	[ikte'riθia]
hepatite (f)	hepatitis (f)	[epa'titis]

esquizofrenia (f)	esquizofrenia (f)	[eskiθo'frenia]
raiva (f)	rabia (f)	['raβia]
neurose (f)	neurosis (f)	[neu'rosis]
comoção (f) cerebral	conmoción (f) cerebral	[konmo'θjon θere'βralʲ]

cancro (m)	cáncer (m)	['kanθer]
esclerose (f)	esclerosis (f)	[eskle'rosis]
esclerose (f) múltipla	esclerosis (f) múltiple	[eskle'rosis 'mulʲtiple]

alcoolismo (m)	alcoholismo (m)	[alʲkoo'lismo]
alcoólico (m)	alcohólico (m)	[alʲko'oliko]
sífilis (f)	sífilis (f)	['sifilis]
SIDA (f)	SIDA (m)	['siða]

tumor (m)	tumor (m)	[tu'mor]
maligno	maligno (adj)	[ma'liɣno]
benigno	benigno (adj)	[be'niɣno]
febre (f)	fiebre (f)	['fjeβre]
malária (f)	malaria (f)	[ma'lʲaria]
gangrena (f)	gangrena (f)	[gan'grena]
enjoo (m)	mareo (m)	[ma'reo]
epilepsia (f)	epilepsia (f)	[epi'lepsia]

epidemia (f)	epidemia (f)	[epi'ðemia]
tifo (m)	tifus (m)	['tifus]
tuberculose (f)	tuberculosis (f)	[tuβerku'lʲosis]
cólera (f)	cólera (f)	['kolera]
peste (f)	peste (f)	['peste]

72. Sintomas. Tratamentos. Parte 1

sintoma (m)	síntoma (m)	['sintoma]
temperatura (f)	temperatura (f)	[tempera'tura]
febre (f)	fiebre (f)	['fjeβre]
pulso (m)	pulso (m)	['pulʲso]

vertigem (f)	mareo (m)	[ma'reo]
quente (testa, etc.)	caliente (adj)	[ka'ljente]
calafrio (m)	escalofrío (m)	[eskalʲo'frio]
pálido	pálido (adj)	['paliðo]

tosse (f)	tos (f)	[tos]
tossir (vi)	toser (vi)	[to'ser]
espirrar (vi)	estornudar (vi)	[estornu'ðar]
desmaio (m)	desmayo (m)	[des'majo]
desmaiar (vi)	desmayarse (vr)	[desma'jarse]

nódoa (f) negra	moradura (f)	[mora'ɕura]
galo (m)	chichón (m)	[tʃi'tʃon]
magoar-se (vr)	golpearse (vr)	[golpe'arse]
pisadura (f)	magulladura (f)	[maguja'ðura]
aleijar-se (vr)	magullarse (vr)	[magu'jarse]

coxear (vi)	cojear (vi)	[koχe'ar]
deslocação (f)	dislocación (f)	[disloka'θjon]
deslocar (vt)	dislocar (vt)	[dislo'kar]
fratura (f)	fractura (f)	[frak'tura]
fraturar (vt)	tener una fractura	[te'ner una frak'tura]

corte (m)	corte (m)	['korte]
cortar-se (vr)	cortarse (vr)	[kor'tarse]
hemorragia (f)	hemorragia (f)	[emo'raχia]

| queimadura (f) | quemadura (f) | [kema'ðura] |
| queimar-se (vr) | quemarse (vr) | [ke'marse] |

picar (vt)	pincharse (vt)	[pin'tʃarse]
picar-se (vr)	pincharse (vr)	[pin'tʃarse]
lesionar (vt)	herir (vt)	[e'rir]
lesão (m)	herida (f)	[e'riða]
ferida (f), ferimento (m)	lesión (f)	[le'sjon]
trauma (m)	trauma (m)	['trauma]

delirar (vi)	delirar (vi)	[deli'rar]
gaguejar (vi)	tartamudear (vi)	[tartamuðe'ar]
insolação (f)	insolación (f)	[insolaθjon]

73. Sintomas. Tratamentos. Parte 2

| dor (f) | dolor (m) | [do'lor] |
| farpa (no dedo) | astilla (f) | [as'tija] |

suor (m)	sudor (m)	[su'ðor]
suar (vi)	sudar (vi)	[su'ðar]
vómito (m)	vómito (m)	['bomito]
convulsões (f pl)	convulsiones (f pl)	[kombul'sjones]

grávida	embarazada (adj)	[embara'θaða]
nascer (vi)	nacer (vi)	[na'θe]
parto (m)	parto (m)	['parto]
dar à luz	dar a luz	[dar a 'luθ]
aborto (m)	aborto (m)	[a'βorto]

respiração (f)	respiración (f)	[respira'θjon]
inspiração (f)	inspiración (f)	[inspira'θjon]
expiração (f)	espiración (f)	[espira'θjon]
expirar (vi)	espirar (vi)	[espi'rar]
inspirar (vi)	inspirar (vi)	[inspi'rar]

| inválido (m) | inválido (m) | [im'baliðo] |
| aleijado (m) | mutilado (m) | [muti'laðo] |

toxicodependente (m)	drogadicto (m)	[droɣ·a'ðikto]
surdo	sordo (adj)	['sorðo]
mudo	mudo (adj)	['muðo]
surdo-mudo	sordomudo (adj)	[sorðo'muðo]

louco (adj.)	loco (adj)	['lʲoko]
louco (m)	loco (m)	['lʲoko]
louca (f)	loca (f)	['lʲoka]
ficar louco	volverse loco	[bolʲ'βerse 'lʲoko]

gene (m)	gen (m)	[χen]
imunidade (f)	inmunidad (f)	[inmuni'ðað]
hereditário	hereditario (adj)	[ereði'tario]
congénito	de nacimiento (adj)	[de naθi'mjento]

vírus (m)	virus (m)	['birus]
micróbio (m)	microbio (m)	[mi'kroβio]
bactéria (f)	bacteria (f)	[bak'teria]
infeção (f)	infección (f)	[imɲfek'θjon]

74. Sintomas. Tratamentos. Parte 3

| hospital (m) | hospital (m) | [ospi'talʲ] |
| paciente (m) | paciente (m) | [pa'θjente] |

diagnóstico (m)	diagnosis (f)	[dia'ɣnosis]
cura (f)	cura (f)	['kura]
tratamento (m) médico	tratamiento (m)	[trata'mjento]
curar-se (vr)	curarse (vr)	[ku'rarse]
tratar (vt)	tratar (vt)	[tra'tar]
cuidar (pessoa)	cuidar (vt)	[kui'ðar]
cuidados (m pl)	cuidados (m pl)	[kui'ðaðos]

operação (f)	operación (f)	[opera'θjon]
enfaixar (vt)	vendar (vt)	[ben'dar]
enfaixamento (m)	vendaje (m)	[ben'daχe]

vacinação (f)	vacunación (f)	[bakuna'θjon]
vacinar (vt)	vacunar (vt)	[baku'nar]
injeção (f)	inyección (f)	[injek'θjon]
dar uma injeção	aplicar una inyección	[apli'kar 'una injek'θjon]

ataque (~ de asma, etc.)	ataque (m)	[a'take]
amputação (f)	amputación (f)	[amputa'θjon]
amputar (vt)	amputar (vt)	[ampu'tar]
coma (f)	coma (m)	['koma]
estar em coma	estar en coma	[es'tar en 'koma]
reanimação (f)	revitalización (f)	[reβitaliθa'θjon]

recuperar-se (vr)	recuperarse (vr)	[rekupe'rarse]
estado (~ de saúde)	estado (m)	[es'taðo]
consciência (f)	consciencia (f)	[kon'θjenθia]
memória (f)	memoria (f)	[me'moria]
tirar (vt)	extraer (vt)	[ekstra'er]

| chumbo (m), obturação (f) | empaste (m) | [em'paste] |
| chumbar, obturar (vt) | empastar (vt) | [empas'tar] |

| hipnose (f) | hipnosis (f) | [ip'nosis] |
| hipnotizar (vt) | hipnotizar (vt) | [ipnoti'εar] |

75. Médicos

médico (m)	médico (m)	['meðikɔ]
enfermeira (f)	enfermera (f)	[eɲfer'mera]
médico (m) pessoal	médico (m) personal	['meðikɔ perso'nal]

dentista (m)	dentista (m)	[den'tisɛa]
oculista (m)	oftalmólogo (m)	[oftal'mˈolˈogo]
terapeuta (m)	internista (m)	[inter'nista]
cirurgião (m)	cirujano (m)	[θiru'χano]

psiquiatra (m)	psiquiatra (m)	[si'kjatrɔ]
pediatra (m)	pediatra (m)	[pe'ðjatra]
psicólogo (m)	psicólogo (m)	[si'kolˈogo]
ginecologista (m)	ginecólogo (m)	[χine'kolˈogo]
cardiologista (m)	cardiólogo (m)	[karði'clˈogo]

76. Medicina. Drogas. Acessórios

medicamento (m)	medicamento (m), droga (f)	[meðikɔ'mento], ['droga]
remédio (m)	remedio (m)	[re'meðio]
receitar (vt)	prescribir	[preskrˈi'βir]
receita (f)	receta (f)	[re'θeta]

comprimido (m)	tableta (f)	[ta'βletɔ]
pomada (f)	ungüento (m)	[ungu'ento]
ampola (f)	ampolla (f)	[am'poɔa]
preparado (m)	mixtura (f), mezcla (f)	[miks'tura], ['meθklˈε]
xarope (m)	sirope (m)	[si'ropɛ]
cápsula (f)	píldora (f)	['pilˈdoɾa]
remédio (m) em pó	polvo (m)	['polˈβc]

ligadura (f)	venda (f)	['benda]
algodão (m)	algodón (m)	[alˈgo'ɔon]
iodo (m)	yodo (m)	['joðo]

penso (m) rápido	tirita (f), curita (f)	[ti'rita], [ku'rita]
conta-gotas (m)	pipeta (f)	[pi'peta]
termómetro (m)	termómetro (m)	[ter'mcmetro]
seringa (f)	jeringa (f)	[χe'ringa]

| cadeira (f) de rcdas | silla (f) de ruedas | ['sija ðɘ ru'eðas] |
| muletas (f pl) | muletas (f pl) | [mu'letas] |

| analgésico (m) | anestésico (m) | [anes'ɨesiko] |
| laxante (m) | purgante (m) | [pur'gɛnte] |

álcool (m) etílico	alcohol (m)	[alʲkoʹolʲ]
ervas (f pl) medicinais	hierba (f) medicinal	[ʹjerβa meðiθiʹnalʲ]
de ervas (chá ~)	de hierbas (adj)	[de ʹjerβas]

77. Fumar. Produtos tabágicos

tabaco (m)	tabaco (m)	[taʹβako]
cigarro (m)	cigarrillo (m)	[θigaʹrijo]
charuto (m)	cigarro (m)	[θiʹgaro]
cachimbo (m)	pipa (f)	[ʹpipa]
maço (~ de cigarros)	paquete (m)	[paʹkete]
fósforos (m pl)	cerillas (f pl)	[θeʹrijas]
caixa (f) de fósforos	caja (f) de cerillas	[ʹkaχa de θeʹrijas]
isqueiro (m)	encendedor (m)	[enθendeʹðor]
cinzeiro (m)	cenicero (m)	[θeniʹθero]
cigarreira (f)	pitillera (f)	[pitiʹjera]
boquilha (f)	boquilla (f)	[boʹkija]
filtro (m)	filtro (m)	[ʹfilʲtro]
fumar (vi, vt)	fumar (vi, vt)	[fuʹmar]
acender um cigarro	encender un cigarrillo	[enθenʹder un θigaʹrijo]
tabagismo (m)	tabaquismo (m)	[taβaʹkismo]
fumador (m)	fumador (m)	[fumaʹðor]
beata (f)	colilla (f)	[koʹlija]
fumo (m)	humo (m)	[ʹumo]
cinza (f)	ceniza (f)	[θeʹniθa]

HABITAT HUMANO

Cidade

cidade (f)	ciudad (f)	[θju'ðað]
capital (f)	capital (f)	[kapi'taɾ]
aldeia (f)	aldea (f)	[alˈ'ðeaˉ
mapa (m) da cidade	plano (m) de la ciudad	['plˈano de lˈa θju'ðað]
centro (m) da cidade	centro (m) de la ciudad	['θentrɔ de lˈa θju'ðað]
subúrbio (m)	suburbio (m)	[su'βurβio]
suburbano	suburbano (adj)	[suβur'βano]
periferia (f)	arrabal (m)	[ara'βaɾ]
arredores (m pl)	afueras (f pl)	[afu'erɛs]
quarteirão (m)	barrio (m)	['bario]
quarteirão (m) residencial	zona (f) de viviendas	['θona ·de bi'βjendas]
tráfego (m)	tráfico (m)	['trafikɔ]
semáforo (m)	semáforo (m)	[se'maɬoro]
transporte (m) público	transporte (m) urbano	[trans'pɔrte ur'βano]
cruzamento (m)	cruce (m)	['kruθeˉ
passadeira (f)	paso (m) de peatones	['paso ·de pea'tones]
passagem (f) subterrânea	paso (m) subterráneo	['paso ɜuβte'raneo]
cruzar, atravessar (vt)	cruzar (vt)	[kru'θaɾ]
peão (m)	peatón (m)	[pea'toɳ]
passeio (m)	acera (f)	[a'θera]
ponte (f)	puente (m)	[pu'entə]
margem (f) do rio	muelle (m)	[mu'ejeɭ
fonte (f)	fuente (f)	[fu'ente]
alameda (f)	alameda (f)	[alˈa'mɛða]
parque (m)	parque (m)	['parkeɭ
bulevar (m)	bulevar (m)	[bule'βar]
praça (f)	plaza (f)	['plˈaθɛ]
avenida (f)	avenida (f)	[aβe'niða]
rua (f)	calle (f)	['kaje]
travessa (f)	callejón (m)	[kaje'χɔn]
beco (m) sem saída	callejón (m) sin salida	[kaje'χɔn sin sa'liða]
casa (f)	casa (f)	['kasaɭ
edifício, prédio (m)	edificio (m)	[eði'fiθio]
arranha-céus (ⁿ)	rascacielos (m)	[raskaˈθjelˈos]
fachada (f)	fachada (f)	[fa'tʃaða]
telhado (m)	techo (m)	['tetʃo]

janela (f)	ventana (f)	[ben'tana]
arco (m)	arco (m)	['arko]
coluna (f)	columna (f)	[ko'lʲumna]
esquina (f)	esquina (f)	[es'kina]

montra (f)	escaparate (f)	[eskapa'rate]
letreiro (m)	letrero (m)	[le'trero]
cartaz (m)	cartel (m)	[kar'telʲ]
cartaz (m) publicitário	cartel (m) publicitario	[kar'telʲ puβliθi'tario]
painel (m) publicitário	valla (f) publicitaria	['baja puβliθi'taria]

lixo (m)	basura (f)	[ba'sura]
cesta (f) do lixo	cajón (m) de basura	[ka'χon de ba'sura]
jogar lixo na rua	tirar basura	[ti'rar ba'sura]
aterro (m) sanitário	basurero (m)	[basu'rero]

cabine (f) telefónica	cabina (f) telefónica	[ka'βina tele'fonika]
candeeiro (m) de rua	farola (f)	[fa'rolʲa]
banco (m)	banco (m)	['baŋko]

polícia (m)	policía (m)	[poli'θia]
polícia (instituição)	policía (f)	[poli'θia]
mendigo (m)	mendigo (m)	[men'digo]
sem-abrigo (m)	persona (f) sin hogar	[per'sona sin o'gar]

79. Instituições urbanas

loja (f)	tienda (f)	['tjenda]
farmácia (f)	farmacia (f)	[far'maθia]
ótica (f)	óptica (f)	['optika]
centro (m) comercial	centro (m) comercial	['θentro komer'θjalʲ]
supermercado (m)	supermercado (m)	[supermer'kaðo]

padaria (f)	panadería (f)	[panaðe'ria]
padeiro (m)	panadero (m)	[pana'ðero]
pastelaria (f)	pastelería (f)	[pastele'ria]
mercearia (f)	tienda (f) de comestibles	['tjenda de komes'tiβles]
talho (m)	carnicería (f)	[karniθe'ria]

loja (f) de legumes	verdulería (f)	[berðule'ria]
mercado (m)	mercado (m)	[mer'kaðo]

café (m)	cafetería (f)	[kafete'ria]
restaurante (m)	restaurante (m)	[restau'rante]
bar (m), cervejaria (f)	cervecería (f)	[θerβeθe'ria]
pizzaria (f)	pizzería (f)	[pitse'ria]

salão (m) de cabeleireiro	peluquería (f)	[pelʲuke'ria]
correios (m pl)	oficina (f) de correos	[ofi'θina de ko'reos]
lavandaria (f)	tintorería (f)	[tintore'ria]
estúdio (m) fotográfico	estudio (m) fotográfico	[es'tuðjo foto'ɣrafiko]

sapataria (f)	zapatería (f)	[θapate'ria]
livraria (f)	librería (f)	[liβre'ria]

loja (f) de artigos de desporto	**tienda** (f) **deportiva**	['tjenda depor'tiβa]
reparação (f) de roupa	**arreglos** (m pl) **de ropa**	[a'reɣlos de 'ropa]
aluguer (m) de roupa	**alquiler** (m) **de ropa**	[alʲki'ler de 'ropa]
aluguer (m) de fi mes	**videoclub** (m)	[biðeo· klʲuβ]
circo (m)	**circo** (m)	['θirko]
jardim (m) zoológico	**zoológico** (m)	[θoo'lʲoxiko]
cinema (m)	**cine** (m)	['θine]
museu (m)	**museo** (m)	[mu'seo]
biblioteca (f)	**biblioteca** (f)	[biβlio'teka]
teatro (m)	**teatro** (m)	[te'atro]
ópera (f)	**ópera** (f)	['opera]
clube (m) noturno	**club** (m) **nocturno**	[klʲuβ nok'turno]
casino (m)	**casino** (m)	[ka'sino]
mesquita (f)	**mezquita** (f)	[meθ'k ta]
sinagoga (f)	**sinagoga** (f)	[sina'goga]
catedral (f)	**catedral** (f)	[kate'ð al]
templo (m)	**templo** (m)	['templo]
igreja (f)	**iglesia** (f)	[i'ɣlesia]
instituto (m)	**instituto** (m)	[insti'tuto]
universidade (f)	**universidad** (f)	[uniβeɾsi'ðað]
escola (f)	**escuela** (f)	[esku'elʲa]
prefeitura (f)	**prefectura** (f)	[prefek'tura]
câmara (f) municipal	**alcaldía** (f)	[alʲkalʲ'ðia]
hotel (m)	**hotel** (m)	[o'telʲ]
banco (m)	**banco** (m)	['banko]
embaixada (f)	**embajada** (f)	[emba'xaða]
agência (f) de v agens	**agencia** (f) **de viajes**	[a'xenθja de 'bjaxes]
agência (f) de informações	**oficina** (f) **de información**	[ofi'θina de imforma'θjon]
casa (f) de câmbio	**oficina** (f) **de cambio**	[ofi'θina de 'kambio]
metro (m)	**metro** (m)	['metro]
hospital (m)	**hospital** (m)	[ospi'talʲ]
posto (m) de gasolina	**gasolinera** (f)	[gasoli'nera]
parque (m) de estacionamento	**aparcamiento** (m)	[aparka'mjento]

80. Sinais

letreiro (m)	**letrero** (m)	[le'treɾo]
inscrição (f)	**cartel** (m)	[kar'telʲ]
cartaz, póster (m)	**pancarta** (f)	[paŋ'karta]
sinal (m) informativo	**señal** (m) **de dirección**	[se'njalʲ de direk'θjon]
seta (f)	**flecha** (f)	['fletʃa]
aviso (advertência)	**advertencia** (f)	[aðβeɾ'tenθia]
sinal (m) de aviso	**aviso** (m)	[a'βisc]
avisar, advertir (vt)	**advertir** (vt)	[aðβeɾ'tir]
dia (m) de folga	**día** (m) **de descanso**	['dia də des'kanso]

horário (m)	horario (m)	[o'rario]
horário (m) de funcionamento	horario (m) de apertura	[o'rarjo de aper'tura]

BEM-VINDOS!	¡BIENVENIDOS!	[bjembe'niðos]
ENTRADA	ENTRADA	[en'traða]
SAÍDA	SALIDA	[sa'liða]

EMPURRE	EMPUJAR	[empu'χar]
PUXE	TIRAR	[ti'rar]
ABERTO	ABIERTO	[a'βjerto]
FECHADO	CERRADO	[θe'raðo]

MULHER	MUJERES	[mu'χeres]
HOMEM	HOMBRES	['ombres]

DESCONTOS	REBAJAS	[re'βaχas]
SALDOS	SALDOS	['salʲdos]
NOVIDADE!	NOVEDAD	[noβe'ðað]
GRÁTIS	GRATIS	['gratis]

ATENÇÃO!	¡ATENCIÓN!	[aten'θjon]
NÃO HÁ VAGAS	COMPLETO	[kom'pleto]
RESERVADO	RESERVADO	[reser'βaðo]

ADMINISTRAÇÃO	ADMINISTRACIÓN	[aðministra'θjon]
SOMENTE PESSOAL	SÓLO PERSONAL	['solʔo perso'nal?
AUTORIZADO	AUTORIZADO	autori'ʔaʔo]

CUIDADO CÃO FEROZ	CUIDADO CON EL PERRO	[kui'ðaðo kon elʲ 'pero]
PROIBIDO FUMAR!	PROHIBIDO FUMAR	[proi'βiðo fu'mar]
NÃO TOCAR	NO TOCAR	[no to'kar]

PERIGOSO	PELIGROSO	[peli'ɣroso]
PERIGO	PELIGRO	[pe'liɣro]
ALTA TENSÃO	ALTA TENSIÓN	['alʲta ten'sjon]
PROIBIDO NADAR	PROHIBIDO BAÑARSE	[proi'βiðo ba'njarse]
AVARIADO	NO FUNCIONA	[no fun'θjona]

INFLAMÁVEL	INFLAMABLE	[imflʲa'maβle]
PROIBIDO	PROHIBIDO	[proi'βiðo]
ENTRADA PROIBIDA	PROHIBIDO EL PASO	[proi'βiðo elʲ 'paso]
CUIDADO TINTA FRESCA	RECIÉN PINTADO	[re'θjen pin'taðo]

81. Transportes urbanos

autocarro (m)	autobús (m)	[auto'βus]
elétrico (m)	tranvía (m)	[tram'bia]
troleicarro (m)	trolebús (m)	[trole'βus]
itinerário (m)	itinerario (m)	[itine'rario]
número (m)	número (m)	['numero]

ir de ... (carro, etc.)	ir en ...	[ir en]
entrar (~ no autocarro)	tomar (vt)	[to'mar]
descer de ...	bajar del ...	[ba'χar delʲ]

paragem (f)	parada (f)	[pa'raða]
próxima paragem (f)	próxima parada (f)	['proksima pa'raða]
ponto (m) final	parada (f) final	[pa'raða fi'nalʲ]
horário (m)	horario (m)	[o'rario]
esperar (vt)	esperar (vt)	[espe'rar]

| bilhete (m) | billete (m) | [bi'jete] |
| custo (m) do bilhete | precio (m) del billete | ['preθjo delʲ bi'jete] |

bilheteiro (m)	cajero (m)	[ka'χero]
controlo (m) dos bilhetes	control (m) de billetes	[kon'trolʲ de bi'jetes]
revisor (m)	revisor (m)	[rebi'so˞]

atrasar-se (vr)	llegar tarde (vi)	[je'gar ':arðe]
perder (o autocarro, etc.)	perder (vt)	[per'ðer]
estar com pressa	tener prisa	[te'ner 'prisa]

táxi (m)	taxi (m)	['taksi]
taxista (m)	taxista (m)	[ta'ksisːa]
de táxi (ir ~)	en taxi	[en 'taksi]
praça (f) de táxis	parada (f) de taxi	[pa'raða de 'taksi]
chamar um táxi	llamar un taxi	[ja'mar un 'taksi]
apanhar um táxi	tomar un taxi	[to'mar un 'taksi]

tráfego (m)	tráfico (m)	['trafikc]
engarrafamento (m)	atasco (m)	[a'tasko]
horas (f pl) de ponta	horas (f pl) de punta	['oras ce 'punta]
estacionar (vi)	aparcar (vi)	[apar'kar]
estacionar (vt)	aparcar (vt)	[apar'kar]
parque (m) de estacionamento	aparcamiento (m)	[aparka'mjento]

metro (m)	metro (m)	['metro]
estação (f)	estación (f)	[esta'θjon]
ir de metro	ir en el metro	[ir en elʲ 'metro]
comboio (m)	tren (m)	['tren]
estação (f)	estación (f)	[esta'θˌon]

82. Turismo

monumento (m)	monumento (m)	[monuˈmento]
fortaleza (f)	fortaleza (f)	[forta'leθa]
palácio (m)	palacio (m)	[pa'lʲaθio]
castelo (m)	castillo (m)	[kas'tijo]
torre (f)	torre (f)	['tore]
mausoléu (m)	mausoleo (m)	[mauso'leo]

arquitetura (f)	arquitectura (f)	[arkitek'tura]
medieval	medieval (adj)	[meðjeˈβalʲ]
antigo	antiguo (adj)	[an'tiguo]
nacional	nacional (adj)	[naθjo'nalʲ]
conhecido	conocido (adj)	[kono'θiðo]

| turista (m) | turista (m) | [tu'rista] |
| guia (pessoa) | guía (m) | ['gia] |

excursão (f)	excursión (f)	[eskur'θjon]
mostrar (vt)	mostrar (vt)	[mos'trar]
contar (vt)	contar (vt)	[kon'tar]

encontrar (vt)	encontrar (vt)	[eŋkon'trar]
perder-se (vr)	perderse (vr)	[per'ðerse]
mapa (~ do metrô)	plano (m), mapa (m)	['plʲano], ['mapa]
mapa (~ da cidade)	mapa (m)	['mapa]

lembrança (f), presente (m)	recuerdo (m)	[reku'erðo]
loja (f) de presentes	tienda (f) de regalos	['tjenda de re'galʲos]
fotografar (vt)	hacer fotos	[a'θer 'fotos]
fotografar-se	fotografiarse (vr)	[fotoɣra'fjarse]

83. Compras

comprar (vt)	comprar (vt)	[kom'prar]
compra (f)	compra (f)	['kompra]
fazer compras	hacer compras	[a'θer 'kompras]
compras (f pl)	compras (f pl)	['kompras]

| estar aberta (loja, etc.) | estar abierto | [es'tar a'βjerto] |
| estar fechada | estar cerrado | [es'tar θe'raðo] |

calçado (m)	calzado (m)	[kalʲ'θaðo]
roupa (f)	ropa (f)	['ropa]
cosméticos (m pl)	cosméticos (m pl)	[kos'metikos]
alimentos (m pl)	productos alimenticios	[pro'ðuktos alimen'tiθjos]
presente (m)	regalo (m)	[re'galʲo]

| vendedor (m) | vendedor (m) | [bende'ðor] |
| vendedora (f) | vendedora (f) | [bende'ðora] |

caixa (f)	caja (f)	['kaχa]
espelho (m)	espejo (m)	[es'peχo]
balcão (m)	mostrador (m)	[mostra'ðor]
cabine (f) de provas	probador (m)	[proβa'ðor]

provar (vt)	probar (vt)	[pro'βar]
servir (vi)	quedar (vi)	[ke'ðar]
gostar (apreciar)	gustar (vi)	[gus'tar]

preço (m)	precio (m)	['preθio]
etiqueta (f) de preço	etiqueta (f) de precio	[eti'keta de 'preθio]
custar (vt)	costar (vt)	[kos'tar]
Quanto?	¿Cuánto?	[ku'anto]
desconto (m)	descuento (m)	[desku'ento]

não caro	no costoso (adj)	[no kos'toso]
barato	barato (adj)	[ba'rato]
caro	caro (adj)	['karo]
É caro	Es caro	[es 'karo]
aluguer (m)	alquiler (m)	[alʲki'ler]
alugar (vestidos, etc.)	alquilar (vt)	[alʲki'lʲar]

crédito (m)	crédito (m)	['kreðitc]
a crédito	a crédito (adv)	[a 'kreð to]

84. Dinheiro

dinheiro (m)	dinero (m)	[di'nero]
câmbio (m)	cambio (m)	['kambiɔ]
taxa (f) de câmbio	curso (m)	['kurso]
Caixa Multibanco (m)	cajero (m) automático	[ka'xero auto'matiko]
moeda (f)	moneda (f)	[mo'neða]

dólar (m)	dólar (m)	['dolʲar]
euro (m)	euro (m)	['euro]

lira (f)	lira (f)	['lira]
marco (m)	marco (m) alemán	['marko ale'man]
franco (m)	franco (m)	['fraŋkɔ]
libra (f) esterlina	libra esterlina (f)	['liβra ester'lina]
iene (m)	yen (m)	[jen]

dívida (f)	deuda (f)	['deuða]
devedor (m)	deudor (m)	[deu'ðɑr]
emprestar (vt)	prestar (vt)	[pres'tar]
pedir emprestado	tomar prestado	[to'mar pres'taðo]

banco (m)	banco (m)	['baŋkc]
conta (f)	cuenta (f)	[ku'enta]
depositar (vt)	ingresar (vt)	[ingre'sar]
depositar na conta	ingresar en la cuenta	[ingre'sar en lʲa ku'enta]
levantar (vt)	sacar de la cuenta	[sa'kar de lʲa ku'enta]

cartão (m) de crédito	tarjeta (f) de crédito	[tar'xeta de 'kreðito]
dinheiro (m) vivo	dinero (m) en efectivo	[di'nerc en efek'tiβo]
cheque (m)	cheque (m)	['tʃeke]
passar um cheque	sacar un cheque	[sa'kar un 'tʃeke]
livro (m) de cheques	talonario (m)	[talʲo'nario]

carteira (f)	cartera (f)	[kar'tera]
porta-moedas (m)	monedero (m)	[mone'ᵭero]
cofre (m)	caja (f) fuerte	['kaχa ˉu'erte]

herdeiro (m)	heredero (m)	[ere'ðɛro]
herança (f)	herencia (f)	[e'renθia]
fortuna (riqueza)	fortuna (f)	[for'tuna]

arrendamento (m)	arriendo (m)	[a'rjendo]
renda (f) de casa	alquiler (m)	[alʲki'leˉ]
alugar (vt)	alquilar (vt)	[alʲki'lʲɛr]

preço (m)	precio (m)	['preθio]
custo (m)	coste (m)	['koste]
soma (f)	suma (f)	['suma]
gastar (vt)	gastar (vt)	[gas'tar]
gastos (m pl)	gastos (m pl)	['gastɔs]

| economizar (vi) | economizar (vi, vt) | [ekonomi'θar] |
| económico | económico (adj) | [eko'nomiko] |

pagar (vt)	pagar (vi, vt)	[pa'gar]
pagamento (m)	pago (m)	['pago]
troco (m)	cambio (m)	['kambio]

imposto (m)	impuesto (m)	[impu'esto]
multa (f)	multa (f)	['mulʲta]
multar (vt)	multar (vt)	[mulʲ'tar]

85. Correios. Serviço postal

correios (m pl)	oficina (f) de correos	[ofi'θina de ko'reos]
correio (m)	correo (m)	[ko'reo]
carteiro (m)	cartero (m)	[kar'tero]
horário (m)	horario (m) de apertura	[o'rarjo de aper'tura]

carta (f)	carta (f)	['karta]
carta (f) registada	carta (f) certificada	['karta θertifi'kaða]
postal (m)	tarjeta (f) postal	[tar'xeta pos'talʲ]
telegrama (m)	telegrama (m)	[tele'ɣrama]
encomenda (f) postal	paquete (m) postal	[pa'kete pos'talʲ]
remessa (f) de dinheiro	giro (m) postal	['xiro pos'talʲ]

receber (vt)	recibir (vt)	[reθi'βir]
enviar (vt)	enviar (vt)	[em'bjar]
envio (m)	envío (m)	[em'bio]

endereço (m)	dirección (f)	[direk'θjon]
código (m) postal	código (m) postal	['koðigo pos'talʲ]
remetente (m)	expedidor (m)	[ekspeði'ðor]
destinatário (m)	destinatario (m)	[destina'tario]

| nome (m) | nombre (m) | ['nombre] |
| apelido (m) | apellido (m) | [ape'ʝiðo] |

tarifa (f)	tarifa (f)	[ta'rifa]
ordinário	ordinario (adj)	[orði'nario]
económico	económico (adj)	[eko'nomiko]

peso (m)	peso (m)	['peso]
pesar (estabelecer o peso)	pesar (vt)	[pe'sar]
envelope (m)	sobre (m)	['soβre]
selo (m)	sello (m)	['sejo]
colar o selo	poner un sello	[po'ner un 'sejo]

Moradia. Casa. Lar

86. Casa. Habitação

casa (f)	**casa** (f)	['kasa]
em casa	**en casa** (adv)	[en 'kaȝa]
pátio (m)	**patio** (m)	['patio]
cerca (f)	**verja** (f)	['berχa]
tijolo (m)	**ladrillo** (m)	[lʲa'ðrijo]
de tijolos	**de ladrillo** (adj)	[de lʲa'ðrijo]
pedra (f)	**piedra** (f)	['pjeðra]
de pedra	**de piedra** (adj)	[de 'pjeðra]
betão (m)	**hormigón** (m)	[ormi'ɣɔn]
de betão	**de hormigón** (adj)	[de ormi'ɣon]
novo	**nuevo** (adj)	[nu'eβo]
velho	**viejo** (adj)	['bjeχo]
decrépito	**deteriorado** (adj)	[deterjɔ'raðo]
moderno	**moderno** (adj)	[mo'ðerno]
de muitos andares	**de muchos pisos**	[de 'mutʃos 'pisos]
alto	**alto** (adj)	['alʲto]
andar (m)	**piso** (m), **planta** (f)	['piso], ['plʲanta]
de um andar	**de una sola planta**	[de una 'solʲa 'plʲanta]
andar (m) de baixo	**piso** (m) **bajo**	['piso 'ɔaχo]
andar (m) de cima	**piso** (m) **alto**	['piso 'alʲto]
telhado (m)	**techo** (m)	['tetʃo]
chaminé (f)	**chimenea** (f)	[tʃime'nea]
telha (f)	**tejas** (f pl)	['teχaɛ]
de telha	**de tejas** (adj)	[de 'teχas]
sótão (m)	**desván** (m)	[des'βɜn]
janela (f)	**ventana** (f)	[ben'tana]
vidro (m)	**vidrio** (m)	['biðriɔ]
parapeito (m)	**alféizar** (m)	[alʲ'fejɛar]
portadas (f pl)	**contraventanas** (f pl)	[kontraβen'tanas]
parede (f)	**pared** (f)	[pa'reð]
varanda (f)	**balcón** (m)	[balʲ'kɔn]
tubo (m) de queda	**gotera** (f)	[go'teɾa]
em cima	**arriba**	[a'riβa]
subir (~ as escadas)	**subir** (vi)	[su'βir]
descer (vi)	**descender** (vi)	[deθenˈder]
mudar-se (vr)	**mudarse** (vr)	[mu'ðarse]

87. Casa. Entrada. Elevador

entrada (f)	entrada (f)	[en'traða]
escada (f)	escalera (f)	[eska'lera]
degraus (m pl)	escalones (m pl)	[eska'lʲones]
corrimão (m)	baranda (f)	[ba'randa]
hall (m) de entrada	vestíbulo (m)	[bes'tiβulʲo]
caixa (f) de correio	buzón (m)	[bu'θon]
caixote (m) do lixo	contenedor (m) de basura	[kontene'ðor de ba'sura]
conduta (f) do lixo	bajante (f) de basura	[ba'χante de ba'sura]
elevador (m)	ascensor (m)	[aθen'sor]
elevador (m) de carga	ascensor (m) de carga	[aθen'sor de 'karga]
cabine (f)	cabina (f)	[ka'βina]
pegar o elevador	ir en el ascensor	[ir en elʲ aθen'sor]
apartamento (m)	apartamento (m)	[aparta'mento]
moradores (m pl)	inquilinos (pl)	[iŋki'linos]
vizinho (m)	vecino (m)	[be'θino]
vizinha (f)	vecina (f)	[be'θina]
vizinhos (pl)	vecinos (pl)	[be'θinos]

88. Casa. Eletricidade

eletricidade (f)	electricidad (f)	[elektriθi'ðað]
lâmpada (f)	bombilla (f)	[bom'bija]
interruptor (m)	interruptor (m)	[interup'tor]
fusível (m)	fusible (m)	[fu'siβle]
fio, cabo (m)	cable, hilo (m)	['kaβle], ['ilʲo]
instalação (f) elétrica	instalación (f) eléctrica	[instalʲa'θjon e'lektrika]
contador (m) de eletricidade	contador (m) de luz	[konta'ðor de lʲuθ]
indicação (f), registo (m)	lectura (f)	[lek'tura]

89. Casa. Portas. Fechaduras

porta (f)	puerta (f)	[pu'erta]
portão (m)	portón (m)	[por'ton]
maçaneta (f)	tirador (m)	[tira'ðor]
destrancar (vt)	abrir el cerrojo	[a'βrir elʲ θe'roχo]
abrir (vt)	abrir (vt)	[a'βrir]
fechar (vt)	cerrar (vt)	[θe'rar]
chave (f)	llave (f)	['jaβe]
molho (m)	manojo (m) de llaves	[ma'noχo de 'jaβes]
ranger (vi)	crujir (vi)	[kru'χir]
rangido (m)	crujido (m)	[kru'χiðo]
dobradiça (f)	gozne (m)	['goθne]
tapete (m) de entrada	felpudo (m)	[felʲ'puðo]
fechadura (f)	cerradura (f)	[θera'ðura]

buraco (m) da fechadura	ojo (m) de cerradura	['oxo de θera'ðura]
ferrolho (m)	cerrojo (m)	[θe'roxo]
fecho (ferrolho pequeno)	pestillo (m)	[pes'tijc]
cadeado (m)	candado (m)	[kan'daðo]
tocar (vt)	tocar el timbre	[to'kar el 'timbre]
toque (m)	campanillazo (m)	[kampani'jaθo]
campainha (f)	timbre (m)	['timbre]
botão (m)	botón (m)	[bo'ton]
batida (f)	toque (m) a la puerta	['toke a l'a pu'erta]
bater (vi)	tocar la puerta	[to'kar la pu'erta]
código (m)	código (m)	['koðigc]
fechadura (f) de código	cerradura (f) de contraseña	[θera'ðura de kontra'senja]
telefone (m) de porta	telefonillo (m)	[telefo'nijo]
número (m)	número (m)	['numero]
placa (f) de porta	placa (f) de puerta	['pl'aka de pu'erta]
vigia (f), olho (m) mágico	mirilla (f)	[mi'rija]

90. Casa de campo

aldeia (f)	aldea (f)	[al'ðea
horta (f)	huerta (f)	[u'erta]
cerca (f)	empalizada (f)	[empal'θaða]
paliçada (f)	valla (f)	['baja]
cancela (f) do ja-dim	puertecilla (f)	[puerte θija]
celeiro (m)	granero (m)	[gra'ne'o]
adega (f)	sótano (m)	['sotano]
galpão, barracão (m)	cobertizo (m)	[koβer'-iθo]
poço (m)	pozo (m)	['poθo]
fogão (m)	estufa (f)	[es'tufa]
atiçar o fogo	calentar la estufa	[kalen'tar l'a es'tufa]
lenha (carvão ou ~)	leña (f)	['lenja]
acha (lenha)	leño (m)	['lenjo]
varanda (f)	veranda (f)	[be'randa]
alpendre (m)	terraza (f)	[te'raθa]
degraus (m pl) de entrada	porche (m)	['portʃe]
balouço (m)	columpio (m)	[ko'l'umpio]

91. Moradia. Mansão

casa (f) de campo	casa (f) de campo	['kasa de 'kampo]
vila (f)	villa (f)	['bija]
ala (~ do edifício)	ala (f)	['al'a]
jardim (m)	jardín (m)	[xar'ðin]
parque (m)	parque (m)	['parke]
estufa (f)	invernadero (m)	[imber'a'ðero]
cuidar de ...	cuidar (vt)	[kui'ða-]

piscina (f)	piscina (f)	[pi'θina]
ginásio (m)	gimnasio (m)	[xim'nasio]
campo (m) de ténis	cancha (f) de tenis	['kantʃa de 'tenis]
cinema (m)	sala (f) de cine	['salʲa de 'θine]
garagem (f)	garaje (m)	[ga'raxe]
propriedade (f) privada	propiedad (f) privada	[propje'ðað pri'βaða]
terreno (m) privado	terreno (m) privado	[te'reno pri'βaðo]
advertência (f)	advertencia (f)	[aðβer'tenθia]
sinal (m) de aviso	letrero (m) de aviso	[le'trero de a'βiθo]
guarda (f)	seguridad (f)	[seguri'ðað]
guarda (m)	guardia (m) de seguridad	[gu'arðja de seguri'ðað]
alarme (m)	alarma (f) antirrobo	[a'lʲarma anti'roβo]

92. Castelo. Palácio

castelo (m)	castillo (m)	[kas'tijo]
palácio (m)	palacio (m)	[pa'lʲaθio]
fortaleza (f)	fortaleza (f)	[forta'leθa]
muralha (f)	muralla (f)	[mu'raja]
torre (f)	torre (f)	['tore]
calabouço (m)	torre (f) principal	['tore prinθi'palʲ]
grade (f) levadiça	rastrillo (m)	[ras'trijo]
passagem (f) subterrânea	pasaje (m) subterráneo	[pa'saxe suβte'raneo]
fosso (m)	foso (m)	['foso]
corrente, cadeia (f)	cadena (f)	[ka'ðena]
seteira (f)	aspillera (f)	[aspi'jera]
magnífico	magnífico (adj)	[maɣ'nifiko]
majestoso	majestuoso (adj)	[maxestu'oso]
inexpugnável	inexpugnable (adj)	[inekspuɣ'naβle]
medieval	medieval (adj)	[meðje'βalʲ]

93. Apartamento

apartamento (m)	apartamento (m)	[aparta'mento]
quarto (m)	habitación (f)	[aβita'θjon]
quarto (m) de dormir	dormitorio (m)	[dormi'torio]
sala (f) de jantar	comedor (m)	[kome'ðor]
sala (f) de estar	salón (m)	[sa'lʲon]
escritório (m)	despacho (m)	[des'patʃo]
antessala (f)	antecámara (f)	[ante'kamara]
quarto (m) de banho	cuarto (m) de baño	[ku'arto de 'banjo]
toilette (lavabo)	servicio (m)	[ser'βiθio]
teto (m)	techo (m)	['tetʃo]
chão, soalho (m)	suelo (m)	[su'elʲo]
canto (m)	rincón (m)	[rin'kon]

94. Apartamento. Limpeza

arrumar, limpar (vt)	hacer la limpieza	[a'θer lʲa lim'pjeθa]
guardar (no armário, etc.)	quitar (vt)	[ki'tar]
pó (m)	polvo (m)	['polʲβo]
empoeirado	polvoriento (adj)	[polʲβo'rjento]
limpar o pó	limpiar el polvo	[lim'pjaɪ elʲ 'polʲβo]
aspirador (m)	aspirador (m), aspiradora (f)	[aspira'ꝺor], [aspira'čora]
aspirar (vt)	limpiar con la aspiradora	[lim'pjaɪ kon lʲa aspira'ðora]

varrer (vt)	barrer (vi, vt)	[ba'rer]
sujeira (f)	barreduras (f pl)	[bare'ðʉras]
arrumação (f), ordem (f)	orden (m)	['orðen]
desordem (f)	desorden (m)	[de'sorðen]

esfregão (m)	fregona (f)	[fre'gona]
pano (m), trapo (m)	trapo (m)	['trapo]
vassoura (f)	escoba (f)	[es'koβa]
pá (f) de lixo	cogedor (m)	[koχe'ðɔr]

95. Mobiliário. Interior

mobiliário (m)	muebles (m pl)	[mu'eβlɛs]
mesa (f)	mesa (f)	['mesa]
cadeira (f)	silla (f)	['sija]
cama (f)	cama (f)	['kama]
divã (m)	sofá (m)	[so'fa]
cadeirão (m)	sillón (m)	[si'jon]

estante (f)	librería (f)	[liβre'ria]
prateleira (f)	estante (m)	[es'tanʲte]

guarda-vestidos (m)	armario (m)	[ar'mario]
cabide (m) de parede	percha (f)	['perʧa]
cabide (m) de pé	perchero (m) de pie	[per'ʧeˈo de pje]

cómoda (f)	cómoda (f)	['komoꝺa]
mesinha (f) de centro	mesa (f) de café	['mesa de ka'fe]
espelho (m)	espejo (m)	[es'peꭹo]
tapete (m)	tapiz (m)	[ta'piθ]
tapete (m) pequeno	alfombra (f)	[alʲ'fombra]

lareira (f)	chimenea (f)	[ʧime'rea]
vela (f)	vela (f)	['belʲa]
castiçal (m)	candelero (m)	[kandeˈlero]

cortinas (f pl)	cortinas (f pl)	[kor'tinas]
papel (m) de parede	empapelado (m)	[empaꝺe'lʲaðo]
estores (f pl)	estor (m) de láminas	[es'tor de 'lʲaminas]

candeeiro (m) de mesa	lámpara (f) de mesa	['lʲampara de 'mesa]
candeeiro (m) de parede	aplique (m)	[ap'likɛ]
candeeiro (m) de pé	lámpara (f) de pie	['lʲampara de pje]

lustre (m)	lámpara (f) de araña	['lʲampara de a'ranja]
pé (de mesa, etc.)	pata (f)	['pata]
braço (m)	brazo (m)	['braθo]
costas (f pl)	espaldar (m)	[espalʲ'ðar]
gaveta (f)	cajón (m)	[ka'χon]

96. Quarto de dormir

roupa (f) de cama	ropa (f) de cama	['ropa de 'kama]
almofada (f)	almohada (f)	[alʲmo'aða]
fronha (f)	funda (f)	['funda]
cobertor (m)	manta (f)	['manta]
lençol (m)	sábana (f)	['saβana]
colcha (f)	sobrecama (f)	[soβre'kama]

97. Cozinha

cozinha (f)	cocina (f)	[ko'θina]
gás (m)	gas (m)	[gas]
fogão (m) a gás	cocina (f) de gas	[ko'θina de 'gas]
fogão (m) elétrico	cocina (f) eléctrica	[ko'θina e'lektrika]
forno (m)	horno (m)	['orno]
forno (m) de micro-ondas	horno (m) microondas	['orno mikro·'ondas]

frigorífico (m)	frigorífico (m)	[frigo'rifiko]
congelador (m)	congelador (m)	[konχelʲa'ðor]
máquina (f) de lavar louça	lavavajillas (m)	['lʲaβa·βa'χijas]

moedor (m) de carne	picadora (f) de carne	[pika'ðora de 'karne]
espremedor (m)	exprimidor (m)	[eksprimi'ðor]
torradeira (f)	tostador (m)	[tosta'ðor]
batedeira (f)	batidora (f)	[bati'ðora]

máquina (f) de café	cafetera (f)	[kafe'tera]
cafeteira (f)	cafetera (f)	[kafe'tera]
moinho (m) de café	molinillo (m) de café	[moli'nijo de ka'fe]

chaleira (f)	hervidor (m) de agua	[erβi'ðor de 'agua]
bule (m)	tetera (f)	[te'tera]
tampa (f)	tapa (f)	['tapa]
coador (m) de chá	colador (m) de té	[kolʲa'ðor de te]

colher (f)	cuchara (f)	[ku'tʃara]
colher (f) de chá	cucharilla (f)	[kutʃa'rija]
colher (f) de sopa	cuchara (f) de sopa	[ku'tʃara de 'sopa]
garfo (m)	tenedor (m)	[tene'ðor]
faca (f)	cuchillo (m)	[ku'tʃijo]

louça (f)	vajilla (f)	[ba'χija]
prato (m)	plato (m)	['plʲato]
pires (m)	platillo (m)	[plʲa'tijo]
cálice (m)	vaso (m) de chupito	['baso de tʃu'pito]

copo (m)	vaso (m)	['baso]
chávena (f)	taza (f)	['taθa]
açucareiro (m)	azucarera (f)	[aθuka rera]
saleiro (m)	salero (m)	[sa'lerc]
pimenteiro (m)	pimentero (m)	[pimen tero]
manteigueira (f)	mantequera (f)	[mante kera]
panela, caçarola (f)	cacerola (f)	[kaθe'rɔlʲa]
frigideira (f)	sartén (f)	[sar'ter]
concha (f)	cucharón (m)	[kutʃa'rɔn]
passador (m)	colador (m)	[kolʲa'ðɔr]
bandeja (f)	bandeja (f)	[ban'deχa]
garrafa (f)	botella (f)	[bo'tejɛ]
boião (m) de vidro	tarro (m) de vidrio	['taro de 'biðrio]
lata (f)	lata (f)	['lʲata]
abre-garrafas (n)	abrebotellas (m)	[aβre·βo'tejas]
abre-latas (m)	abrelatas (m)	[aβre·'lʲatas]
saca-rolhas (m)	sacacorchos (m)	[saka'kortʃos]
filtro (m)	filtro (m)	['filʲtro]
filtrar (vt)	filtrar (vt)	[filʲ'trar]
lixo (m)	basura (f)	[ba'sura]
balde (m) do lixo	cubo (m) de basura	['kuβo de ba'sura]

98. Casa de banho

quarto (m) de banho	cuarto (m) de baño	[ku'arto de 'banjo]
água (f)	agua (f)	['agua]
torneira (f)	grifo (m)	['grifo]
água (f) quente	agua (f) caliente	['agua ka'ljente]
água (f) fria	agua (f) fría	['agua 'fria]
pasta (f) de dentes	pasta (f) de dientes	['pasta de 'djentes]
escovar os dentes	limpiarse los dientes	[lim'pjarse los 'djentes]
escova (f) de dentes	cepillo (m) de dientes	[θe'pijo de 'djentes]
barbear-se (vr)	afeitarse (vr)	[afej'tarse]
espuma (f) de barbear	espuma (f) de afeitar	[es'puma de afej'tar]
máquina (f) de barbear	maquinilla (f) de afeitar	[maki'nija de afej'tar]
lavar (vt)	lavar (vt)	[lʲa'βar]
lavar-se (vr)	darse un baño	['darse un 'banjo]
duche (m)	ducha (f)	['dutʃa]
tomar um duche	darse una ducha	['darse 'una 'dutʃa]
banheira (f)	bañera (f)	[ba'njera]
sanita (f)	inodoro (m)	[ino'ðoro]
lavatório (m)	lavabo (m)	[lʲa'βaβo]
sabonete (m)	jabón (m)	[χa'βon]
saboneteira (f)	jabonera (f)	[χaβo'nera]

esponja (f)	esponja (f)	[es'ponχa]
champô (m)	champú (m)	[ʧam'pu]
toalha (f)	toalla (f)	[to'aja]
roupão (m) de banho	bata (f) de baño	['bata de 'banjo]

lavagem (f)	colada (f), lavado (m)	[ko'lʲaða], [lʲa'βaðo]
máquina (f) de lavar	lavadora (f)	[lʲaβa'ðora]
lavar a roupa	lavar la ropa	[lʲa'βar lʲa 'ropa]
detergente (m)	detergente (m) en polvo	[deter'χente en 'polʲβo]

99. Eletrodomésticos

televisor (m)	televisor (m)	[teleβi'sor]
gravador (m)	magnetófono (m)	[maɣne'tofono]
videogravador (m)	vídeo (m)	['biðeo]
rádio (m)	radio (m)	['raðio]
leitor (m)	reproductor (m)	[reproðuk'tor]

projetor (m)	proyector (m) de vídeo	[projek'tor de 'biðeo]
cinema (m) em casa	sistema (m) home cinema	[sis'tema 'χoum 'θinema]
leitor (m) de DVD	reproductor (m) de DVD	reproðuk'tor de deβe'de]
amplificador (m)	amplificador (m)	[amplifika'ðor]
console (f) de jogos	videoconsola (f)	[biðeo·kon'solʲa]

câmara (f) de vídeo	cámara (f) de vídeo	['kamara de 'biðeo]
máquina (f) fotográfica	cámara (f) fotográfica	['kamara foto'ɣrafika]
câmara (f) digital	cámara (f) digital	['kamara diχi'talʲ]

aspirador (m)	aspirador (m), aspiradora (f)	[aspira'ðor], [aspira'ðora]
ferro (m) de engomar	plancha (f)	['plʲanʧa]
tábua (f) de engomar	tabla (f) de planchar	['taβlʲa de plʲan'ʧar]

telefone (m)	teléfono (m)	[te'lefono]
telemóvel (m)	teléfono (m) móvil	[te'lefono 'moβilʲ]
máquina (f) de escrever	máquina (f) de escribir	['makina de eskri'βir]
máquina (f) de costura	máquina (f) de coser	['makina de ko'ser]

microfone (m)	micrófono (m)	[mi'krofono]
auscultadores (m pl)	auriculares (m pl)	[auriku'lʲares]
controlo remoto (m)	mando (m) a distancia	['mando a dis'tanθia]

CD (m)	disco compacto (m)	['disko kom'pakto]
cassete (f)	casete (m)	[ka'sete]
disco (m) de vinil	disco (m) de vinilo	['disko de bi'nilʲo]

100. Reparações. Renovação

renovação (f)	renovación (f)	[renoβa'θjon]
renovar (vt), fazer obras	renovar (vt)	[reno'βar]
reparar (vt)	reparar (vt)	[repa'rar]
consertar (vt)	poner en orden	[po'ner en 'orðen]
refazer (vt)	rehacer (vt)	[rea'θer]

tinta (f)	pintura (f)	[pin'tura]
pintar (vt)	pintar (vt)	[pin'tar]
pintor (m)	pintor (m)	[pin'tor]
pincel (m)	brocha (f)	['brotʃa]

| cal (f) | cal (f) | [kalʲ] |
| caiar (vt) | encalar (vt) | [eŋka'lʲar] |

papel (m) de parede	empapelado (m)	[empaɾe'lʲaðo]
colocar papel de parede	empapelar (vt)	[empaɾe'lʲar]
verniz (m)	barniz (m)	[bar'niθ]
envernizar (vt)	cubrir con barniz	[ku'βrir kon bar'niθ]

101. Canalizações

água (f)	agua (f)	['agua]
água (f) quente	agua (f) caliente	['agua ka'ljente]
água (f) fria	agua (f) fría	['agua 'fria]
torneira (f)	grifo (m)	['grifo]

gota (f)	gota (f)	['gota]
gotejar (vi)	gotear (vi)	[gote'ar]
vazar (vt)	gotear (vi)	[gote'ar]
vazamento (m)	escape (m) de agua	[es'kape de 'agua]
poça (f)	charco (m)	['tʃarko]

tubo (m)	tubo (m)	['tuβo]
válvula (f)	válvula (f)	['balʲβuʲʲa]
entupir-se (vr)	estar atascado	[es'tar atas'kaðo]

ferramentas (f pl)	instrumentos (m pl)	[instru'mentos]
chave (f) inglesa	llave (f) inglesa	['jaβe in'glesa]
desenroscar (vt)	destornillar (vt)	[destorni'jar]
enroscar (vt)	atornillar (vt)	[atorni'ʲar]

desentupir (vt)	desatascar (vt)	[desatas'kar]
canalizador (m)	fontanero (m)	[fonta'nero]
cave (f)	sótano (m)	['sotanɔ]
sistema (m) de esgotos	alcantarillado (m)	[alʲkantari'jaðo]

102. Fogo. Deflagração

incêndio (m)	incendio (m)	[in'θendjo]
chama (f)	llama (f)	['jama]
faísca (f)	chispa (f)	['tʃispa]
fumo (m)	humo (m)	['umo]
tocha (f)	antorcha (f)	[an'torʃa]
fogueira (f)	hoguera (f)	[o'gerɛ]

gasolina (f)	gasolina (f)	[gaso'l na]
querosene (m)	queroseno (m)	[kero'sene]
inflamável	inflamable (adj)	[imflʲa'maβle]

| explosivo | explosivo (adj) | [eksplʲo'siβo] |
| PROIBIDO FUMAR! | **PROHIBIDO FUMAR** | [proi'βiðo fu'mar] |

segurança (f)	**seguridad** (f)	[seguri'ðað]
perigo (m)	**peligro** (m)	[pe'liɣro]
perigoso	**peligroso** (adj)	[peli'ɣroso]

incendiar-se (vr)	**prenderse fuego**	[pren'derse fu'ego]
explosão (f)	**explosión** (f)	[eksplʲo'sjon]
incendiar (vt)	**incendiar** (vt)	[inθen'djar]
incendiário (m)	**incendiario** (m)	[inθen'djario]
incêndio (m) criminoso	**incendio** (m) **provocado**	[in'θendjo proβo'kaðo]

arder (vi)	**estar en llamas**	[es'tar en 'jamas]
queimar (vi)	**arder** (vi)	[ar'ðer]
queimar tudo (vi)	**incendiarse**	[inθen'djarse]

chamar os bombeiros	**llamar a los bomberos**	[ja'mar a los bom'beros]
bombeiro (m)	**bombero** (m)	[bom'bero]
carro (m) de bombeiros	**coche** (m) **de bomberos**	['kotʃe de bom'beros]
corpo (m) de bombeiros	**cuerpo** (m) **de bomberos**	[ku'erpo de bom'beros]
escada (f) extensível	**escalera** (f) **telescópica**	[eska'lera teles'kopika]

mangueira (f)	**manguera** (f)	[man'gera]
extintor (m)	**extintor** (m)	[ekstin'tor]
capacete (m)	**casco** (m)	['kasko]
sirene (f)	**sirena** (f)	[si'rena]

gritar (vi)	**gritar** (vi)	[gri'tar]
chamar por socorro	**pedir socorro**	[pe'ðir so'koro]
salvador (m)	**socorrista** (m)	[soko'rista]
salvar, resgatar (vt)	**salvar** (vt)	[salʲ'βar]

chegar (vi)	**llegar** (vi)	[je'gar]
apagar (vt)	**apagar** (vt)	[apa'gar]
água (f)	**agua** (f)	['agua]
areia (f)	**arena** (f)	[a'rena]

ruínas (f pl)	**ruinas** (f pl)	[ru'inas]
ruir (vi)	**colapsarse** (vr)	[kolʲap'sarse]
desmoronar (vi)	**hundirse** (vr)	[un'dirse]
desabar (vi)	**derrumbarse** (vr)	[derum'barse]

| fragmento (m) | **trozo** (m) | ['troθo] |
| cinza (f) | **ceniza** (f) | [θe'niθa] |

| sufocar (vi) | **morir asfixiado** | [mo'rir asfi'ksjaðo] |
| perecer (vi) | **perecer** (vi) | [pere'θer] |

ATIVIDADES HUMANAS

Emprego. Negócios. Parte 1

escritório (~ de advogados)	oficina (f)	[ofi'θinɛ]
escritório (do diretor, etc.)	despacho (m)	[des'paʧo]
receção (f)	recepción (f)	[resep'θjon]
secretário (m)	secretario (m)	[sekre'tario]
secretária (f)	secretaria (f)	[sekre'taria]
diretor (m)	director (m)	[direk'tor]
gerente (m)	manager (m)	['meneχer]
contabilista (m)	contable (m)	[kon'taβle]
empregado (m)	colaborador (m)	[kolʲaβora'ðor]
mobiliário (m)	muebles (m pl)	[mu'eβles]
mesa (f)	escritorio (m)	[eskri'torio]
cadeira (f)	silla (f)	['sija]
bloco (m) de gavetas	cajonera (f)	[kaχo'nera]
cabide (m) de pé	perchero (m) de pie	[per'ʧero de pje]
computador (m)	ordenador (m)	[orðena'ðor]
impressora (f)	impresora (f)	[impre'sora]
fax (m)	fax (m)	['faks]
fotocopiadora (f	fotocopiadora (f)	[foto·kopia'ðora]
papel (m)	papel (m)	[pa'pel]
artigos (m pl) de escritório	papelería (f)	[papele'ria]
tapete (m) de rato	alfombrilla (f) para ratón	[alʲfom'brija 'para ra'ton]
folha (f) de papel	hoja (f)	['oχa]
pasta (f)	carpeta (f)	[kar'peta]
catálogo (m)	catálogo (m)	[ka'talʲogo]
diretório (f) telefónico	directorio (m) telefónico	[direk'torio tele'fonikɔ]
documentação (f)	documentación (f)	[dokumenta'θjon]
brochura (f)	folleto (m)	[fo'jeto]
flyer (m)	prospecto (m)	[pros'pekto]
amostra (f)	muestra (f)	[mu'es:ra]
formação (f)	reunión (f) de formación	[reu'njon de forma'θjon]
reunião (f)	reunión (f)	[reu'njon]
hora (f) de almoço	pausa (f) del almuerzo	['pausa del almu'erθo]
fazer uma cópia	hacer una copia	[a'θer 'una 'kopia]
tirar cópias	hacer copias	[a'θer 'kopias]
receber um fax	recibir un fax	[reθi'βir un 'faks]
enviar um fax	enviar un fax	[em'bjar un 'faks]

fazer uma chamada	llamar por teléfono	[ja'mar por te'lefono]
responder (vt)	responder (vi, vt)	[respon'der]
passar (vt)	poner en comunicación	[po'ner en komunika'θjon]

marcar (vt)	fijar (vt)	[fi'χar]
demonstrar (vt)	demostrar (vt)	[demos'trar]
estar ausente	estar ausente	[es'tar au'sente]
ausência (f)	ausencia (f)	[au'senθia]

104. Processos negociais. Parte 1

negócio (m)	negocio (m), comercio (m)	[ne'goθio], [ko'merθio]
ocupação (f)	ocupación (f)	[okupa'θjon]
firma, empresa (f)	firma (f)	['firma]
companhia (f)	compañía (f)	[kompa'njia]
corporação (f)	corporación (f)	[korpora'θjon]
empresa (f)	empresa (f)	[em'presa]
agência (f)	agencia (f)	[a'χenθia]

acordo (documento)	acuerdo (m)	[aku'erðo]
contrato (m)	contrato (m)	[kon'trato]
acordo (transação)	trato (m), acuerdo (m)	['trato], [aku'erðo]
encomenda (f)	pedido (m)	[pe'ðiðo]
cláusulas (f pl), termos (m pl)	condición (f)	[kondi'θjon]

por grosso (adv)	al por mayor (adv)	[alʲ por ma'jor]
por grosso (adj)	al por mayor (adj)	[alʲ por ma'jor]
venda (f) por grosso	venta (f) al por mayor	['benta alʲ por ma'jor]
a retalho	al por menor (adj)	[alʲ por me'nor]
venda (f) a retalho	venta (f) al por menor	['benta alʲ por me'nor]

concorrente (m)	competidor (m)	[kompeti'ðor]
concorrência (f)	competencia (f)	[kompe'tenθia]
competir (vi)	competir (vi)	[kompe'tir]

sócio (m)	socio (m)	['soθio]
parceria (f)	sociedad (f)	[soθje'ðað]

crise (f)	crisis (f)	['krisis]
bancarrota (f)	bancarrota (f)	[baŋka'rota]
entrar em falência	ir a la bancarrota	[ir a lʲa baŋka'rota]
dificuldade (f)	dificultad (f)	[difikulʲ'tað]
problema (m)	problema (m)	[pro'βlema]
catástrofe (f)	catástrofe (f)	[ka'tastrofe]

economia (f)	economía (f)	[ekono'mia]
económico	económico (adj)	[eko'nomiko]
recessão (f) económica	recesión (f) económica	[rese'θjon eko'nomika]

objetivo (m)	meta (f)	['meta]
tarefa (f)	objetivo (m)	[oβχe'tiβo]

comerciar (vi, vt)	comerciar (vi)	[komer'θjar]
rede (de distribuição)	red (f)	[reð]

| estoque (m) | existencias (f pl) | [eksis'tɛnθias] |
| sortimento (m) | surtido (m) | [sur'tiðo] |

líder (m)	líder (m)	['liðer]
grande (~ empresa)	grande (adj)	['grandɛ]
monopólio (m)	monopolio (m)	[mono'ɔolio]

teoria (f)	teoría (f)	[teo'ria	
prática (f)	práctica (f)	['prakti‹a]
experiência (falar por ~)	experiencia (f)	[ekspe rjenθia]
tendência (f)	tendencia (f)	[ten'denθia]
desenvolvimento (m)	desarrollo (m)	[desa'rɔjo]

105. Processos negociais. Parte 2

| rentabilidade (f) | rentabilidad (f) | [rentaɕili'ðað] |
| rentável | rentable (adj) | [ren'taβle] |

delegação (f)	delegación (f)	[delega'θjon]
salário, ordenado (m)	salario (m)	[sa'lʲarᵒo]
corrigir (um erro)	corregir (vt)	[kore'χir]
viagem (f) de negócios	viaje (m) de negocios	['bjaχe de ne'goθjos]
comissão (f)	comisión (f)	[komi'sjon]

controlar (vt)	controlar (vt)	[kontrc'lʲar]
conferência (f)	conferencia (f)	[komfe'renθia]
licença (f)	licencia (f)	[li'θenθia]
confiável	fiable (adj)	['fjaβle|

empreendimento (m)	iniciativa (f)	[iniθja'ːiβa]
norma (f)	norma (f)	['normɑ]
circunstância (f	circunstancia (f)	[θirkur s'tanθia]
dever (m)	deber (m)	[de'βeˀ]

empresa (f)	empresa (f)	[em'prɜsa]
organização (f)	organización (f)	[organiθa'θjon]
organizado	organizado (adj)	[organi'θaðo]
anulação (f)	anulación (f)	[anulʲaˀθjon]
anular, cancelar (vt)	anular (vt)	[anu'lʲar]
relatório (m)	informe (m)	[imˌ'forᵀe]

patente (f)	patente (m)	[pa'tente]
patentear (vt)	patentar (vt)	[paten'tar]
planear (vt)	planear (vt)	[plʲaneˈar]

prémio (m)	premio (m)	['premᵢo]
profissional	profesional (adj)	[profesjo'nalʲ]
procedimento (m)	procedimiento (m)	[proθeði'mjento]

examinar (a questão)	examinar (vt)	[eksami'nar]
cálculo (m)	cálculo (m)	['kalʲkulʲo]
reputação (f)	reputación (f)	[reputaˀθjon]
risco (m)	riesgo (m)	['rjesgɔ]
dirigir (~ uma empresa)	dirigir (vt)	[diri'χiˀ]

informação (f)	información (f)	[iɱforma'θjon]
propriedade (f)	propiedad (f)	[propje'ðað]
união (f)	unión (f)	[u'njon]

seguro (m) de vida	seguro (m) de vida	[se'guro de 'biða]
fazer um seguro	asegurar (vt)	[asegu'rar]
seguro (m)	seguro (m)	[se'guro]

leilão (m)	subasta (f)	[su'βasta]
notificar (vt)	notificar (vt)	[notifi'kar]
gestão (f)	gestión (f)	[χes'tjon]
serviço (indústria de ~s)	servicio (m)	[ser'βiθio]

fórum (m)	foro (m)	['foro]
funcionar (vi)	funcionar (vi)	[funθjo'nar]
estágio (m)	etapa (f)	[e'tapa]
jurídico	jurídico (adj)	[χu'riðiko]
jurista (m)	jurista (m)	[χu'rista]

106. Produção. Trabalhos

usina (f)	planta (f)	['plʲanta]
fábrica (f)	fábrica (f)	['faβrika]
oficina (f)	taller (m)	[ta'jer]
local (m) de produção	planta (f) de producción	['plʲanta de proðuk'θjon]

indústria (f)	industria (f)	[in'dustria]
industrial	industrial (adj)	[indus'trjalʲ]
indústria (f) pesada	industria (f) pesada	[in'dustrja pe'saða]
indústria (f) ligeira	industria (f) ligera	[in'dustrja li'χera]

produção (f)	producción (f)	[proðuk'θjon]
produzir (vt)	producir (vt)	[proðu'θir]
matérias-primas (f pl)	materias (f pl) primas	[ma'terjas 'primas]

chefe (m) de brigada	jefe (m) de brigada	['χefe de bri'gaða]
brigada (f)	brigada (f)	[bri'gaða]
operário (m)	obrero (m)	[o'βrero]

dia (m) de trabalho	día (m) de trabajo	['dia de tra'βaχo]
pausa (f)	descanso (m)	[des'kanso]
reunião (f)	reunión (f)	[reu'njon]
discutir (vt)	discutir (vt)	[disku'tir]

plano (m)	plan (m)	[plʲan]
cumprir o plano	cumplir el plan	[kum'plir elʲ 'plʲan]
taxa (f) de produção	tasa (f) de producción	['tasa de proðuk'θjon]
qualidade (f)	calidad (f)	[kali'ðað]
controlo (m)	control (m)	[kon'trolʲ]
controlo (m) da qualidade	control (m) de calidad	[kon'trolʲ de kali'ðað]

segurança (f) no trabalho	seguridad (f) de trabajo	[seguri'ðað de tra'βaχo]
disciplina (f)	disciplina (f)	[diθi'plina]
infração (f)	infracción (f)	[iɱfrak'θjon]

violar (as regras)	violar, infringir (vt)	[bio'liar], [imfrin'xir]
greve (f)	huelga (f)	[u'eliga]
grevista (m)	huelguista (m)	[ueli'gista]
estar em greve	estar en huelga	[es'tar en u'eliga]
sindicato (m)	sindicato (m)	[sindi'kato]

inventar (vt)	inventar (vt)	[imben'tar]
invenção (f)	invención (f)	[imben'Əjon]
pesquisa (f)	investigación (f)	[imbestiga'θjon]
melhorar (vt)	mejorar (vt)	[meχo'rar]
tecnologia (f)	tecnología (f)	[teknolio'χia]
desenho (m) técnico	dibujo (m) técnico	[di'βuχo 'tekniko]

carga (f)	cargamento (m)	[karga'mento]
carregador (m)	cargador (m)	[karga'ðor]
carregar (vt)	cargar (vt)	[kar'gar]
carregamento (m)	carga (f)	['karga]
descarregar (vt)	descargar (vt)	[deskar'gar]
descarga (f)	descarga (f)	[des'ka·ga]

transporte (m)	transporte (m)	[trans'porte]
companhia (f) de transporte	compañía (f) de transporte	[kompa'njia de trans·porte]
transportar (vt)	transportar (vt)	[transpɔr'tar]

vagão (m) de carga	vagón (m)	[ba'ɣon]
cisterna (f)	cisterna (f)	[θis'terna]
camião (m)	camión (m)	[ka'mjon]

| máquina-ferramenta (f) | máquina (f) herramienta | ['makina era'mjenta] |
| mecanismo (m) | mecanismo (m) | [meka'nismo] |

resíduos (m pl) industriais	desperdicios (m pl)	[despe·'ðiθjos]
embalagem (f)	empaquetado (m)	[empake'taðo]
embalar (vt)	empaquetar (vt)	[empake'tar]

107. Contrato. Acordo

contrato (m)	contrato (m)	[kon'trato]
acordo (m)	acuerdo (m)	[aku'erðo]
adenda (f), anexo (m)	anexo (m)	[a'nekso]

assinar o contrato	firmar un contrato	[fir'mar un kon'trato]
assinatura (f)	firma (f)	['firma]
assinar (vt)	firmar (vt)	[fir'mar]
carimbo (m)	sello (m)	['sejo]

objeto (m) do contrato	objeto (m) del acuerdo	[oβ'χeto deli aku'erðo]
cláusula (f)	cláusula (f)	['kliausulia]
partes (f pl)	partes (f pl)	['partes]
morada (f) jurídica	domicilio (m) legal	[domi'θilio le'gali]

violar o contrato	violar el contrato	[bio'liar eli kon'trato]
obrigação (f)	obligación (f)	[oβliga'θjon]
responsabilidade (f)	responsabilidad (f)	[respo·isaβili'ðað]

97

força (f) maior	fuerza (f) mayor	[fu'erθa ma'jor]
litígio (m), disputa (f)	disputa (f)	[dis'puta]
multas (f pl)	penalidades (f pl)	[penali'ðaðes]

108. Importação & Exportação

importação (f)	importación (f)	[importa'θjon]
importador (m)	importador (m)	[importa'ðor]
importar (vt)	importar (vt)	[impor'tar]
de importação	de importación (adj)	[de importa'θjon]
exportação (f)	exportación (f)	[eksporta'θjon]
exportador (m)	exportador (m)	[eksporta'ðor]
exportar (vt)	exportar (vt)	[ekspor'tar]
de exportação	de exportación (adj)	[de eksporta'θjon]
mercadoria (f)	mercancía (f)	[merkan'θia]
lote (de mercadorias)	lote (m) de mercancías	['lʲote de merkan'θias]
peso (m)	peso (m)	['peso]
volume (m)	volumen (m)	[bo'lʲumen]
metro (m) cúbico	metro (m) cúbico	['metro 'kuβiko]
produtor (m)	productor (m)	[proðuk'tor]
companhia (f) de transporte	compañía (f) de transporte	[kompa'njia de trans'porte]
contentor (m)	contenedor (m)	[kontene'ðor]
fronteira (f)	frontera (f)	[fron'tera]
alfândega (f)	aduana (f)	[aðu'ana]
taxa (f) alfandegária	derechos (m pl) arancelarios	[de'retʃos aranθe'lʲarios]
funcionário (m) da alfândega	aduanero (m)	[aðua'nero]
contrabando (atividade)	contrabandismo (m)	[kontraβan'dismo]
contrabando (produtos)	contrabando (m)	[kontra'βando]

109. Finanças

ação (f)	acción (f)	[ak'θjon]
obrigação (f)	bono (m), obligación (f)	['bono], [oβliga'θjon]
nota (f) promissória	letra (f) de cambio	['letra de 'kambio]
bolsa (f)	bolsa (f)	['bolʲsa]
cotação (m) das ações	cotización (f) de valores	[kotiθa'θjon de ba'lʲores]
tornar-se mais barato	abaratarse (vr)	[aβar'tarse]
tornar-se mais caro	encarecerse (vr)	[eŋkare'θerse]
parte (f)	parte (f)	['parte]
participação (f) maioritária	interés (m) mayoritario	[inte'res majori'tario]
investimento (m)	inversiones (f pl)	[imber'sjones]
investir (vt)	invertir (vi, vt)	[imber'tir]
percentagem (f)	porcentaje (m)	[porθen'taχe]

juros (m pl)	interés (m)	[inte'res]
lucro (m)	beneficio (m)	[bene'fiɟio]
lucrativo	beneficioso (adj)	[benefi'ɟjoso]
imposto (m)	impuesto (m)	[impu'esto]
divisa (f)	divisa (f)	[di'βisa]
nacional	nacional (adj)	[naθjo'nalʲ]
câmbio (m)	cambio (m)	['kambiɔ]
contabilista (m)	contable (m)	[kon'taβle]
contabilidade (f)	contaduría (f)	[kontaðu'ria]
bancarrota (f)	bancarrota (f)	[baŋka'ʰota]
falência (f)	quiebra (f)	['kjeβra]
ruína (f)	ruina (f)	[ru'ina]
arruinar-se (vr)	arruinarse (vr)	[arui'narse]
inflação (f)	inflación (f)	[imflʲa'ɛjon]
desvalorização (f)	devaluación (f)	[deβalʲua'θjon]
capital (m)	capital (m)	[kapi'taɫ]
rendimento (m)	ingresos (m pl)	[in'gresos]
volume (m) de negócios	volumen (m) de negocio	[bo'lʲumen de ne'goɛio]
recursos (m pl)	recursos (m pl)	[re'kursos]
recursos (m pl) financeiros	recursos (m pl) monetarios	[re'kursos mone'tarjos]
despesas (f pl) gerais	gastos (m pl) accesorios	['gastos akθe'sorjos]
reduzir (vt)	reducir (vt)	[reðu'θ r]

110. Marketing

marketing (m)	mercadotecnia (f)	[merkaðo'teknia]
mercado (m)	mercado (m)	[mer'kɛðo]
segmento (m) do mercado	segmento (m) del mercado	[seɣ'mento delʲ mer'ʲaðo]
produto (m)	producto (m)	[pro'ðuʲto]
mercadoria (f)	mercancía (f)	[merkan'θia]
marca (f)	marca (f)	['markɐ]
marca (f) comercial	marca (f) comercial	['marka komer'θjalʲ]
logotipo (m)	logotipo (m)	[lʲogo'tipo]
logo (m)	logo (m)	['lʲogo]
demanda (f)	demanda (f)	[de'manda]
oferta (f)	oferta (f)	[o'ferta]
necessidade (f)	necesidad (f)	[neθesi'ðað]
consumidor (m)	consumidor (m)	[konsumi'ðor]
análise (f)	análisis (m)	[a'nalisis]
analisar (vt)	analizar (vt)	[anali'ɛar]
posicionamento (m)	posicionamiento (m)	[posiθjɔna'mjento]
posicionar (vt)	posicionar (vt)	[posiθjɔ'nar]
preço (m)	precio (m)	['preθiɔ]
política (f) de preços	política (f) de precios	[po'litiʲa de 'preθjos]
formação (f) de preços	formación (f) de precios	[forma θjon de 'preɛjos]

111. Publicidade

publicidade (f)	publicidad (f)	[puβliθi'ðað]
publicitar (vt)	publicitar (vt)	[puβliθi'tar]
orçamento (m)	presupuesto (m)	[presu̞pu'esto]

anúncio (m) publicitário	anuncio (m)	[a'nunθio]
publicidade (f) televisiva	publicidad (f) televisiva	[puβliθi'ðað teleβi'siβa]
publicidade (f) na rádio	publicidad (f) radiofónica	[puβliθi'ðað raðjo'fonika]
publicidade (f) exterior	publicidad (f) exterior	[puβliθi'ðað ekste'rjor]

comunicação (f) de massa	medios (m pl) de comunicación de masas	['meðjos de komunika'θjon de 'masas]
periódico (m)	periódico (m)	[pe'rjoðiko]
imagem (f)	imagen (f)	[i'maχen]

slogan (m)	consigna (f)	[kon'signa]
mote (m), divisa (f)	divisa (f)	[di'βisa]

campanha (f)	campaña (f)	[kam'panja]
companha (f) publicitária	campaña (f) publicitaria	[kam'panja puβliθi'taria]
grupo (m) alvo	auditorio (m) objetivo	[auði'torio oβχe'tiβo]

cartão (m) de visita	tarjeta (f) de visita	[tar'χeta de bi'sita]
flyer (m)	prospecto (m)	[pros'pekto]
brochura (f)	folleto (m)	[fo'jeto]
folheto (m)	panfleto (m)	[pamˈfleto]
boletim (~ informativo)	boletín (m)	[bole'tin]

letreiro (m)	letrero (m)	[le'trero]
cartaz, póster (m)	pancarta (f)	[paŋ'karta]
painel (m) publicitário	valla (f) publicitaria	['baja puβliθi'taria]

112. Banca

banco (m)	banco (m)	['baŋko]
sucursal, balcão (f)	sucursal (f)	[sukur'salʲ]

consultor (m)	consultor (m)	[konsulʲ'tor]
gerente (m)	gerente (m)	[χe'rente]

conta (f)	cuenta (f)	[ku'enta]
número (m) da conta	numero (m) de la cuenta	['numero de lʲa ku'enta]
conta (f) corrente	cuenta (f) corriente	[ku'enta ko'rjente]
conta (f) poupança	cuenta (f) de ahorros	[ku'enta de a'oros]

abrir uma conta	abrir una cuenta	[a'βrir una ku'enta]
fechar uma conta	cerrar la cuenta	[θe'rar lʲa ku'enta]
depositar na conta	ingresar en la cuenta	[ingre'sar en lʲa ku'enta]
levantar (vt)	sacar de la cuenta	[sa'kar de lʲa ku'enta]

depósito (m)	depósito (m)	[de'posito]
fazer um depósito	hacer un depósito	[a'θer un de'posito]

| transferência (f) bancária | giro (m) | ['χiro] |
| transferir (vt) | hacer un giro | [a'θer un 'χiro] |

| soma (f) | suma (f) | ['suma] |
| Quanto? | ¿Cuánto? | [ku'anto] |

| assinatura (f) | firma (f) | ['firma] |
| assinar (vt) | firmar (vt) | [fir'mar] |

cartão (m) de credito	tarjeta (f) de crédito	[tar'χeta de 'kreðito]
código (m)	código (m)	['koðigo]
número (m)	número (m)	['numero
do cartão de crédito	de tarjeta de crédito	de tar'χeta de 'kreðito]
Caixa Multibanco (m)	cajero (m) automático	[ka'χero auto'matiko]

cheque (m)	cheque (m)	['tʃeke]
passar um cheque	sacar un cheque	[sa'kar un 'tʃeke]
livro (m) de cheques	talonario (m)	[talio'nario]

empréstimo (m)	crédito (m)	['kreðito]
pedir um empréstimo	pedir el crédito	[pe'ðir ɘli 'kreðito]
obter um emprestimo	obtener un crédito	[oβte'ner un 'kreðito]
conceder um empréstimo	conceder un crédito	[konθe'ðer un 'kreðito]
garantia (f)	garantía (f)	[garan tia]

113. Telefone. Conversação telefónica

telefone (m)	teléfono (m)	[te'lefono]
telemóvel (m)	teléfono (m) móvil	[te'lefono 'moβili]
secretária (f) electrónica	contestador (m)	[kontesta'ðor]

| fazer uma chamada | llamar, telefonear | [ja'mar], [telefone'ar] |
| chamada (f) | llamada (f) | [ja'maða] |

marcar um número	marcar un número	[mar'kar un 'numero]
Alô!	¿Sí?, ¿Dígame?	[si], ['digame]
perguntar (vt)	preguntar (vt)	[pregun'tar]
responder (vt)	responder (vi, vt)	[respon'der]

ouvir (vt)	oír (vt)	[o'ir]
bem	bien (adv)	[bjen]
mal	mal (adv)	[mali]
ruído (m)	ruidos (m pl)	[ru'iðos]

auscultador (m)	auricular (m)	[auriku'liar]
pegar o telefore	descolgar (vt)	[deskoli'gar]
desligar (vi)	colgar el auricular	[koli'gar eli auriku'liɛr]
ocupado	ocupado (adj)	[oku'paðo]
tocar (vi)	sonar (vi)	[so'nar]
lista (f) telefónica	guía (f) de teléfonos	['gia dɘ te'lefonos]

local	local (adj)	[lio'kali]
chamada (f) local	llamada (f) local	[ja'maða lio'kali]
de longa distância	de larga distancia	[de 'liɛrga dis'tanθia]

chamada (f) de longa distância	llamada (f) de larga distancia	[ja'maða de 'ʎarga dis'tanθia]
internacional	internacional (adj)	[internaθjo'nalʲ]
chamada (f) internacional	llamada (f) internacional	[ja'maða internaθjo'nalʲ]

114. Telefone móvel

telemóvel (m)	teléfono (m) móvil	[te'lefono 'moβilʲ]
ecrã (m)	pantalla (f)	[pan'taja]
botão (m)	botón (m)	[bo'ton]
cartão SIM (m)	tarjeta SIM (f)	[tar' xeta sim]

bateria (f)	pila (f)	['pilʲa]
descarregar-se	descargarse (vr)	[deskar'garse]
carregador (m)	cargador (m)	[karga'ðor]

menu (m)	menú (m)	[me'nu]
definições (f pl)	preferencias (f pl)	[prefe'renθias]
melodia (f)	melodía (f)	[melʲo'ðia]
escolher (vt)	seleccionar (vt)	[selekθjo'nar]

calculadora (f)	calculadora (f)	[kalʲkulʲa'ðora]
correio (m) de voz	contestador (m)	[kontesta'ðor]
despertador (m)	despertador (m)	[desperta'ðor]
contatos (m pl)	contactos (m pl)	[kon'taktos]

| mensagem (f) de texto | mensaje (m) de texto | [men'saxe de 'teksto] |
| assinante (m) | abonado (m) | [aβo'naðo] |

115. Estacionário

| caneta (f) | bolígrafo (m) | [bo'liɣrafo] |
| caneta (f) tinteiro | pluma (f) estilográfica | ['plʲuma estilʲo'ɣrafika] |

lápis (m)	lápiz (m)	['ʎapiθ]
marcador (m)	marcador (m)	[marka'ðor]
caneta (f) de feltro	rotulador (m)	[rotulʲa'ðor]

| bloco (m) de notas | bloc (m) de notas | ['blʲok de 'notas] |
| agenda (f) | agenda (f) | [a'xenda] |

régua (f)	regla (f)	['reɣlʲa]
calculadora (f)	calculadora (f)	[kalʲkulʲa'ðora]
borracha (f)	goma (f) de borrar	['goma de bo'rar]

| pionés (m) | chincheta (f) | [tʃin'tʃeta] |
| clipe (m) | clip (m) | [klip] |

cola (f)	cola (f), pegamento (m)	['kolʲa], [pega'mento]
agrafador (m)	grapadora (f)	[grapa'ðora]
furador (m)	perforador (m)	[perfora'ðor]
afia-lápis (m)	sacapuntas (m)	[saka'puntas]

116. Vários tipos de documentos

relatório (m)	informe (m)	[im'forme]
acordo (m)	acuerdo (m)	[aku'erðo]
ficha (f) de inscrição	formulario (m) de solicitud	[formu'lario de soliθi'tuð]
autêntico	auténtico (adj)	[au'tenfiko]
crachá (m)	tarjeta (f)	[tar'χeta]
cartão (m) de visita	tarjeta (f) de visita	[tar'χeta de bi'sita]
certificado (m)	certificado (m)	[θertifi'kaðo]
cheque (m)	cheque (m)	['tʃeke]
conta (f)	cuenta (f)	[ku'enta]
constituição (f)	constitución (f)	[konstitu'θjon]
contrato (m)	contrato (m)	[kon'trato]
cópia (f)	copia (f)	['kopia]
exemplar (m)	ejemplar (m)	[eχemp'lar]
declaração (f) alfandegária	declaración (f) de aduana	[dekl'ara'θjon de aðu'ana]
documento (m)	documento (m)	[doku'mento]
carta (f) de condução	permiso (m) de conducir	[per'miso de kondu'θir]
adenda (ao contrato)	anexo (m)	[a'nekso]
questionário (m)	cuestionario (m)	[kuestjo'nario]
bilhete (m) de identidade	carnet (m) de identidad	[karnet de iðenti'ðað]
inquérito (m)	solicitud (f) de información	[soliθi'tuð de imforma'θjon]
convite (m)	tarjeta (f) de invitación	[tar'χeta de imbita'θjon]
fatura (f)	factura (f)	[fak'tura]
lei (f)	ley (f)	[lej]
carta (correio)	carta (f)	['karta]
papel (m) timbrado	hoja (f) membretada	['oχa mem'bretaða]
lista (f)	lista (f)	['lista]
manuscrito (m)	manuscrito (m)	[manus'krito]
boletim (~ informativo)	boletín (m)	[bole'tin]
bilhete (mensagem breve)	nota (f)	['nota]
passe (m)	pase (m)	['pase]
passaporte (m)	pasaporte (m)	[pasa'porte]
permissão (f)	permiso (m)	[per'miso]
CV, currículo (m)	curriculum vitae (m)	[ku'rikulum bi'tae]
vale (nota promissória)	pagaré (m)	[paga're]
recibo (m)	recibo (m)	[re'θiβo]
talão (f)	ticket (m) de compra	[ti'ket ce 'kompra]
relatório (m)	informe (m)	[im'forme]
mostrar (vt)	presentar (vt)	[presen'tar]
assinar (vt)	firmar (vt)	[fir'mar]
assinatura (f)	firma (f)	['firma]
carimbo (m)	sello (m)	['sejo]
texto (m)	texto (m)	['teksto]
bilhete (m)	billete (m)	[bi'jete]
riscar (vt)	tachar (vt)	[ta'tʃar]
preencher (vt)	rellenar (vt)	[reʎe'nar]

guia (f) de remessa	guía (f) de embarque	['gia de em'barke]
testamento (m)	testamento (m)	[testa'mento]

117. Tipos de negócios

serviços (m pl) de contabilidade	contabilidad (f)	[konta βili'ðað]
publicidade (f)	publicidad (f)	[pu βliθi'ðað]
agência (f) de publicidade	agencia (f) de publicidad	[a'χenθja de pu βliθi'ðað]
ar (m) condicionado	climatizadores (m pl)	[klimatiθa'ðores]
companhia (f) aérea	compañía (f) aérea	[kompa'njia a'erea]
bebidas (f pl) alcoólicas	bebidas (f pl) alcohólicas	[be'βiðas alʲko'olikas]
comércio (m) de antiguidades	antigüedad (f)	[antiχue'ðað]
galeria (f) de arte	galería (f) de arte	[gale'ria de 'arte]
serviços (m pl) de auditoria	servicios (m pl) de auditoría	[ser'βiθjos de auðito'ria]
negócios (m pl) bancários	negocio (m) bancario	[ne'goθjo baŋ'kario]
bar (m)	bar (m)	[bar]
salão (m) de beleza	salón (m) de belleza	[sa'lʲon de be'jeθa]
livraria (f)	librería (f)	[li βre'ria]
cervejaria (f)	fábrica (f) de cerveza	['faβrika de θer'βeθa]
centro (m) de escritórios	centro (m) de negocios	['θentro de ne'goθjos]
escola (f) de negócios	escuela (f) de negocios	[esku'elʲa de ne'goθjos]
casino (m)	casino (m)	[ka'sino]
construção (f)	construcción (f)	[konstruk'θjon]
serviços (m pl) de consultoria	consultoría (f)	[konsulʲto'ria]
estomatologia (f)	estomatología (f)	[estomatolʲo'χia]
design (m)	diseño (m)	[di'senjo]
farmácia (f)	farmacia (f)	[far'maθia]
lavandaria (f)	tintorería (f)	[tintore'ria]
agência (f) de emprego	agencia (f) de empleo	[a'χenθja de em'pleo]
serviços (m pl) financeiros	servicios (m pl) financieros	[ser'βiθjos finan'θjeros]
alimentos (m pl)	productos alimenticios	[pro'ðuktos alimen'tiθjos]
agência (f) funerária	funeraria (f)	[fune'raria]
mobiliário (m)	muebles (m pl)	[mu'eβles]
roupa (f)	ropa (f)	['ropa]
hotel (m)	hotel (m)	[o'telʲ]
gelado (m)	helado (m)	[e'lʲaðo]
indústria (f)	industria (f)	[in'dustria]
seguro (m)	seguro (m)	[se'guro]
internet (f)	internet (m), red (f)	[inter'net], [reð]
investimento (m)	inversiones (f pl)	[imber'sjones]
joalheiro (m)	joyero (m)	[χo'jero]
joias (f pl)	joyería (f)	[χoje'ria]
lavandaria (f)	lavandería (f)	[lʲaβande'ria]
serviços (m pl) jurídicos	asesoría (f) jurídica	[aseso'ria χu'riðika]
indústria (f) ligeira	industria (f) ligera	[in'dustrja li'χera]
revista (f)	revista (f)	[re'βista]

vendas (f pl) por catálogo	venta (f) por catálogo	['benta ɔor ka'talᵒogo]
medicina (f)	medicina (f)	[meði'θ na]
cinema (m)	cine (m)	['θine]
museu (m)	museo (m)	[mu'seo]
agência (f) de notícias	agencia (f) de información	[a'xenθ a de iɱforma'θjon]
jornal (m)	periódico (m)	[pe'rjoðiko]
clube (m) noturno	club (m) nocturno	[klᵘuβ nɔk'turno]
petróleo (m)	petróleo (m)	[pe'troleo]
serviço (m) de encomendas	servicio (m) de entrega	[ser'βiθ o de en'trega]
indústria (f) farmacêutica	industria (f) farmacéutica	[in'dustʲja farma'θeuᴛika]
poligrafia (f)	poligrafía (f)	[poliɣra'fia]
editora (f)	editorial (f)	[eðito'rʲalʲ]
rádio (m)	radio (f)	['raðio]
imobiliário (m)	inmueble (m)	[inmu'eβle]
restaurante (m)	restaurante (m)	[restau rante]
empresa (f) de segurança	agencia (f) de seguridad	[a'xenθja de seguri'ðað]
desporto (m)	deporte (m)	[de'porᴇ e]
bolsa (f)	bolsa (f) de comercio	['bol�sa de ko'merθio]
loja (f)	tienda (f)	['tjenda]
supermercado (ᴛ)	supermercado (m)	[superᴍer'kaðo]
piscina (f)	piscina (f)	[pi'θina]
alfaiataria (f)	taller (m)	[ta'jer]
televisão (f)	televisión (f)	[teleβi'θjon]
teatro (m)	teatro (m)	[te'atroᴉ]
comércio (ativicade)	comercio (m)	[ko'merθio]
serviços (m pl) de transporte	servicios de transporte	[ser'βiᴇjos de trans'porte]
viagens (f pl)	turismo (m)	[tu'risᴍo]
veterinário (m)	veterinario (m)	[beteri'ᴉario]
armazém (m)	almacén (m)	[alᵎma'θen]
recolha (f) do lixo	recojo (m) de basura	[re'koχɔ de ba'sura]

Emprego. Negócios. Parte 2

118. Espetáculo. Feira

feira (f)	exposición (f)	[eksposi'θjon]
feira (f) comercial	feria (f) comercial	['ferja komer'θjalʲ]
participação (f)	participación (f)	[partiθipa'θjon]
participar (vi)	participar (vi)	[partiθi'par]
participante (m)	participante (m)	[partiθi'pante]
diretor (m)	director (m)	[direk'tor]
direção (f)	dirección (f)	[direk'θjon]
organizador (m)	organizador (m)	[organiθa'ðor]
organizar (vt)	organizar (vt)	[organi'θar]
ficha (f) de inscrição	solicitud (f) de participación	[soliθi'tuð de partiθipa'θjon]
preencher (vt)	rellenar (vt)	[reje'nar]
detalhes (m pl)	detalles (m pl)	[de'tajes]
informação (f)	información (f)	[iɱforma'θjon]
preço (m)	precio (m)	['preθio]
incluindo	incluso (adj)	[iŋk'lʲuso]
incluir (vt)	incluir (vt)	[iŋklʲu'ir]
pagar (vt)	pagar (vi, vt)	[pa'gar]
taxa (f) de inscrição	cuota (f) de registro	[ku'ota de re'χistro]
entrada (f)	entrada (f)	[en'traða]
pavilhão (m)	pabellón (m)	[paβe'jon]
inscrever (vt)	registrar (vt)	[reχis'trar]
crachá (m)	tarjeta (f)	[tar'χeta]
stand (m)	stand (m) de feria	[stand de 'feria]
reservar (vt)	reservar (vt)	[reser'βar]
vitrina (f)	vitrina (f)	[bi'trina]
foco, spot (m)	lámpara (f)	['lʲampara]
design (m)	diseño (m)	[di'senjo]
pôr, colocar (vt)	poner (vt)	[po'ner]
ser colocado, -a	situarse (vr)	[situ'arse]
distribuidor (m)	distribuidor (m)	[distriβui'ðor]
fornecedor (m)	proveedor (m)	[proβee'ðor]
fornecer (vt)	suministrar (vt)	[suminis'trar]
país (m)	país (m)	[pa'is]
estrangeiro	extranjero (adj)	[ekstran'χero]
produto (m)	producto (m)	[pro'ðukto]
associação (f)	asociación (f)	[asoθja'θjon]

sala (f) de conferências   **sala** (f) **de conferencias**   ['salʲa de komfe'renθias]
congresso (m)   **congreso** (m)   [kon'grəso]
concurso (m)   **concurso** (m)   [ko'ŋkᴜrso]

visitante (m)   **visitante** (m)   [bisi'tante]
visitar (vt)   **visitar** (vt)   [bisi'taɪ]
cliente (m)   **cliente** (m)   [kli'ente]

119. Media

jornal (m)   **periódico** (m)   [pe'rjoðiko]
revista (f)   **revista** (f)   [re'βista]
imprensa (f)   **prensa** (f)   ['prensa]
rádio (m)   **radio** (f)   ['raðio]
estação (f) de radio   **estación** (f) **de radio**   [esta'θjon de 'raðio]
televisão (f)   **televisión** (f)   [teleβi'Əjon]

apresentador (n)   **presentador** (m)   [presenta'ðor]
locutor (m)   **presentador** (m) **de noticias**   [presenta'ðor de no tiθias]
comentador (m)   **comentarista** (m)   [komenta'rista]

jornalista (m)   **periodista** (m)   [perjo'ðista]
correspondente (m)   **corresponsal** (m)   [koresɔon'salʲ]
repórter (m) fotográfico   **corresponsal** (m) **fotográfico**   [koresɔon'salʲ foto'ɣrafiko]
repórter (m)   **reportero** (m)   [repor'tero]

redator (m)   **redactor** (m)   [reðak tor]
redator-chefe (m)   **redactor jefe** (m)   [reðak tor 'χefe]

assinar a ...   **suscribirse** (vr)   [suskr'βirse]
assinatura (f)   **suscripción** (f)   [suskr p'θjon]
assinante (m)   **suscriptor** (m)   [suskr p'tor]
ler (vt)   **leer** (vi, vt)   [le'er]
leitor (m)   **lector** (m)   [lek'to]

tiragem (f)   **tirada** (f)   [ti'raða]
mensal   **mensual** (adj)   [mensu'alʲ]
semanal   **semanal** (adj)   [sema'nalʲ]
número (jornal, revista)   **número** (m)   ['numero]
recente   **nuevo** (adj)   [nu'eβo]

manchete (f)   **titular** (m)   [titu'lʲɛr]
pequeno artigo (m)   **noticia** (f)   [no'tiθia]
coluna (~ semanal)   **columna** (f)   [ko'lʲumna]
artigo (m)   **artículo** (m)   [ar'tikulʲo]
página (f)   **página** (f)   ['paχina]

reportagem (f)   **reportaje** (m)   [repor'taχe]
evento (m)   **evento** (m)   [e'βer to]
sensação (f)   **sensación** (f)   [sensa'θjon]
escândalo (m)   **escándalo** (m)   [es'kandalʲo]
escandaloso   **escandaloso** (adj)   [eskanda'lʲoso]
grande   **gran** (adj)   [gran]
programa (m) ce TV   **emisión** (f)   [emi'sjon]

entrevista (f)	entrevista (f)	[entre'βista]
transmissão (f) em direto	transmisión (f) en vivo	[transmi'θjon en 'biβo]
canal (m)	canal (m)	[ka'nalʲ]

120. Agricultura

agricultura (f)	agricultura (f)	[aɣrikulʲ'tura]
camponês (m)	campesino (m)	[kampe'sino]
camponesa (f)	campesina (f)	[kampe'sina]
agricultor (m)	granjero (m)	[gran'χero]

| trator (m) | tractor (m) | [trak'tor] |
| ceifeira-debulhadora (f) | cosechadora (f) | [koseʧa'ðora] |

arado (m)	arado (m)	[a'raðo]
arar (vt)	arar (vi, vt)	[a'rar]
campo (m) lavrado	labrado (m)	[lʲa'βraðo]
rego (m)	surco (m)	['surko]

semear (vt)	sembrar (vi, vt)	[sem'brar]
semeadora (f)	sembradora (f)	[sembra'ðora]
semeadura (f)	siembra (f)	['sjembra]

| gadanha (f) | guadaña (f) | [gua'ðanja] |
| gadanhar (vt) | segar (vi, vt) | [se'gar] |

| pá (f) | pala (f) | ['palʲa] |
| cavar (vt) | layar (vt) | [lʲa'jar] |

enxada (f)	azada (f)	[a'θaða]
carpir (vt)	sachar, escardar	[sa'ʧar], [eskar'ðar]
erva (f) daninha	mala hierba (f)	['malʲa 'jerβa]

regador (m)	regadera (f)	[rega'ðera]
regar (vt)	regar (vt)	[re'gar]
rega (f)	riego (m)	['rjego]

| forquilha (f) | horquilla (f) | [or'kija] |
| ancinho (m) | rastrillo (m) | [ras'trijo] |

fertilizante (m)	fertilizante (m)	[fertili'θante]
fertilizar (vt)	abonar (vt)	[aβo'nar]
estrume (m)	estiércol (m)	[es'tjerkolʲ]

campo (m)	campo (m)	['kampo]
prado (m)	prado (m)	['praðo]
horta (f)	huerta (f)	[u'erta]
pomar (m)	jardín (m)	[χar'ðin]

pastar (vt)	pacer (vt)	[pa'θer]
pastor (m)	pastor (m)	[pas'tor]
pastagem (f)	pastadero (m)	[pasta'ðero]
pecuária (f)	ganadería (f)	[ganaðe'ria]
criação (f) de ovelhas	cría (f) de ovejas	['kria de o'βeχas]

plantação (f)	plantación (f)	[plʲantaˈθjon]
canteiro (m)	hilera (f)	[iˈlera]
invernadouro (m)	invernadero (m)	[imbernaˈðero]
seca (f)	sequía (f)	[seˈkia]
seco (verão ~)	seco, árido (adj)	[ˈseko], [ˈariðo]
cereal (m)	grano (m)	[ˈgrano]
cereais (m pl)	cereales (m pl)	[θereˈaləs]
colher (vt)	recolectar (vt)	[rekoleḱˈtar]
moleiro (m)	molinero (m)	[moliˈnɛro]
moinho (m)	molino (m)	[moˈlinc]
moer (vt)	moler (vt)	[moˈler]
farinha (f)	harina (f)	[aˈrina]
palha (f)	paja (f)	[ˈpaχa]

121. Construção. Processo de construção

canteiro (m) de obras	obra (f)	[ˈoβra]
construir (vt)	construir (vt)	[konstruˈir]
construtor (m)	albañil (m)	[alʲβaˈnʲ ilʲ]
projeto (m)	proyecto (m)	[proˈjekto]
arquiteto (m)	arquitecto (m)	[arkiˈtekto]
operário (m)	obrero (m)	[oˈβrerə]
fundação (f)	cimientos (m pl)	[θiˈmjentos]
telhado (m)	techo (m)	[ˈtetʃo]
estaca (f)	pila (f) de cimentación	[ˈpilʲa də θimentaˈθjon]
parede (f)	muro (m)	[ˈmuro]
varões (m pl) para betão	armadura (f)	[armaˈðura]
andaime (m)	andamio (m)	[anˈdaⁿio]
betão (m)	hormigón (m)	[ormiˈɣɔn]
granito (m)	granito (m)	[graˈnitɔ]
pedra (f)	piedra (f)	[ˈpjeðra]
tijolo (m)	ladrillo (m)	[lʲaˈðrijo]
areia (f)	arena (f)	[aˈrena]
cimento (m)	cemento (m)	[θeˈmento]
emboço (m)	estuco (m)	[esˈtukɔ]
emboçar (vt)	estucar (vt)	[estuˈkar]
tinta (f)	pintura (f)	[pinˈtura]
pintar (vt)	pintar (vt)	[pinˈtar]
barril (m)	barril (m)	[baˈrilʲ]
grua (f), guindaste (m)	grúa (f)	[ˈgrua]
erguer (vt)	levantar (vt)	[leβanˈtar]
baixar (vt)	bajar (vt)	[baˈχar]
buldózer (m)	bulldózer (m)	[bulʲˈðoθer]
escavadora (f)	excavadora (f)	[ekskaβaˈðora]

caçamba (f)	cuchara (f)	[ku'tʃara]
escavar (vt)	cavar (vt)	[ka'βar]
capacete (m) de proteção	casco (m)	['kasko]

122. Ciência. Investigação. Cientistas

ciência (f)	ciencia (f)	['θjenθia]
científico	científico (adj)	[θjen'tifiko]
cientista (m)	científico (m)	[θjen'tifiko]
teoria (f)	teoría (f)	[teo'ria]
axioma (m)	axioma (m)	[aksi'oma]
análise (f)	análisis (m)	[a'nalisis]
analisar (vt)	analizar (vt)	[anali'θar]
argumento (m)	argumento (m)	[argu'mento]
substância (f)	sustancia (f)	[sus'tanθia]
hipótese (f)	hipótesis (f)	[i'potesis]
dilema (m)	dilema (m)	[di'lema]
tese (f)	tesis (f) de grado	['tesis de 'graðo]
dogma (m)	dogma (m)	['doɣma]
doutrina (f)	doctrina (f)	[dok'trina]
pesquisa (f)	investigación (f)	[imbestiga'θjon]
pesquisar (vt)	investigar (vt)	[imbesti'gar]
teste (m)	prueba (f)	[pru'eβa]
laboratório (m)	laboratorio (m)	[lʲaβora'torio]
método (m)	método (m)	['metoðo]
molécula (f)	molécula (f)	[mo'lekulʲa]
monitoramento (m)	seguimiento (m)	[segi'mjento]
descoberta (f)	descubrimiento (m)	[deskuβri'mjento]
postulado (m)	postulado (m)	[postu'lʲaðo]
princípio (m)	principio (m)	[prin'θipio]
prognóstico (previsão)	pronóstico (m)	[pro'nostiko]
prognosticar (vt)	pronosticar (vt)	[pronosti'kar]
síntese (f)	síntesis (f)	['sintesis]
tendência (f)	tendencia (f)	[ten'denθia]
teorema (m)	teorema (m)	[teo'rema]
ensinamentos (m pl)	enseñanzas (f pl)	[ense'njanθas]
facto (m)	hecho (m)	['etʃo]
expedição (f)	expedición (f)	[ekspeði'θjon]
experiência (f)	experimento (m)	[eksperi'mento]
académico (m)	académico (m)	[aka'ðemiko]
bacharel (m)	bachiller (m)	[batʃi'jer]
doutor (m)	doctorado (m)	[dokto'raðo]
docente (m)	docente (m)	[do'θente]
mestre (m)	Master (m)	['master]
professor (m) catedrático	profesor (m)	[profe'sor]

Profissões e ocupações

123. Procura de emprego. Demissão

trabalho (m)	**trabajo** (m)	[tra'βaχɒ]
equipa (f)	**empleados** (pl)	[emple'aðos]
pessoal (m)	**personal** (m)	[perso'nalʲ]
carreira (f)	**carrera** (f)	[ka'rerɐ]
perspetivas (f pl)	**perspectiva** (f)	[perspɛk'tiβa]
mestria (f)	**maestría** (f)	[maes'tɾia]
seleção (f)	**selección** (f)	[selek'Ɛjon]
agência (f) de emprego	**agencia** (f) **de empleo**	[a'χenθja de em'pleɔ]
CV, currículo (m	**curriculum vitae** (m)	[ku'riku ʲum bi'tae]
entrevista (f) de emprego	**entrevista** (f)	[entre'ɕista]
vaga (f)	**vacancia** (f)	[ba'kanθia]
salário (m)	**salario** (m)	[sa'lʲarjɔ]
salário (m) fixo	**salario** (m) **fijo**	[sa'lʲarjɔ 'fiχo]
pagamento (m)	**remuneración** (f)	[remunɐra'θjon]
posto (m)	**puesto** (m)	[pu'estɔ]
dever (do empregado)	**deber** (m)	[de'βerⱼ
gama (f) de deveres	**gama** (f) **de deberes**	['gama de de'βeres]
ocupado	**ocupado** (adj)	[oku'pɐðo]
despedir, demitir (vt)	**despedir** (vt)	[despe ðir]
demissão (f)	**despido** (m)	[des'piðo]
desemprego (m;	**desempleo** (m)	[desem'pleo]
desempregado (m)	**desempleado** (m)	[desemple'aðo]
reforma (f)	**jubilación** (f)	[χuβilʲaᵈθjon]
reformar-se	**jubilarse** (vr)	[χuβi'lʲarse]

124. Gente de negócios

diretor (m)	**director** (m)	[direk'tɔr]
gerente (m)	**gerente** (m)	[χe'rerⱼte]
patrão, chefe (m)	**jefe** (m)	['χefe]
superior (m)	**superior** (m)	[supe'rjor]
superiores (m pl;	**superiores** (m pl)	[supe'rjores]
presidente (m)	**presidente** (m)	[presi'ðente]
presidente (m) c e direção	**presidente** (m)	[presi'ðente]
substituto (m)	**adjunto** (m)	[að'χunto]
assistente (m)	**asistente** (m)	[asis'tente]

secretário (m)	secretario (m), secretaria (f)	[sekre'tario], [sekre'taria]
secretário (m) pessoal	secretario (m) particular	[sekre'tarjo partiku'lʲar]
homem (m) de negócios	hombre (m) de negocios	['ombre de ne'goθjos]
empresário (m)	emprendedor (m)	[emprende'ðor]
fundador (m)	fundador (m)	[funda'ðor]
fundar (vt)	fundar (vt)	[fun'dar]
fundador, sócio (m)	institutor (m)	[institu'tor]
parceiro, sócio (m)	socio (m)	['soθio]
acionista (m)	accionista (m)	[akθjo'nista]
milionário (m)	millonario (m)	[mijo'nario]
bilionário (m)	multimillonario (m)	[mulʲti·mijo'nario]
proprietário (m)	propietario (m)	[propje'tario]
proprietário (m) de terras	terrateniente (m)	[tera·te'njente]
cliente (m)	cliente (m)	[kli'ente]
cliente (m) habitual	cliente (m) habitual	[kli'ente aβitu'alʲ]
comprador (m)	comprador (m)	[kompra'ðor]
visitante (m)	visitante (m)	[bisi'tante]
profissional (m)	profesional (m)	[profesjo'nalʲ]
perito (m)	experto (m)	[eks'perto]
especialista (m)	especialista (m)	[espeθja'lista]
banqueiro (m)	banquero (m)	[baŋ'kero]
corretor (m)	broker (m)	['broker]
caixa (m, f)	cajero (m)	[ka'χero]
contabilista (m)	contable (m)	[kon'taβle]
guarda (m)	guardia (m) de seguridad	[gu'arðja de seguri'ðað]
investidor (m)	inversionista (m)	[imbersjo'nista]
devedor (m)	deudor (m)	[deu'ðor]
credor (m)	acreedor (m)	[akree'ðor]
mutuário (m)	prestatario (m)	[presta'tario]
importador (m)	importador (m)	[importa'ðor]
exportador (m)	exportador (m)	[eksporta'ðor]
produtor (m)	productor (m)	[proðuk'tor]
distribuidor (m)	distribuidor (m)	[distriβui'ðor]
intermediário (m)	intermediario (m)	[interme'ðjario]
consultor (m)	asesor (m)	[ase'sor]
representante (m)	representante (m)	[represen'tante]
agente (m)	agente (m)	[a'χente]
agente (m) de seguros	agente (m) de seguros	[a'χente de se'guros]

125. Profissões de serviços

cozinheiro (m)	cocinero (m)	[koθi'nero]
cozinheiro chefe (m)	jefe (m) de cocina	['χefe de ko'θina]

padeiro (m)	panadero (m)	[pana'ðero]
barman (m)	barman (m)	['barmɛn]
empregado (m) de mesa	camarero (m)	[kama'rero]
empregada (f) de mesa	camarera (f)	[kama'rera]

advogado (m)	abogado (m)	[aβo'gɛðo]
jurista (m)	jurista (m)	[χu'rista]
notário (m)	notario (m)	[no'tario]

eletricista (m)	electricista (m)	[elektri'θista]
canalizador (m)	fontanero (m)	[fonta'r ero]
carpinteiro (m)	carpintero (m)	[karpin tero]

massagista (m)	masajista (m)	[masa'χista]
massagista (f)	masajista (f)	[masa'χista]
médico (m)	médico (m)	['meðiko]

taxista (m)	taxista (m)	[ta'ksista]
condutor (automobilista)	chofer (m)	['tʃofer]
entregador (m)	repartidor (m)	[repart'ðor]

camareira (f)	camarera (f)	[kama'-era]
guarda (m)	guardia (m) de seguridad	[gu'arðia de seguri'ðað]
hospedeira (f) de bordo	azafata (f)	[aθa'fata]

professor (m)	profesor (m)	[profe'sor]
bibliotecário (m)	bibliotecario (m)	[biβliota'kario]
tradutor (m)	traductor (m)	[traðuk'tor]
intérprete (m)	intérprete (m)	[in'terprete]
guia (pessoa)	guía (m)	['gia]

cabeleireiro (m)	peluquero (m)	[pelʲu'kero]
carteiro (m)	cartero (m)	[kar'tero]
vendedor (m)	vendedor (m)	[bende'ðor]

jardineiro (m)	jardinero (m)	[χarði'nero]
criado (m)	servidor (m)	[serβi'ðor]
criada (f)	criada (f)	[kri'aða]
empregada (f) de limpeza	mujer (f) de la limpieza	[mu'χɛr de lʲa lim'pjeθa]

126. Profissões militares e postos

soldado (m) raso	soldado (m) raso	[solʲ'ðaðo 'raso]
sargento (m)	sargento (m)	[sar'χento]
tenente (m)	teniente (m)	[te'njente]
capitão (m)	capitán (m)	[kapi'tan]

major (m)	mayor (m)	[ma'jor]
coronel (m)	coronel (m)	[koro'nelʲ]
general (m)	general (m)	[χene'ralʲ]
marechal (m)	mariscal (m)	[maris'kalʲ]
almirante (m)	almirante (m)	[alʲmi'rante]
militar (m)	militar (m)	[mili'tɛr]
soldado (m)	soldado (m)	[solʲ'ðaðo]

oficial (m)	oficial (m)	[ofi'θjalʲ]
comandante (m)	comandante (m)	[koman'dante]

guarda (m) fronteiriço	guardafronteras (m)	[guarða·fron'teras]
operador (m) de rádio	radio-operador (m)	['raðjo opera'ðor]
explorador (m)	explorador (m)	[eksplʲora'ðor]
sapador (m)	zapador (m)	[θapa'ðor]
atirador (m)	tirador (m)	[tira'ðor]
navegador (m)	navegador (m)	[naβega'ðor]

127. Oficiais. Padres

rei (m)	rey (m)	[rej]
rainha (f)	reina (f)	['rejna]

príncipe (m)	príncipe (m)	['prinθipe]
princesa (f)	princesa (f)	[prin'θesa]

czar (m)	zar (m)	[θar]
czarina (f)	zarina (f)	[θa'rina]

presidente (m)	presidente (m)	[presi'ðente]
ministro (m)	ministro (m)	[mi'nistro]
primeiro-ministro (m)	primer ministro (m)	[pri'mer mi'nistro]
senador (m)	senador (m)	[sena'ðor]

diplomata (m)	diplomático (m)	[diplʲo'matiko]
cônsul (m)	cónsul (m)	['konsulʲ]
embaixador (m)	embajador (m)	[embaχa'ðor]
conselheiro (m)	consejero (m)	[konse'χero]

funcionário (m)	funcionario (m)	[funθjo'nario]
prefeito (m)	prefecto (m)	[pre'fekto]
Presidente (m) da Câmara	alcalde (m)	[alʲ'kalʲde]

juiz (m)	juez (m)	[χu'eθ]
procurador (m)	fiscal (m)	[fis'kalʲ]

missionário (m)	misionero (m)	[misjo'nero]
monge (m)	monje (m)	['monχe]
abade (m)	abad (m)	[a'βað]
rabino (m)	rabino (m)	[ra'βino]

vizir (m)	visir (m)	[bi'sir]
xá (m)	sha, shah (m)	[ʃa]
xeque (m)	jeque (m)	['χeke]

128. Profissões agrícolas

apicultor (m)	apicultor (m)	[apikulʲ'tor]
pastor (m)	pastor (m)	[pas'tor]
agrónomo (m)	agrónomo (m)	[a'ɣronomo]

| criador (m) de gado | ganadero (m) | [gana'ðero] |
| veterinário (m) | veterinario (m) | [beteri'nario] |

agricultor (m)	granjero (m)	[gran'χero]
vinicultor (m)	vinicultor (m)	[binikul'tor]
zoólogo (m)	zoólogo (m)	[θo'oloɣo]
cowboy (m)	vaquero (m)	[ba'kero]

129. Profissões artísticas

| ator (m) | actor (m) | [ak'tor] |
| atriz (f) | actriz (f) | [ak'triθ] |

| cantor (m) | cantante (m) | [kan'tante] |
| cantora (f) | cantante (f) | [kan'tante] |

| bailarino (m) | bailarín (m) | [bajl'a'r n] |
| bailarina (f) | bailarina (f) | [bajl'a'r na] |

| artista (m) | artista (m) | [ar'tista] |
| artista (f) | artista (f) | [ar'tista] |

músico (m)	músico (m)	['musikɔ]
pianista (m)	pianista (m)	[pja'nista]
guitarrista (m)	guitarrista (m)	[gita'rista]

maestro (m)	director (m) de orquesta	[direk'tor de or'kesta]
compositor (m)	compositor (m)	[kompɔsi'tor]
empresário (m)	empresario (m)	[empre'sario]

realizador (m)	director (m) de cine	[direk'tor de 'θine]
produtor (m)	productor (m)	[proðuk'tor]
argumentista (m)	guionista (m)	[gijo'nista]
crítico (m)	crítico (m)	['kritiko]

escritor (m)	escritor (m)	[eskri'tor]
poeta (m)	poeta (m)	[po'eta]
escultor (m)	escultor (m)	[eskul'tor]
pintor (m)	pintor (m)	[pin'tor]

malabarista (m)	malabarista (m)	[malaβa'rista]
palhaço (m)	payaso (m)	[pa'jasɔ]
acrobata (m)	acróbata (m)	[a'kroβata]
mágico (m)	ilusionista (m)	[il'usjo'nista]

130. Várias profissões

médico (m)	médico (m)	['meðiko]
enfermeira (f)	enfermera (f)	[eɱfer'mera]
psiquiatra (m)	psiquiatra (m)	[si'kjatra]
estomatologista (m)	dentista (m)	[den'tista]
cirurgião (m)	cirujano (m)	[θiru'χano]

astronauta (m)	astronauta (m)	[astro'nauta]
astrónomo (m)	astrónomo (m)	[as'tronomo]
piloto (m)	piloto (m)	[pi'lʲoto]
motorista (m)	conductor (m)	[konduk'tor]
maquinista (m)	maquinista (m)	[maki'nista]
mecânico (m)	mecánico (m)	[me'kaniko]
mineiro (m)	minero (m)	[mi'nero]
operário (m)	obrero (m)	[o'βrero]
serralheiro (m)	cerrajero (m)	[θera'χero]
marceneiro (m)	carpintero (m)	[karpin'tero]
torneiro (m)	tornero (m)	[tor'nero]
construtor (m)	albañil (m)	[alʲβa'njilʲ]
soldador (m)	soldador (m)	[solʲda'ðor]
professor (m) catedrático	profesor (m)	[profe'sor]
arquiteto (m)	arquitecto (m)	[arki'tekto]
historiador (m)	historiador (m)	[istorja'ðor]
cientista (m)	científico (m)	[θjen'tifiko]
físico (m)	físico (m)	['fisiko]
químico (m)	químico (m)	['kimiko]
arqueólogo (m)	arqueólogo (m)	[arke'olʲogo]
geólogo (m)	geólogo (m)	[χe'olʲogo]
pesquisador (cientista)	investigador (m)	[imbestiga'ðor]
babysitter (f)	niñera (f)	[ni'njera]
professor (m)	pedagogo (m)	[peða'gogo]
redator (m)	redactor (m)	[reðak'tor]
redator-chefe (m)	redactor jefe (m)	[reðak'tor 'χefe]
correspondente (m)	corresponsal (m)	[korespon'salʲ]
datilógrafa (f)	mecanógrafa (f)	[meka'noɣrafa]
designer (m)	diseñador (m)	[disenja'ðor]
especialista (m)	especialista (m)	[espeθja'lista
em informática	en ordenadores	en orðena'ðores]
programador (m)	programador (m)	[proɣrama'ðor]
engenheiro (m)	ingeniero (m)	[inχe'njero]
marujo (m)	marino (m)	[ma'rino]
marinheiro (m)	marinero (m)	[mari'nero]
salvador (m)	socorrista (m)	[soko'rista]
bombeiro (m)	bombero (m)	[bom'bero]
polícia (m)	policía (m)	[poli'θia]
guarda-noturno (m)	vigilante (m) nocturno	[biχi'lʲante nok'turno]
detetive (m)	detective (m)	[detek'tiβe]
funcionário (m) da alfândega	aduanero (m)	[aðua'nero]
guarda-costas (m)	guardaespaldas (m)	[guarða·es'palʲdas]
guarda (m) prisional	guardia (m) de prisiones	[gu'arðja de pri'sjones]
inspetor (m)	inspector (m)	[inspek'tor]
desportista (m)	deportista (m)	[depor'tista]
treinador (m)	entrenador (m)	[entrena'ðor]

talhante (m)	carnicero (m)	[karni'θɘro]
sapateiro (m)	zapatero (m)	[θapa'tero]
comerciante (m)	comerciante (m)	[komer'θjante]
carregador (m)	cargador (m)	[karga'ðor]

| estilista (m) | diseñador (m) de moda | [disenjɑ'ðor de 'moða] |
| modelo (f) | modelo (f) | [mo'ðeⱡo] |

131. Ocupações. Estatuto social

| aluno, escolar (n) | escolar (m) | [esko'lʲar] |
| estudante (~ universitária) | estudiante (m) | [estu'ðjante] |

filósofo (m)	filósofo (m)	[fi'lʲosofo]
economista (m)	economista (m)	[ekono'mista]
inventor (m)	inventor (m)	[imben'tor]

desempregado (m)	desempleado (m)	[deserrple'aðo]
reformado (m)	jubilado (m)	[χuβi'lʲɛðo]
espião (m)	espía (m)	[es'pia]

preso (m)	prisionero (m)	[prisjo'nero]
grevista (m)	huelguista (m)	[uelʲ'gista]
burocrata (m)	burócrata (m)	[bu'rokrata]
viajante (m)	viajero (m)	[bja'χero]

homossexual (m)	homosexual (m)	[omosɛksu'alʲ]
hacker (m)	hacker (m)	['aker]
hippie	hippie (m)	['χipi]

bandido (m)	bandido (m)	[ban'diðo]
assassino (m) a soldo	sicario (m)	[si'kario]
toxicodependente (m)	drogadicto (m)	[droɣ·a·ðikto]
traficante (m)	narcotraficante (m)	[narko·trafi'kante]
prostituta (f)	prostituta (f)	[prosti'·uta]
chulo (m)	chulo (m), proxeneta (m)	['ʧulʲo], [prokse'netɑ·]

bruxo (m)	brujo (m)	['bruχo]
bruxa (f)	bruja (f)	['bruχa]
pirata (m)	pirata (m)	[pi'rata]
escravo (m)	esclavo (m)	[es'klʲaɜo]
samurai (m)	samurai (m)	[samu'·aj]
selvagem (m)	salvaje (m)	[salʲ'βaχe]

Desportos

desportista (m)	**deportista** (m)	[depor'tista]
tipo (m) de desporto	**tipo** (m) **de deporte**	['tipo de de'porte]
basquetebol (m)	**baloncesto** (m)	[balⁱon'θesto]
jogador (m) de basquetebol	**baloncestista** (m)	[balⁱonθes'tista]
beisebol (m)	**béisbol** (m)	['bejsβolʲ]
jogador (m) de beisebol	**beisbolista** (m)	[bejsβo'lista]
futebol (m)	**fútbol** (m)	['futβolʲ]
futebolista (m)	**futbolista** (m)	[futβo'lista]
guarda-redes (m)	**portero** (m)	[por'tero]
hóquei (m)	**hockey** (m)	['χokej]
jogador (m) de hóquei	**jugador** (m) **de hockey**	[χuga'ðor de 'χokej]
voleibol (m)	**voleibol** (m)	[bolej'βolʲ]
jogador (m) de voleibol	**voleibolista** (m)	[bolejβo'lista]
boxe (m)	**boxeo** (m)	[bo'kseo]
boxeador, pugilista (m)	**boxeador** (m)	[boksea'ðor]
luta (f)	**lucha** (f)	['lʲutʃa]
lutador (m)	**luchador** (m)	[lʲutʃa'ðor]
karaté (m)	**kárate** (m)	['karate]
karateca (m)	**karateka** (m)	[kara'teka]
judo (m)	**judo** (m)	['juðo]
judoca (m)	**judoka** (m)	[ju'ðoka]
ténis (m)	**tenis** (m)	['tenis]
tenista (m)	**tenista** (m)	[te'nista]
natação (f)	**natación** (f)	[nata'θjon]
nadador (m)	**nadador** (m)	[naða'ðor]
esgrima (f)	**esgrima** (f)	[ez'ɣrima]
esgrimista (m)	**esgrimidor** (m)	[ezɣrimi'ðor]
xadrez (m)	**ajedrez** (m)	[aχe'ðreθ]
xadrezista (m)	**ajedrecista** (m)	[aχeðre'θista]
alpinismo (m)	**alpinismo** (m)	[alʲpi'nismo]
alpinista (m)	**alpinista** (m)	[alʲpi'nista]
corrida (f)	**carrera** (f)	[ka'rera]

corredor (m)	corredor (m)	[kore'ðɔr]
atletismo (m)	atletismo (m)	[atle'tismo]
atleta (m)	atleta (m)	[at'leta]
hipismo (m)	deporte (m) hípico	[de'porte 'xipiko]
cavaleiro (m)	jinete (m)	[xi'netɛ]
patinagem (f) artística	patinaje (m) artístico	[pati'naxe ar'tistiko]
patinador (m)	patinador (m)	[patina ðor]
patinadora (f)	patinadora (f)	[patina ðora]
halterofilismo (m)	levantamiento (m) de pesas	[leβanta'mjento de 'pesas]
halterofilista (m)	levantador (m) de pesas	[leβanta'ðor de 'pesas]
corrida (f) de carros	carreras (f pl) de coches	[ka'reras de 'kotʃes]
piloto (m)	piloto (m) de carreras	[pi'lʲoto de ka'reras]
ciclismo (m)	ciclismo (m)	[θik'lismo]
ciclista (m)	ciclista (m)	[θik'lista]
salto (m) em comprimento	salto (m) de longitud	['salʲto de lʲonxi'tuð]
salto (m) à vara	salto (m) con pértiga	['salʲto kon 'pertiga]
atleta (m) de saltos	saltador (m)	[salʲta'ðor]

133. Tipos de desportos. Diversos

futebol (m) americano	fútbol (m) americano	['futβol ameri'kano]
badminton (m)	bádminton (m)	['baðminton]
biatlo (m)	biatlón (m)	[biat'lʲɔn]
bilhar (m)	billar (m)	[bi'jar]
bobsled (m)	bobsleigh (m)	['boβslɘj]
musculação (f)	culturismo (m)	[kulʲtu'rismo]
polo (m) aquático	waterpolo (m)	[water'polʲo]
andebol (m)	balonmano (m)	[balʲon'mano]
golfe (m)	golf (m)	[golʲf]
remo (m)	remo (m)	['remo]
mergulho (m)	buceo (m)	[bu'θeo]
corrida (f) de esqui	esquí (m) de fondo	[es'ki de 'fondo]
ténis (m) de mesa	tenis (m) de mesa	['tenis de 'mesa]
vela (f)	vela (f)	['belʲa]
rali (m)	rally (m)	['rali]
râguebi (m)	rugby (m)	['ruɣβi]
snowboard (m)	snowboard (m)	[eznow'βorðiŋ]
tiro (m) com arco	tiro (m) con arco	['tiro kon 'arko]

134. Ginásio

barra (f)	barra (f) de pesas	['bara de 'pesas]
halteres (m pl)	pesas (f pl)	['pesas]
aparelho (m) de musculaçao	aparato (m) de ejercicios	[apa'rato de exer'θiðjos]

bicicleta (f) ergométrica	**bicicleta** (f) **estática**	[biθik'leta es'tatika]
passadeira (f) de corrida	**cinta** (f) **de correr**	['θinta de ko'rer]
barra (f) fixa	**barra** (f) **fija**	['bara 'fiχa]
barras (f) paralelas	**barras** (f pl) **paralelas**	['baras para'lelʲas]
cavalo (m)	**potro** (m)	['potro]
tapete (m) de ginástica	**colchoneta** (f)	[kolʲʧo'neta]
corda (f) de saltar	**comba** (f)	['komba]
aeróbica (f)	**aeróbica** (f)	[ae'roβika]
ioga (f)	**yoga** (m)	['joga]

135. Hóquei

hóquei (m)	**hockey** (m)	['χokej]
jogador (m) de hóquei	**jugador** (m) **de hockey**	[χuga'ðor de 'χokej]
jogar hóquei	**jugar al hockey**	[χu'gar alʲ 'χokej]
gelo (m)	**hielo** (m)	['jelʲo]
disco (m)	**disco** (m)	['disko]
taco (m) de hóquei	**palo** (m) **de hockey**	['palʲo de 'χokej]
patins (m pl) de gelo	**patines** (m pl)	[pa'tines]
muro (m)	**muro** (m)	['muro]
tiro (m)	**tiro** (m)	['tiro]
guarda-redes (m)	**portero** (m)	[por'tero]
golo (m)	**gol** (m)	[golʲ]
marcar um golo	**marcar un gol**	[mar'kar un 'golʲ]
tempo (m)	**periodo** (m)	[pe'rjoðo]
segundo tempo (m)	**segundo periodo** (m)	[se'ɣundo pe'rjoðo]
banco (m) de reservas	**banquillo** (m) **de reserva**	[baɲ'kijo de re'serβa]

136. Futebol

futebol (m)	**fútbol** (m)	['futβolʲ]
futebolista (m)	**futbolista** (m)	[futβo'lista]
jogar futebol	**jugar al fútbol**	[χu'gar alʲ 'futβolʲ]
Liga Principal (f)	**liga** (f) **superior**	['liga supe'rjor]
clube (m) de futebol	**club** (m) **de fútbol**	[klʲuβ de 'futβolʲ]
treinador (m)	**entrenador** (m)	[entrena'ðor]
proprietário (m)	**propietario** (m)	[propje'tario]
equipa (f)	**equipo** (m)	[e'kipo]
capitão (m) da equipa	**capitán** (m) **del equipo**	[kapi'tan delʲ e'kipo]
jogador (m)	**jugador** (m)	[χuga'ðor]
jogador (m) de reserva	**reserva** (m)	[re'serβa]
atacante (m)	**delantero** (m)	[delʲan'tero]
avançado (m) centro	**delantero** (m) **centro**	[delʲan'tero 'θentro]

marcador (m)	goleador (m)	[golea'ðor]
defesa (m)	defensa (m)	[de'fensa]
médio (m)	medio (m)	['meðio]

jogo (desafio)	match (m)	[matʃ]
encontrar-se (vr)	encontrarse (vr)	[eŋkon':rarse]
final (m)	final (f)	[fi'nalʲ]
meia-final (f)	semifinal (f)	[semifi'nalʲ]
campeonato (m)	campeonato (m)	[kampeo'nato]

tempo (m)	tiempo (m)	['tjempo]
primeiro tempo m)	primer tiempo (m)	[pri'mer 'tjempo]
intervalo (m)	descanso (m)	[des'kanso]

baliza (f)	puerta (f)	[pu'erta]
guarda-redes (m)	portero (m)	[por'tero]
trave (f)	poste (m)	['poste]
barra (f) transversal	larguero (m)	[lʲar'gerɔ]
rede (f)	red (f)	[reð]
sofrer um golo	recibir un gol	[reθi'βir un golʲ]

bola (f)	balón (m)	[ba'lʲon]
passe (m)	pase (m)	['pase]
chute (m)	tiro (m)	['tiro]
chutar (vt)	lanzar un tiro	[lʲan'θar un 'tiro]
tiro (m) livre	tiro (m) de castigo	['tiro de kas'tigo]
canto (m)	saque (m) de esquina	['sake ce es'kina]

ataque (m)	ataque (m)	[a'take]
contra-ataque (m)	contraataque (m)	[kontra a'take]
combinação (f)	combinación (f)	[kombina'θjon]

árbitro (m)	árbitro (m)	['arβitrc]
apitar (vi)	silbar (vi)	[silʲ'βar]
apito (m)	silbato (m)	[silʲ'βato]
falta (f)	infracción (f)	[imfrak'θjon]
cometer a falta	cometer una infracción	[kome'ter una imfrak'θjon]
expulsar (vt)	expulsar del campo	[ekspulʲ'sar delʲ 'kampo]

cartão (m) amarelo	tarjeta (f) amarilla	[tar'χeta ama'rija]
cartão (m) vermelho	tarjeta (f) roja	[tar'χeta 'roχa]
desqualificação (f)	descalificación (f)	[deskalifika'θjon]
desqualificar (vt)	descalificar (vt)	[deskalifi'kar]

penálti (m)	penalti (m)	[pe'nalʲːi]
barreira (f)	barrera (f)	[ba'rera]
marcar (vt)	meter un gol	[me'ter un 'golʲ]
golo (m)	gol (m)	[golʲ]
marcar um golo	marcar un gol	[mar'kar un 'golʲ]

substituição (f)	reemplazo (m)	[reem'plʲaθo]
substituir (vt)	reemplazar (vt)	[reemplʲa'θar]
regras (f pl)	reglas (f pl)	['reɣlʲas]
tática (f)	táctica (f)	['taktika]
estádio (m)	estadio (m)	[es'taðio]
bancadas (f pl)	gradería (f)	[graðe'ːia]

| fã, adepto (m) | hincha (m) | ['intʃa] |
| gritar (vi) | gritar (vi) | [gri'tar] |

| marcador (m) | tablero (m) | [ta'βlero] |
| resultado (m) | tanteo (m) | [tan'teo] |

| derrota (f) | derrota (f) | [de'rota] |
| perder (vt) | perder (vi) | [per'ðer] |

| empate (m) | empate (m) | [em'pate] |
| empatar (vi) | empatar (vi) | [empa'tar] |

vitória (f)	victoria (f)	[bik'toria]
ganhar, vencer (vi, vt)	ganar (vi)	[ga'nar]
campeão (m)	campeón (m)	[kampe'on]
melhor	mejor (adj)	[me'χor]
felicitar (vt)	felicitar (vt)	[feliθi'tar]

comentador (m)	comentarista (m)	[komenta'rista]
comentar (vt)	comentar (vt)	[komen'tar]
transmissão (f)	transmisión (f)	[transmi'θjon]

137. Esqui alpino

esqui (m)	esquís (m pl)	[es'kis]
esquiar (vi)	esquiar (vi)	[es'kjar]
estância (f) de esqui	estación (f) de esquí	[esta'θjon de es'ki]
teleférico (m)	telesquí (m)	[teles'ki]

bastões (m pl) de esqui	bastones (m pl)	[bas'tones]
declive (m)	cuesta (f)	[ku'esta]
slalom (m)	eslalon (m)	[es'lʲalʲon]

138. Ténis. Golfe

golfe (m)	golf (m)	[golʲf]
clube (m) de golfe	club (m) de golf	['klʲuβ de 'golʲf]
jogador (m) de golfe	jugador (m) de golf	[χuga'ðor de 'golʲf]

buraco (m)	hoyo (m)	['ojo]
taco (m)	palo (m)	['palʲo]
trolley (m)	carro (m) de golf	['karo de 'golʲf]

| ténis (m) | tenis (m) | ['tenis] |
| quadra (f) de ténis | cancha (f) de tenis | ['kantʃa de 'tenis] |

| saque (m) | saque (m) | ['sake] |
| sacar (vi) | sacar (vi) | [sa'kar] |

raquete (f)	raqueta (f)	[ra'keta]
rede (f)	red (f)	[reð]
bola (f)	pelota (f)	[pe'lʲota]

139. Xadrez

xadrez (m)	ajedrez (m)	[aχe'ðreθ]
peças (f pl) de xadrez	piezas (f pl)	['pjeθas]
xadrezista (m)	ajedrecista (m)	[aχeðre'θista]
tabuleiro (m) de xadrez	tablero (m) de ajedrez	[ta'βlero de aχe'ðreθ]
peça (f) de xadrez	pieza (f)	['pjeθa]
brancas (f pl)	blancas (f pl)	['blaŋkas]
pretas (f pl)	negras (f pl)	['neγras]
peão (m)	peón (m)	[pe'on]
bispo (m)	alfil (m)	[alʲ'filʲ]
cavalo (m)	caballo (m)	[ka'βajo]
torre (f)	torre (f)	['tore]
dama (f)	reina (f)	['rejna]
rei (m)	rey (m)	[rej]
vez (m)	jugada (f)	[χu'gaða]
mover (vt)	jugar (vt)	[χu'gar]
sacrificar (vt)	sacrificar (vt)	[sakrifi'kar]
roque (m)	enroque (m)	[en'roke]
xeque (m)	jaque (m)	['χake]
xeque-mate (m)	mate (m)	['mate]
torneio (m) de xadrez	torneo (m) de ajedrez	[tor'nec de aχe'ðreθ]
grão-mestre (m)	gran maestro (m)	[gran ma'estro]
combinação (f)	combinación (f)	[kombina'θjon]
partida (f)	partida (f)	[par'tiða]
jogo (m) de damas	damas (f pl)	['damas]

140. Boxe

boxe (m)	boxeo (m)	[bo'kseo]
combate (m)	combate (m)	[kom'bate]
duelo (m)	pelea (f) de boxeo	[pe'lea de bo'kseo]
round (m)	asalto (m)	[a'salʲtc]
ringue (m)	cuadrilátero (m)	[kuaðri'latero]
gongo (m)	campana (f)	[kam'pana]
murro, soco (m)	golpe (m)	['golʲpe]
knockdown (m)	knockdown (m)	[nok'ðaun]
nocaute (m)	nocaut (m)	[no'kaut]
nocautear (vt)	noquear (vt)	[noke'ar]
luva (f) de boxe	guante (m) de boxeo	[gu'ante de bo'kseo]
árbitro (m)	árbitro (m)	['arβitro]
peso-leve (m)	peso (m) ligero	['peso i'χero]
peso-médio (m)	peso (m) medio	['peso meðio]
peso-pesado (m)	peso (m) pesado	['peso ɔe'saðo]

123

141. Desportos. Diversos

Jogos (m pl) Olímpicos	Juegos (m pl) Olímpicos	[χu'egos o'limpikos]
vencedor (m)	vencedor (m)	[benθe'ðor]
vencer (vi)	vencer (vi)	[ben'θer]
vencer, ganhar (vi)	ganar (vi)	[ga'nar]

| líder (m) | líder (m) | ['liðer] |
| liderar (vt) | liderar (vt) | [liðe'rar] |

primeiro lugar (m)	primer puesto (m)	[pri'mer pu'esto]
segundo lugar (m)	segundo puesto (m)	[se'gundo pu'esto]
terceiro lugar (m)	tercer puesto (m)	[ter'θer pu'esto]

medalha (f)	medalla (f)	[me'ðaja]
troféu (m)	trofeo (m)	[tro'feo]
taça (f)	copa (f)	['kopa]
prémio (m)	premio (m)	['premio]
prémio (m) principal	premio (m) principal	['premio prinθi'palʲ]

| recorde (m) | record (m) | ['rekorð] |
| estabelecer um recorde | establecer un record | [estaβle'θer un 'rekorð] |

| final (m) | final (m) | [fi'nalʲ] |
| final | de final (adj) | [de fi'nalʲ] |

| campeão (m) | campeón (m) | [kampe'on] |
| campeonato (m) | campeonato (m) | [kampeo'nato] |

estádio (m)	estadio (m)	[es'taðio]
bancadas (f pl)	gradería (f)	[graðe'ria]
fã, adepto (m)	hincha (m)	['intʃa]
adversário (m)	adversario (m)	[aðβer'sario]

| partida (f) | arrancadero (m) | [araŋka'ðero] |
| chegada, meta (f) | línea (f) de meta | ['linea de 'meta] |

| derrota (f) | derrota (f) | [de'rota] |
| perder (vt) | perder (vi) | [per'ðer] |

árbitro (m)	árbitro (m)	['arβitro]
júri (m)	jurado (m)	[χu'raðo]
resultado (m)	cuenta (f)	[ku'enta]
empate (m)	empate (m)	[em'pate]
empatar (vi)	empatar (vi)	[empa'tar]
ponto (m)	punto (m)	['punto]
resultado (m) final	resultado (m)	[resulʲ'taðo]

tempo, período (m)	tiempo (m)	['tjempo]
intervalo (m)	descanso (m)	[des'kanso]
doping (m)	droga (f), doping (m)	['droga], ['dopin]
penalizar (vt)	penalizar (vt)	[penali'θar]
desqualificar (vt)	descalificar (vt)	[deskalifi'kar]
aparelho (m)	aparato (m)	[apa'rato]
dardo (m)	jabalina (f)	[χaβa'lina]

| peso (m) | peso (m) | ['peso] |
| bola (f) | bola (f) | ['bolʲa] |

alvo, objetivo (m)	objetivo (m)	[oβχe'tiβo]
alvo (~ de papel)	blanco (m)	['blʲaŋkɔ]
atirar, disparar (vi)	tirar (vi)	[ti'rar]
preciso (tiro ~)	preciso (adj)	[pre'θiso]

treinador (m)	entrenador (m)	[entrena'ðor]
treinar (vt)	entrenar (vt)	[entre'nar]
treinar-se (vr)	entrenarse (vr)	[entre'narse]
treino (m)	entrenamiento (m)	[entrena'mjento]

ginásio (m)	gimnasio (m)	[χim'nɛsio]
exercício (m)	ejercicio (m)	[eχer'θθio]
aquecimento (m)	calentamiento (m)	[kalenta'mjento]

Educação

142. Escola

Português	Español	Pronunciación
escola (f)	escuela (f)	[esku'eⁱa]
diretor (m) de escola	director (m) de escuela	[direk'tor de esku'eⁱa]
aluno (m)	alumno (m)	[a'lʲumno]
aluna (f)	alumna (f)	[a'lʲumna]
escolar (m)	escolar (m)	[esko'lʲar]
escolar (f)	escolar (f)	[esko'lʲar]
ensinar (vt)	enseñar (vt)	[ense'njar]
aprender (vt)	aprender (vt)	[apren'der]
aprender de cor	aprender de memoria	[apren'der de me'moria]
estudar (vi)	aprender (vt)	[apren'der]
andar na escola	estar en la escuela	[es'tar en lʲa esku'eⁱa]
ir à escola	ir a la escuela	[ir a lʲa esku'eⁱa]
alfabeto (m)	alfabeto (m)	[alʲfa'βeto]
disciplina (f)	materia (f)	[ma'teria]
sala (f) de aula	aula (f)	[aulʲa]
lição (f)	lección (f)	[lek'θjon]
recreio (m)	recreo (m)	[re'kreo]
toque (m)	campana (f)	[kam'pana]
carteira (f)	pupitre (m)	[pu'pitre]
quadro (m) negro	pizarra (f)	[pi'θara]
nota (f)	nota (f)	['nota]
boa nota (f)	buena nota (f)	[bu'ena 'nota]
nota (f) baixa	mala nota (f)	['malʲa 'nota]
dar uma nota	poner una nota	[po'ner 'una 'nota]
erro (m)	falta (f)	['falʲta]
fazer erros	hacer faltas	[a'θer 'falʲtas]
corrigir (vt)	corregir (vt)	[kore'χir]
cábula (f)	chuleta (f)	[ʧu'leta]
dever (m) de casa	deberes (m pl) de casa	[de'βeres de 'kasa]
exercício (m)	ejercicio (m)	[eχer'θiθio]
estar presente	estar presente	[es'tar pre'sente]
estar ausente	estar ausente	[es'tar au'sente]
faltar às aulas	faltar a las clases	[falʲ'tar a lʲas 'klʲases]
punir (vt)	castigar (vt)	[kasti'gar]
punição (f)	castigo (m)	[kas'tigo]
comportamento (m)	conducta (f)	[kon'dukta]

boletim (m) escoₐar	libreta (f) de notas	[li'βreta de 'notas]
lápis (m)	lápiz (m)	['lapiθ]
borracha (f)	goma (f) de borrar	['goma de bo'rar]
giz (m)	tiza (f)	['tiθa]
estojo (m)	cartuchera (f)	[kartu'tʃəra]
pasta (f) escolar	mochila (f)	[mo'tʃilₐa]
caneta (f)	bolígrafo (m)	[bo'liɣrɛfo]
caderno (m)	cuaderno (m)	[kua'ðeʳno]
manual (m) escolar	manual (m)	[manu'alʲ]
compasso (m)	compás (m)	[kom'pas]
traçar (vt)	trazar (vi, vt)	[tra'θarʿ
desenho (m) técnico	dibujo (m) técnico	[di'βuχo 'tekniko]
poesia (f)	poema (m), poesía (f)	[po'ema], [poe'sia]
de cor	de memoria (adv)	[de me moria]
aprender de cor	aprender de memoria	[apren'der de me'mcria]
férias (f pl)	vacaciones (f pl)	[baka'θjones]
estar de férias	estar de vacaciones	[es'tar de baka'θjones]
passar as férias	pasar las vacaciones	[pa'sar lʲas baka'θjones]
teste (m)	prueba (f) escrita	[pru'eβₐ es'krita]
composição, redação (f)	composición (f)	[kompcsi'θjon]
ditado (m)	dictado (m)	[dik'taðo]
exame (m)	examen (m)	[e'ksamen]
fazer exame	hacer un examen	[a'θer ᴌn e'ksamen]
experiência (~ química)	experimento (m)	[eksperi'mento]

143. Colégio. Universidade

academia (f)	academia (f)	[aka'ðɛmia]
universidade (f)	universidad (f)	[uniβersi'ðað]
faculdade (f)	facultad (f)	[fakulʲ'tað]
estudante (m)	estudiante (m)	[estu'ð̟ante]
estudante (f)	estudiante (f)	[estu'ð̟ante]
professor (m)	profesor (m)	[profe'sor]
sala (f) de palestras	aula (f)	['aulʲa]
graduado (m)	graduado (m)	[graðu'ₐðo]
diploma (m)	diploma (m)	[di'plʲoma]
tese (f)	tesis (f) de grado	['tesis de 'graðo]
estudo (obra)	estudio (m)	[es'tuð o]
laboratório (m)	laboratorio (m)	[lʲaβora'torio]
palestra (f)	clase (f)	['klʲase]
colega (m) de curso	compañero (m) de curso	[kompa'njero de 'kurso]
bolsa (f) de estᴌdos	beca (f)	['beka]
grau (m) acadêmico	grado (m) académico	['graðc aka'ðemiko]

144. Ciências. Disciplinas

matemática (f)	matemáticas (f pl)	[mate'matikas]
álgebra (f)	álgebra (f)	['alχeβra]
geometria (f)	geometría (f)	[χeome'tria]
astronomia (f)	astronomía (f)	[astrono'mia]
biologia (f)	biología (f)	[bioˡo'χia]
geografia (f)	geografía (f)	[χeoɣra'fia]
geologia (f)	geología (f)	[χeoˡo'χia]
história (f)	historia (f)	[is'toria]
medicina (f)	medicina (f)	[meði'θina]
pedagogia (f)	pedagogía (f)	[peðago'χia]
direito (m)	derecho (m)	[de'retʃo]
física (f)	física (f)	['fisika]
química (f)	química (f)	['kimika]
filosofia (f)	filosofía (f)	[filˡoso'fia]
psicologia (f)	psicología (f)	[sikoˡo'χia]

145. Sistema de escrita. Ortografia

gramática (f)	gramática (f)	[gra'matika]
vocabulário (m)	vocabulario (m)	[bokaβu'ˡʲario]
fonética (f)	fonética (f)	[fo'netika]
substantivo (m)	sustantivo (m)	[sustan'tiβo]
adjetivo (m)	adjetivo (m)	[aðχe'tiβo]
verbo (m)	verbo (m)	['berβo]
advérbio (m)	adverbio (m)	[að'βerβio]
pronome (m)	pronombre (m)	[pro'nombre]
interjeição (f)	interjección (f)	[interχek'θjon]
preposição (f)	preposición (f)	[preposi'θjon]
raiz (f) da palavra	raíz (f), radical (m)	[ra'iθ], [raði'kalˡ]
terminação (f)	desinencia (f)	[desi'nenθia]
prefixo (m)	prefijo (m)	[pre'fiχo]
sílaba (f)	sílaba (f)	['silˡaβa]
sufixo (m)	sufijo (m)	[su'fiχo]
acento (m)	acento (m)	[a'θento]
apóstrofo (m)	apóstrofo (m)	[a'postrofo]
ponto (m)	punto (m)	['punto]
vírgula (f)	coma (m)	['koma]
ponto e vírgula (m)	punto y coma	['punto i 'koma]
dois pontos (m pl)	dos puntos (m pl)	[dos 'puntos]
reticências (f pl)	puntos (m pl) suspensivos	['puntos suspen'siβos]
ponto (m) de interrogação	signo (m) de interrogación	['siɣno de interoga'θjon]
ponto (m) de exclamação	signo (m) de admiración	['siɣno de aðmira'θjon]

aspas (f pl)	comillas (f pl)	[ko'mijas]
entre aspas	entre comillas	['entre ko'mijas]
parênteses (m pl)	paréntesis (m)	[pa'rentesis]
entre parênteses	entre paréntesis	['entre pa'rentesis]
hífen (m)	guión (m)	[gi'jon]
travessão (m)	raya (f)	['raja]
espaço (m)	blanco (m)	['blʲaŋko]
letra (f)	letra (f)	['letra]
letra (f) maiúscula	letra (f) mayúscula	['letra ma'juskulʲa]
vogal (f)	vocal (f)	[bo'kalʲ]
consoante (f)	consonante (m)	[konso'ɲante]
frase (f)	oración (f)	[ora'θjon]
sujeito (m)	sujeto (m)	[su'xeto]
predicado (m)	predicado (m)	[preði'kaðo]
linha (f)	línea (f)	['linea]
em uma nova linha	en una nueva línea	[en 'una nu'eβa 'linea]
parágrafo (m)	párrafo (m)	['parafo]
palavra (f)	palabra (f)	[pa'lʲaβɾa]
grupo (m) de palavras	combinación (f) de palabras	[kombina'θjon de pa lʲaβɾas]
expressão (f)	expresión (f)	[ekspre'θjon]
sinónimo (m)	sinónimo (m)	[si'nonimo]
antónimo (m)	antónimo (m)	[an'tonimo]
regra (f)	regla (f)	['reɣlʲa]
exceção (f)	excepción (f)	[ekθep θjon]
correto	correcto (adj)	[ko'rekto]
conjugação (f)	conjugación (f)	[konxuɡa'θjon]
declinação (f)	declinación (f)	[deklina'θjon]
caso (m)	caso (m)	['kaso]
pergunta (f)	pregunta (f)	[pre'ɡunta]
sublinhar (vt)	subrayar (vt)	[suβɾa'ʲar]
linha (f) pontilhada	línea (f) de puntos	['linea de 'puntos]

146. Línguas estrangeiras

língua (f)	lengua (f)	['lenɡua]
estrangeiro	extranjero (adj)	[ekstran'xero]
língua (f) estrangeira	lengua (f) extranjera	['lenɡua ekstran'xera]
estudar (vt)	estudiar (vt)	[estu'ðʲar]
aprender (vt)	aprender (vt)	[apren'der]
ler (vt)	leer (vi, vt)	[le'er]
falar (vi)	hablar (vi, vt)	[a'βlʲar]
compreender (vt)	comprender (vt)	[kompren'der]
escrever (vt)	escribir (vt)	[eskri'βir]
rapidamente	rápidamente (adv)	['rapiða'mente]
devagar	lentamente (adv)	[lenta'mente]

fluentemente	con fluidez (adv)	[kon flʲui'ðeθ]
regras (f pl)	reglas (f pl)	['reɣlʲas]
gramática (f)	gramática (f)	[gra'matika]
vocabulário (m)	vocabulario (m)	[bokaβu'lʲario]
fonética (f)	fonética (f)	[fo'netika]

manual (m) escolar	manual (m)	[manu'alʲ]
dicionário (m)	diccionario (m)	[dikθjo'nario]
manual (m) de autoaprendizagem	manual (m) autodidáctico	[manu'alʲ autoði'ðaktiko]
guia (m) de conversação	guía (f) de conversación	['gia de kombersa'θjon]

cassete (f)	casete (m)	[ka'sete]
vídeo cassete (m)	videocasete (f)	[biðeo·ka'sete]
CD (m)	disco compacto (m)	['disko kom'pakto]
DVD (m)	DVD (m)	[deβe'de]

alfabeto (m)	alfabeto (m)	[alʲfa'βeto]
soletrar (vt)	deletrear (vt)	[deletre'ar]
pronúncia (f)	pronunciación (f)	[pronunθja'θjon]

sotaque (m)	acento (m)	[a'θento]
com sotaque	con acento	[kon a'θento]
sem sotaque	sin acento	[sin a'θento]

palavra (f)	palabra (f)	[pa'lʲaβra]
sentido (m)	significado (m)	[siɣnifi'kaðo]

cursos (m pl)	cursos (m pl)	['kursos]
inscrever-se (vr)	inscribirse (vr)	[inskri'βirse]
professor (m)	profesor (m)	[profe'sor]

tradução (processo)	traducción (f)	[traðuk'θjon]
tradução (texto)	traducción (f)	[traðuk'θjon]
tradutor (m)	traductor (m)	[traðuk'tor]
intérprete (m)	intérprete (m)	[in'terprete]

poliglota (m)	políglota (m)	[po'liɣlʲota]
memória (f)	memoria (f)	[me'moria]

147. Personagens de contos de fadas

Pai (m) Natal	Papá Noel (m)	[pa'pa no'elʲ]
Cinderela (f)	Cenicienta (f)	[θeni'θjenta]
sereia (f)	sirena (f)	[si'rena]
Neptuno (m)	Neptuno	[nep'tuno]

mago (m)	mago (m)	['mago]
fada (f)	maga (f)	['maga]
mágico	mágico (adj)	['maxiko]
varinha (f) mágica	varita (f) mágica	[ba'rita 'maxika]

conto (m) de fadas	cuento (m) de hadas	[ku'ento de 'aðas]
milagre (m)	milagro (m)	[mi'lʲaɣro]

anão (m)	enano (m)	[e'nano]
transformar-se em …	transformarse en …	[transfor'marse en]

fantasma (m)	fantasma (m)	[fan'tasma]
espetro (m)	espíritu (m)	[es'piritu]
monstro (m)	monstruo (m)	['monstruo]
dragão (m)	dragón (m)	[dra'ɣon]
gigante (m)	gigante (m)	[ɣi'ɣante]

148. Signos do Zodíaco

Carneiro	Aries (m)	['aries]
Touro	Tauro (m)	['tauro]
Gémeos	Géminis (m pl)	['xeminis]
Caranguejo	Cáncer (m)	['kanθer]
Leão	Leo (m)	['leo]
Virgem (f)	Virgo (m)	['birgo]

Balança	Libra (f)	['liβra]
Escorpião	Escorpio (m)	[es'korpio]
Sagitário	Sagitario (m)	[saχi'tɛrio]
Capricórnio	Capricornio (m)	[kapri'kornio]
Aquário	Acuario (m)	[aku'ario]
Peixes	Piscis (m pl)	['piθis]

caráter (m)	carácter (m)	[ka'rakter]
traços (m pl) do caráter	rasgos (m pl) de carácter	['rasgos de ka'rakter]
comportamento (m)	conducta (f)	[kon'dukta]
predizer (vt)	decir la buenaventura	[de'θir la buenaβen'tura]
adivinha (f)	adivinadora (f)	[aðiβina'ðora]
horóscopo (m)	horóscopo (m)	[o'roskopo]

Artes

teatro (m)	teatro (m)	[te'atro]
ópera (f)	ópera (f)	['opera]
opereta (f)	opereta (f)	[ope'reta]
balé (m)	ballet (m)	[ba'let]

cartaz (m)	cartelera (f)	[karte'lera]
companhia (f) teatral	compañía (f)	[kompa'njia]
turné (digressão)	gira (f) artística	['xira ar'tistika]
estar em turné	hacer una gira artística	[a'θer una 'xira ar'tistika]
ensaiar (vt)	ensayar (vi, vt)	[ensa'jar]
ensaio (m)	ensayo (m)	[en'sajo]
repertório (m)	repertorio (m)	[reper'torio]

apresentação (f)	representación (f)	[representa'θjon]
espetáculo (m)	espectáculo (m)	[espek'takulʲo]
peça (f)	pieza (f) de teatro	['pjeθa de te'atro]

bilhete (m)	billet (m)	[bi'je]
bilheteira (f)	taquilla (f)	[ta'kija]
hall (m)	vestíbulo (m)	[bes'tiβulʲo]
guarda-roupa (m)	guardarropa (f)	[guarða'ropa]
senha (f) numerada	ficha (f) de guardarropa	['fitʃa de guarða'ropa]
binóculo (m)	gemelos (m pl)	[xe'melʲos]
lanterninha (m)	acomodador (m)	[akomoða'ðor]

plateia (f)	patio (m) de butacas	['patjo de bu'takas]
balcão (m)	balconcillo (m)	[balkon'θijo]
primeiro balcão (m)	entresuelo (m)	[entresu'elʲo]
camarote (m)	palco (m)	['palʲko]
fila (f)	fila (f)	['filʲa]
assento (m)	asiento (m)	[a'sjento]

público (m)	público (m)	['puβliko]
espetador (m)	espectador (m)	[espekta'ðor]
aplaudir (vt)	aplaudir (vi, vt)	[aplʲau'ðir]
aplausos (m pl)	aplausos (m pl)	[ap'lʲausos]
ovação (f)	ovación (f)	[oβa'θjon]

palco (m)	escenario (m)	[eθe'nario]
pano (m) de boca	telón (m)	[te'lʲon]
cenário (m)	decoración (f)	[dekora'θjon]
bastidores (m pl)	bastidores (m pl)	[basti'ðores]

cena (f)	escena (f)	[eθ'sena]
ato (m)	acto (m)	['akto]
entreato (m)	entreacto (m)	[entre'akto]

150. Cinema

ator (m)	**actor** (m)	[ak'tor]
atriz (f)	**actriz** (f)	[ak'triθ]
cinema (m)	**cine** (m)	['θine]
filme (m)	**película** (f)	[pe'likulʲa]
episódio (m)	**episodio** (m)	[epi'soðio]
filme (m) policial	**película** (f) **policíaca**	[pe'likulʲa poli'θiaka]
filme (m) de ação	**película** (f) **de acción**	[pe'likulʲa de ak'θjon]
filme (m) de aventuras	**película** (f) **de aventura**	[pe'likulʲa de aβen'tura]
filme (m) de ficção científica	**película** (f) **de ciencia ficción**	[pe'likulʲa de 'θjenθia fik'θjon]
filme (m) de terror	**película** (f) **de horror**	[pe'likulʲa de o'ror]
comédia (f)	**película** (f) **cómica**	[pe'likulʲa 'komika]
melodrama (m)	**melodrama** (m)	[melʲo'ðrama]
drama (m)	**drama** (m)	['drama]
filme (m) ficcional	**película** (f) **de ficción**	[pe'likulʲa de fik'θjon]
documentário (m)	**documental** (m)	[dokumen'talʲ]
desenho (m) animado	**dibujos** (m pl) **animados**	[di'βuχos ani'maðos]
cinema (m) mudo	**cine** (m) **mudo**	['θine 'muðo]
papel (m)	**papel** (m)	[pa'pelʲ]
papel (m) principal	**papel** (m) **principal**	[pa'pelʲ prinθi'palʲ]
representar (vt)	**interpretar** (vt)	[interpre'tar]
estrela (f) de cinema	**estrella** (f) **de cine**	[es'treja de 'θine]
conhecido	**conocido** (adj)	[kono'θiðo]
famoso	**famoso** (adj)	[fa'moso]
popular	**popular** (adj)	[popu'lʲar]
argumento (m)	**guión** (m) **de cine**	[gi'jon de 'θine]
argumentista (m)	**guionista** (m)	[gijo'nista]
realizador (m)	**director** (m) **de cine**	[direk'tor de 'θine]
produtor (m)	**productor** (m)	[proðuk'tor]
assistente (m)	**asistente** (m)	[asis'tente]
diretor (m) de fotografia	**operador** (m) **de cámara**	[opera'ðor de 'kamara]
duplo (m)	**doble** (m) **de riesgo**	['doβle de 'rjesgo]
duplo (m) de corpo	**doble** (m)	['doβle]
filmar (vt)	**filmar una película**	[filʲ'mar una pe'likulʲa]
audição (f)	**audición** (f)	[auði'θjon]
filmagem (f)	**rodaje** (m)	[ro'ðaχe]
equipe (f) de filmagem	**equipo** (m) **de rodaje**	[e'kipo de ro'ðaχe]
set (m) de filmagem	**plató** (m) **de rodaje**	[plʲa'to de ro'ðaχe]
câmara (f)	**cámara** (f)	['kamara]
cinema (m)	**cine** (m)	['θine]
ecrã (m), tela (f)	**pantalla** (f)	[pan'taja]
exibir um filme	**mostrar la película**	[mos'trar lʲa pe'likulʲa]
pista (f) sonora	**pista** (f) **sonora**	['pista so'nora]
efeitos (m pl) especiais	**efectos** (m pl) **especiales**	[e'fektos espe'θjales]

legendas (f pl)	subtítulos (m pl)	[suβ'titulʲos]
crédito (m)	créditos (m pl)	['kreðitos]
tradução (f)	traducción (f)	[traðuk'θjon]

151. Pintura

arte (f)	arte (m)	['arte]
belas-artes (f pl)	bellas artes (f pl)	['bejas 'artes]
galeria (f) de arte	galería (f) de arte	[gale'ria de 'arte]
exposição (f) de arte	exposición (f) de arte	[eksposi'θjon de 'arte]

pintura (f)	pintura (f)	[pin'tura]
arte (f) gráfica	gráfica (f)	['grafika]
arte (f) abstrata	abstraccionismo (m)	[aβstrakθjo'nismo]
impressionismo (m)	impresionismo (m)	[impresjo'nismo]

pintura (f), quadro (m)	pintura (f)	[pin'tura]
desenho (m)	dibujo (m)	[di'βuχo]
cartaz, póster (m)	pancarta (f)	[paŋ'karta]

ilustração (f)	ilustración (f)	[ilʲustra'θjon]
miniatura (f)	miniatura (f)	[minia'tura]
cópia (f)	copia (f)	['kopia]
reprodução (f)	reproducción (f)	[reproðuk'θjon]

mosaico (m)	mosaico (m)	[mo'saiko]
vitral (m)	vitral (m)	[bi'tralʲ]
fresco (m)	fresco (m)	['fresko]
gravura (f)	grabado (m)	[gra'βaðo]

busto (m)	busto (m)	['busto]
escultura (f)	escultura (f)	[eskulʲ'tura]
estátua (f)	estatua (f)	[es'tatua]
gesso (m)	yeso (m)	['jeso]
em gesso	en yeso (adj)	[en 'jeso]

retrato (m)	retrato (m)	[re'trato]
autorretrato (m)	autorretrato (m)	[autore'trato]
paisagem (f)	paisaje (m)	[paj'saχe]
natureza (f) morta	naturaleza (f) muerta	[natura'leθa mu'erta]
caricatura (f)	caricatura (m)	[karika'tura]
esboço (m)	boceto (m)	[bo'θeto]

tinta (f)	pintura (f)	[pin'tura]
aguarela (f)	acuarela (f)	[akua'relʲa]
óleo (m)	óleo (m)	['oleo]
lápis (m)	lápiz (m)	['lʲapiθ]
tinta da China (f)	tinta (f) china	['tinta 'tʃina]
carvão (m)	carboncillo (m)	[karβon'θijo]

desenhar (vt)	dibujar (vi, vt)	[diβu'χar]
pintar (vt)	pintar (vi, vt)	[pin'tar]
posar (vi)	posar (vi)	[po'sar]
modelo (m)	modelo (m)	[mo'ðelʲo]

modelo (f)	modelo (f)	[mo'ðeɫo]
pintor (m)	pintor (m)	[pin'tor]
obra (f)	obra (f) de arte	['oβra de 'arte]
obra-prima (f)	obra (f) maestra	['oβra ma'estra]
estúdio (m)	estudio (m)	[es'tuðio]

tela (f)	lienzo (m)	['ljenθo]
cavalete (m)	caballete (m)	[kaβa'jete]
paleta (f)	paleta (f)	[pa'leta]

moldura (f)	marco (m)	['marko]
restauração (f)	restauración (f)	[restaura'θjon]
restaurar (vt)	restaurar (vt)	[restau'rar]

152. Literatura & Poesia

literatura (f)	literatura (f)	[litera'tura]
autor (m)	autor (m)	[au'tor]
pseudónimo (m)	seudónimo (m)	[seu'ðonimo]

livro (m)	libro (m)	['liβro]
volume (m)	tomo (m)	['tomo]
índice (m)	tabla (f) de contenidos	['taβl'a de konte'niðos]
página (f)	página (f)	['paxina]
protagonista (m)	héroe (m) principal	['eroe prinθi'pal']
autógrafo (m)	autógrafo (m)	[au'toɣrafo]

conto (m)	relato (m) corto	[re'l'ato 'korto]
novela (f)	cuento (m)	[ku'ento]
romance (m)	novela (f)	[no'βel'a]
obra (f)	obra (f) literaria	['oβra lite'raria]
fábula (m)	fábula (f)	['faβul'a]

poesia (obra)	verso (m)	['berso]
poesia (arte)	poesía (f)	[poe'sia]
poema (m)	poema (m)	[po'ema]
poeta (m)	poeta (m)	[po'eta]

ficção (f)	bellas letras (f pl)	['bejas 'letras]
ficção (f) científica	ciencia ficción (f)	['θjenθia fik'θjon]
aventuras (f pl)	aventuras (f pl)	[aβen'turas]
literatura (f) didética	literatura (f) didáctica	[litera'tura di'ðaktika]
literatura (f) infantil	literatura (f) infantil	[litera'tura imfan'til']

153. Circo

circo (m)	circo (m)	['θirko]
circo (m) ambulante	circo (m) ambulante	['θirko ambu'l'ante]
programa (m)	programa (m)	[pro'ɣrama]
apresentação (f)	representación (f)	[represɛnta'θjon]
número (m)	número (m)	['numero]
arena (f)	arena (f)	[a'rena]

pantomima (f)	pantomima (f)	[panto'mima]
palhaço (m)	payaso (m)	[pa'jaso]

acróbata (m)	acróbata (m)	[a'kroβata]
acrobacia (f)	acrobacia (f)	[akro'βaθia]
ginasta (m)	gimnasta (m)	[χim'nasta]
ginástica (f)	gimnasia (f) acrobática	[χim'nasia akro'βatika]
salto (m) mortal	salto (m)	['salʲto]

homem forte (m)	forzudo (m)	[for'θuðo]
domador (m)	domador (m)	[doma'ðor]
cavaleiro (m) equilibrista	caballista (m)	[kaβa'jista]
assistente (m)	asistente (m)	[asis'tente]

truque (m)	truco (m)	['truko]
truque (m) de mágica	truco (m) de magia	['truko de 'maχia]
mágico (m)	ilusionista (m)	[ilʲusjo'nista]

malabarista (m)	malabarista (m)	[malʲaβa'rista]
fazer malabarismos	malabarear (vt)	[malʲaβare'ar]
domador (m)	amaestrador (m)	[amaestra'ðor]
adestramento (m)	amaestramiento (m)	[amaestra'mjento]
adestrar (vt)	amaestrar (vt)	[amaes'trar]

154. Música. Música popular

música (f)	música (f)	['musika]
músico (m)	músico (m)	['musiko]
instrumento (m) musical	instrumento (m) musical	[instru'mento musi'kalʲ]
tocar ...	tocar ...	[to'kar]

guitarra (f)	guitarra (f)	[gi'tara]
violino (m)	violín (m)	[bio'lin]
violoncelo (m)	violonchelo (m)	[biolʲon'ʧelʲo]
contrabaixo (m)	contrabajo (m)	[kontra'βaχo]
harpa (f)	arpa (f)	['arpa]

piano (m)	piano (m)	['pjano]
piano (m) de cauda	piano (m) de cola	['pjano de 'kolʲa]
órgão (m)	órgano (m)	['organo]

instrumentos (m pl) de sopro	instrumentos (m pl) de viento	[instru'mentos de 'bjento]
oboé (m)	oboe (m)	[o'βoe]
saxofone (m)	saxofón (m)	[sakso'fon]
clarinete (m)	clarinete (m)	[klʲari'nete]
flauta (f)	flauta (f)	['flʲauta]
trompete (m)	trompeta (f)	[trom'peta]

acordeão (m)	acordeón (m)	[akorðe'on]
tambor (m)	tambor (m)	[tam'bor]

duo, dueto (m)	dúo (m)	['duo]
trio (m)	trío (m)	['trio]
quarteto (m)	cuarteto (m)	[kuar'teto]

coro (m)	coro (m)	['koro]
orquestra (f)	orquesta (f)	[or'kesta]
música (f) pop	música (f) pop	['musika pop]
música (f) rock	música (f) rock	['musika rok]
grupo (m) de rock	grupo (m) de rock	['grupo de rok]
jazz (m)	jazz (m)	[dʒ'as]
ídolo (m)	ídolo (m)	['iðolʲo]
fã, admirador (m)	admirador (m)	[aðmira'ðor]
concerto (m)	concierto (m)	[kon'θjerto]
sinfonia (f)	sinfonía (f)	[simfo'nia]
composição (f)	composición (f)	[komposi'θjon]
compor (vt)	escribir (vt)	[eskri'ɕir]
canto (m)	canto (m)	['kanto]
canção (f)	canción (f)	[kan'θjon]
melodia (f)	melodía (f)	[melʲo'ðia]
ritmo (m)	ritmo (m)	['riðmo]
blues (m)	blues (m)	[blʲus]
notas (f pl)	notas (f pl)	['notas]
batuta (f)	batuta (f)	[ba'tuta]
arco (m)	arco (m)	['arko]
corda (f)	cuerda (f)	[ku'erða]
estojo (m)	estuche (m)	[es'tutʃə]

Descanso. Entretenimento. Viagens

155. Viagens

turismo (m)	turismo (m)	[tu'rismo]
turista (m)	turista (m)	[tu'rista]
viagem (f)	viaje (m)	['bjaχe]
aventura (f)	aventura (f)	[aβen'tura]
viagem (f)	viaje (m)	['bjaχe]
férias (f pl)	vacaciones (f pl)	[baka'θjones]
estar de férias	estar de vacaciones	[es'tar de baka'θjones]
descanso (m)	descanso (m)	[des'kanso]
comboio (m)	tren (m)	['tren]
de comboio (chegar ~)	en tren	[en 'tren]
avião (m)	avión (m)	[a'βjon]
de avião	en avión	[en a'βjon]
de carro	en coche	[en 'kotʃe]
de navio	en barco	[en 'barko]
bagagem (f)	equipaje (m)	[eki'paχe]
mala (f)	maleta (f)	[ma'leta]
carrinho (m)	carrito (m) de equipaje	[ka'rito de eki'paχe]
passaporte (m)	pasaporte (m)	[pasa'porte]
visto (m)	visado (m)	[bi'saðo]
bilhete (m)	billete (m)	[bi'jete]
bilhete (m) de avião	billete (m) de avión	[bi'jete de a'βjon]
guia (m) de viagem	guía (f)	['gia]
mapa (m)	mapa (m)	['mapa]
local (m), area (f)	área (f)	['area]
lugar, sítio (m)	lugar (m)	[ʲu'gar]
exotismo (m)	exotismo (m)	[ekso'tismo]
exótico	exótico (adj)	[e'ksotiko]
surpreendente	asombroso (adj)	[asom'broso]
grupo (m)	grupo (m)	['grupo]
excursão (f)	excursión (f)	[eskur'θjon]
guia (m)	guía (m)	['gia]

156. Hotel

hotel (m)	hotel (m)	[o'telʲ]
motel (m)	motel (m)	[mo'telʲ]
três estrelas	de tres estrellas	[de 'tres es'trejas]

| cinco estrelas | de cinco estrellas | [de 'θiŋko es'trejas] |
| ficar (~ num hotel) | hospedarse (vr) | [ospe'ðarse] |

quarto (m)	habitación (f)	[aβita'θ_on]
quarto (m) indivicual	habitación (f) individual	[aβita'θ_on indiβiðu'a ¹]
quarto (m) duplo	habitación (f) doble	[aβita'θ_on 'doβle]
reservar um quarto	reservar una habitación	[reser'βar 'una aβita'ɘjon]

| meia pensão (f) | media pensión (f) | ['meðia pen'θjon] |
| pensão (f) completa | pensión (f) completa | [pen'θjcn kom'pleta] |

com banheira	con baño	[kon 'bɛnjo]
com duche	con ducha	[kon 'dɪʧa]
televisão (m) satélite	televisión (f) satélite	[teleβi'Ɛjon sa'telite]
ar (m) condicionado	climatizador (m)	[klimatiθa'ðor]
toalha (f)	toalla (f)	[to'aja]
chave (f)	llave (f)	['jaβe]

administrador (π)	administrador (m)	[aðminɨstra'ðor]
camareira (f)	camarera (f)	[kama'rɛra]
bagageiro (m)	maletero (m)	[male'tero]
porteiro (m)	portero (m)	[por'terɔ]

restaurante (m)	restaurante (m)	[restau'rante]
bar (m)	bar (m)	[bar]
pequeno-almoçɔ (m)	desayuno (m)	[desa'juno]
jantar (m)	cena (f)	['θena]
buffet (m)	buffet (m) libre	[bu'fet "iβre]

| hall (m) de entrada | vestíbulo (m) | [bes'tiβulʲo] |
| elevador (m) | ascensor (m) | [aθen'sɔr] |

| NÃO PERTURBE | NO MOLESTAR | [no mo es'tar] |
| PROIBIDO FUMAR! | PROHIBIDO FUMAR | [proi'βiðo fu'mar] |

157. Livros. Leitura

livro (m)	libro (m)	['liβro]
autor (m)	autor (m)	[au'tor]
escritor (m)	escritor (m)	[eskri'tɔr]
escrever (vt)	escribir (vt)	[eskri'Ɛir]

leitor (m)	lector (m)	[lek'tor⁻
ler (vt)	leer (vi, vt)	[le'er]
leitura (f)	lectura (f)	[lek'turɘ]

| para si | en silencio | [en si'lenθio] |
| em voz alta | en voz alta | [en 'boɘ 'alʲta] |

publicar (vt)	editar (vt)	[eði'tarɟ
publicação (f)	edición (f)	[eði'θjcn]
editor (m)	editor (m)	[eði'torɟ
editora (f)	editorial (f)	[eðito'rɟalʲ]
sair (vi)	salir (vt)	[sa'lir]

lançamento (m)	salida (f)	[sa'liða]
tiragem (f)	tirada (f)	[ti'raða]

livraria (f)	librería (f)	[liβre'ria]
biblioteca (f)	biblioteca (f)	[biβlio'teka]

novela (f)	cuento (m)	[ku'ento]
conto (m)	relato (m) corto	[re'lʲato 'korto]
romance (m)	novela (f)	[no'βelʲa]
romance (m) policial	novela (f) policíaca	[no'βelʲa poli'θiaka]

memórias (f pl)	memorias (f pl)	[me'morias]
lenda (f)	leyenda (f)	[le'jenda]
mito (m)	mito (m)	['mito]

poesia (f)	versos (m pl)	['bersos]
autobiografia (f)	autobiografía (f)	[autoβioɣra'fia]
obras (f pl) escolhidas	obras (f pl) escogidas	['oβras esko'xiðas]
ficção (f) científica	ciencia ficción (f)	['θjenθia fik'θjon]

título (m)	título (m)	['titulʲo]
introdução (f)	introducción (f)	[introðuk'θjon]
folha (f) de rosto	portada (f)	[por'taða]

capítulo (m)	capítulo (m)	[ka'pitulʲo]
excerto (m)	extracto (m)	[eks'trakto]
episódio (m)	episodio (m)	[epi'soðio]

tema (m)	sujeto (m)	[su'xeto]
conteúdo (m)	contenido (m)	[konte'niðo]
índice (m)	tabla (f) de contenidos	['taβlʲa de konte'niðos]
protagonista (m)	héroe (m) principal	['eroe prinθi'palʲ]

tomo, volume (m)	tomo (m)	['tomo]
capa (f)	cubierta (f)	[ku'βjerta]
encadernação (f)	encuadernado (m)	[eŋkuaðer'naðo]
marcador (m) de livro	marcador (m) de libro	[marka'ðor de 'liβro]

página (f)	página (f)	['paxina]
folhear (vt)	hojear (vt)	[oxe'ar]
margem (f)	márgenes (m pl)	['marxenes]
anotação (f)	anotación (f)	[anota'θjon]
nota (f) de rodapé	nota (f) al pie	['nota alʲ pje]

texto (m)	texto (m)	['teksto]
fonte (f)	fuente (f)	[fu'ente]
gralha (f)	errata (f)	[e'rata]

tradução (f)	traducción (f)	[traðuk'θjon]
traduzir (vt)	traducir (vt)	[traðu'θir]
original (m)	original (m)	[orixi'nalʲ]

famoso	famoso (adj)	[fa'moso]
desconhecido	desconocido (adj)	[deskono'θiðo]
interessante	interesante (adj)	[intere'sante]
best-seller (m)	best-seller (m)	[best'seller]

dicionário (m)   diccionario (m)   [dikθjo'nario]
manual (m) esco ar   manual (m)   [manu'alʲ]
enciclopédia (f)   enciclopedia (f)   [enθiklʲo'peðia]

158. Caça. Pesca

Português	Espanhol	IPA
caça (f)	caza (f)	['kaθa]
caçar (vi)	cazar (vi, vt)	[ka'θar]
caçador (m)	cazador (m)	[kaθa'ðɔr]
atirar (vi)	tirar (vi)	[ti'rar]
caçadeira (f)	fusil (m)	[fu'silʲ]
cartucho (m)	cartucho (m)	[kar'tutʃɔ]
chumbo (m) de caça	perdigón (m)	[perði'ɣɔn]
armadilha (f)	cepo (m)	['θepo]
armadilha (com corda)	trampa (f)	['trampa]
cair na armadilha	caer en el cepo	[ka'er en elʲ 'θepo]
pôr a armadilha	poner un cepo	[po'ner un 'θepo]
caçador (m) furtivo	cazador (m) furtivo	[kaθa'ðor fur'tiβo]
caça (f)	caza (f) menor	['kaθa me'nor]
cão (m) de caça	perro (m) de caza	['pero ce 'kaθa]
safári (m)	safari (m)	[sa'fari]
animal (m) empalhado	animal (m) disecado	[ani'malʲ dise'kaðo]
pescador (m)	pescador (m)	[peska'ðor]
pesca (f)	pesca (f)	['peska]
pescar (vt)	pescar (vi)	[pes'kar]
cana (f) de pesca	caña (f) de pescar	['kanja de pes'kar]
linha (f) de pesca	sedal (m)	[se'ðalʲ]
anzol (m)	anzuelo (m)	[anθu'elʲo]
boia (f)	flotador (m)	[flʲota'ðor]
isca (f)	cebo (m)	['θeβo]
lançar a linha	lanzar el anzuelo	[lʲan'θar elʲ anθu'elʲo]
morder (vt)	picar (vt)	[pi'kar]
pesca (f)	pesca (f)	['peska]
buraco (m) no gelo	agujero (m) en el hielo	[agu'χero en elʲ 'jelʲc]
rede (f)	red (f)	[reð]
barco (m)	barca (f)	['barka]
pescar com rece	pescar con la red	[pes'kar kon lʲa 'reð]
lançar a rede	tirar la red	[ti'rar lʲa 'reð]
puxar a rede	sacar la red	[sa'kar lʲa 'reð]
cair nas malhas	caer en la red	[ka'er en lʲa 'reð]
baleeiro (m)	ballenero (m)	[baje'nero]
baleeira (f)	ballenero (m)	[baje'nero]
arpão (m)	arpón (m)	[ar'por]

159. Jogos. Bilhar

bilhar (m)	billar (m)	[bi'jar]
sala (f) de bilhar	sala (f) de billar	['salʲa de bi'jar]
bola (f) de bilhar	bola (f) de billar	['bolʲa de bi'jar]
embolsar uma bola	entronerar la bola	[entrone'rar lʲa 'bolʲa]
taco (m)	taco (m)	['tako]
caçapa (f)	tronera (f)	[tro'nera]

160. Jogos. Jogar cartas

carta (f) de jogar	carta (f)	['karta]
cartas (f pl)	cartas (f pl)	['kartas]
baralho (m)	baraja (f)	[ba'raχa]
trunfo (m)	triunfo (m)	[tri'umˌfo]
ouros (m pl)	cuadrados (m pl)	[kua'ðraðos]
espadas (f pl)	picas (f pl)	['pikas]
copas (f pl)	corazones (m pl)	[kora'θones]
paus (m pl)	tréboles (m pl)	['treβoles]
ás (m)	as (m)	[as]
rei (m)	rey (m)	[rej]
dama (f)	dama (f)	['dama]
valete (m)	sota (f)	['sota]
dar, distribuir (vt)	dar, distribuir (vt)	[dar], [distriβu'ir]
embaralhar (vt)	barajar (vt)	[bara'χar]
vez, jogada (f)	jugada (f)	[χu'gaða]
ponto (m)	punto (m)	['punto]
batoteiro (m)	fullero (m)	[fu'jero]

161. Casino. Roleta

casino (m)	casino (m)	[ka'sino]
roleta (f)	ruleta (f)	[ru'leta]
aposta (f)	puesta (f)	[pu'esta]
apostar (vt)	apostar (vt)	[apos'tar]
vermelho (m)	rojo (m)	['roχo]
preto (m)	negro (m)	['neɣro]
apostar no vermelho	apostar al rojo	[apos'tar alʲ 'roχo]
apostar no preto	apostar al negro	[apos'tar alʲ 'neɣro]
crupiê (m, f)	crupier (m, f)	[kru'pje]
girar a roda	girar la ruleta	[χi'rar lʲa ru'leta]
regras (f pl) do jogo	reglas (f pl) de juego	['reɣlʲas de χu'ego]
ficha (f)	ficha (f)	['fitʃa]
ganhar (vi, vt)	ganar (vi, vt)	[ga'nar]
ganho (m)	ganancia (f)	[ga'nanθia]

| perder (dinheiro) | perder (vi) | [per'ðer] |
| perda (f) | pérdida (f) | ['perðiða] |

jogador (m)	jugador (m)	[χuga'ĉor]
blackjack (m)	black jack (m)	[blek 'ʒek]
jogo (m) de dados	juego (m) de dados	[χu'egɔ de 'daðos]
dados (m pl)	dados (m pl)	['daðos]
máquina (f) de jogo	tragaperras (f)	[traga'peras]

162. Descanso. Jogos. Diversos

passear (vi)	pasear (vi)	[pase'ar]
passeio (m)	paseo (m)	[pa'seo]
viagem (f) de carro	paseo (m)	[pa'seo]
aventura (f)	aventura (f)	[aβen'tura]
piquenique (m)	picnic (m)	['piknik]

jogo (m)	juego (m)	[χu'ego]
jogador (m)	jugador (m)	[χuga'ðor]
partida (f)	partido (m)	[par'tiðo]

colecionador (m)	coleccionista (m)	[kolekθjo'nista]
colecionar (vt)	coleccionar (vt)	[kolekθjo'nar]
coleção (f)	colección (f)	[kolek'θjon]

palavras (f pl) cruzadas	crucigrama (m)	[kruθi'ɣrama]
hipódromo (m)	hipódromo (m)	[i'poðromo]
discoteca (f)	discoteca (f)	[disko'teka]

| sauna (f) | sauna (f) | ['sauna] |
| lotaria (f) | lotería (f) | [lʲote'ria] |

campismo (m)	marcha (f)	['martʃa]
acampamento (m)	campo (m)	['kampo]
campista (m)	campista (m)	[kam'pista]
tenda (f)	tienda (f) de campaña	['tjenda de kam'panja]
bússola (f)	brújula (f)	['bruχulʲa]

ver (vt), assistir à …	ver (vt)	[ber]
telespectador (m)	telespectador (m)	[tele·sɔekta'ðor]
programa (m) de TV	programa (m) de televisión	[pro'ɣrama de teleβi'sjon]

163. Fotografia

| máquina (f) fotográfica | cámara (f) fotográfica | ['kamara foto'ɣrafika] |
| foto, fotografia (f) | foto (f) | ['foto] |

fotógrafo (m)	fotógrafo (m)	[fo'toɣˇafo]
estúdio (m) fotográfico	estudio (m) fotográfico	[es'tuðjo foto'ɣrafiko]
álbum (m) de fotografias	álbum (m) de fotos	['alʲβum de 'fotos]
objetiva (f)	objetivo (m)	[oβχeˈtiβo]
teleobjetiva (f)	teleobjetivo (m)	[tele·cβχe'tiβo]

| filtro (m) | filtro (m) | ['fil'tro] |
| lente (f) | lente (m) | ['lente] |

ótica (f)	óptica (f)	['optika]
abertura (f)	diafragma (m)	[dia'fraɣma]
exposição (f)	tiempo (m) de exposición	['tjempo de eksposi'θjon]
visor (m)	visor (m)	[bi'sor]

câmara (f) digital	cámara (f) digital	['kamara diχi'talʲ]
tripé (m)	trípode (m)	['tripoðe]
flash (m)	flash (m)	[flʲaʃ]

fotografar (vt)	fotografiar (vt)	[fotoɣra'fjar]
tirar fotos	hacer fotos	[a'θer 'fotos]
fotografar-se	fotografiarse (vr)	[fotoɣra'fjarse]

foco (m)	foco (m)	['foko]
focar (vt)	enfocar (vt)	[eɱfo'kar]
nítido	nítido (adj)	['nitiðo]
nitidez (f)	nitidez (f)	[niti'ðeθ]

| contraste (m) | contraste (m) | [kon'traste] |
| contrastante | de alto contraste (adj) | [de 'alʲto kon'traste] |

retrato (m)	foto (f)	['foto]
negativo (m)	negativo (m)	[nega'tiβo]
filme (m)	película (f) fotográfica	[pe'likulʲa foto'ɣrafika]
fotograma (m)	fotograma (m)	[foto'ɣrama]
imprimir (vt)	imprimir (vt)	[impri'mir]

164. Praia. Natação

praia (f)	playa (f)	['plʲaja]
areia (f)	arena (f)	[a'rena]
deserto	desierto (adj)	[de'sjerto]

bronzeado (m)	bronceado (m)	[bronθe'aðo]
bronzear-se (vr)	broncearse (vr)	[bronθe'arse]
bronzeado	bronceado (adj)	[bronθe'aðo]
protetor (m) solar	protector (m) solar	[protek'tor so'lʲar]

biquíni (m)	bikini (m)	[bi'kini]
fato (m) de banho	traje (m) de baño	['traχe de 'banjo]
calção (m) de banho	bañador (m)	[banja'ðor]

piscina (f)	piscina (f)	[pi'θina]
nadar (vi)	nadar (vi)	[na'ðar]
duche (m)	ducha (f)	['dutʃa]
mudar de roupa	cambiarse (vr)	[kam'bjarse]
toalha (f)	toalla (f)	[to'aja]

barco (m)	barca (f)	['barka]
lancha (f)	lancha (f) motora	['lʲantʃa mo'tora]
esqui (m) aquático	esquís (m pl) acuáticos	[es'kis aku'atikos]

barco (m) de pedais
surf (m)
surfista (m)

bicicleta (f) acuática
surf (m)
surfista (m)

[biθik'leta aku'atika]
[surf]
[sur'fista]

equipamento (m) de mergulho
barbatanas (f pl)
máscara (f)
mergulhador (m)
mergulhar (vi)
debaixo d'água

equipo (m) de buceo
aletas (f pl)
máscara (f) de buceo
buceador (m)
bucear (vi)
bajo el agua

[e'kipo de bu'θeo]
[a'letas]
['maskɛra de bu'θeo]
[buθea'ðor]
[buθe'ar]
['baχo elʲ 'agua]

guarda-sol (m)
espreguiçadeira (f)
óculos (m pl) de sol
colchão (m) de ar

sombrilla (f)
tumbona (f)
gafas (f pl) de sol
colchoneta (f) inflable

[som'brija]
[tum'bona]
['gafas de 'solʲ]
[kolʲtʃo'neta imˌ'flʲaβleǀ

brincar (vi)
ir nadar

jugar (vi)
bañarse (vr)

[χu'gar]
[ba'njarse]

bola (f) de praia
encher (vt)
inflável, de ar

pelota (f) de playa
inflar (vt)
inflable (adj)

[pe'lʲotɛ de 'plʲaja]
[imˌ'flʲar]
[imˌ'flʲaɛle]

onda (f)
boia (f)
afogar-se (pessoa)

ola (f)
boya (f)
ahogarse (vr)

['olʲa]
['boja]
[ao'garse]

salvar (vt)
colete (m) salva-vidas
observar (vt)
nadador-salvador (m)

salvar (vt)
chaleco (m) salvavidas
observar (vt)
socorrista (m)

[salʲ'βa]
[tʃa'leko salʲβa'βiðas]
[oβser'βar]
[soko'rista]

EQUIPAMENTO TÉCNICO. TRANSPORTES

Equipamento técnico

165. Computador

computador (m)	ordenador (m)	[orðena'ðor]
portátil (m)	ordenador (m) portátil	[orðena'ðor por'tatilʲ]
ligar (vt)	encender (vt)	[enθen'der]
desligar (vt)	apagar (vt)	[apa'gar]
teclado (m)	teclado (m)	[te'klʲaðo]
tecla (f)	tecla (f)	['teklʲa]
rato (m)	ratón (m)	[ra'ton]
tapete (m) de rato	alfombrilla (f) para ratón	[alʲfom'brija 'para ra'ton]
botão (m)	botón (m)	[bo'ton]
cursor (m)	cursor (m)	[kur'sor]
monitor (m)	monitor (m)	[moni'tor]
ecrã (m)	pantalla (f)	[pan'taja]
disco (m) rígido	disco (m) duro	['disko 'duro]
capacidade (f) do disco rígido	volumen (m) de disco duro	[bo'lʲumen de 'disko 'duro]
memória (f)	memoria (f)	[me'moria]
memória RAM (f)	memoria (f) operativa	[me'morja opera'tiβa]
ficheiro (m)	archivo, fichero (m)	[ar'ʧiβo], [fi'ʧero]
pasta (f)	carpeta (f)	[kar'peta]
abrir (vt)	abrir (vt)	[a'βrir]
fechar (vt)	cerrar (vt)	[θe'rar]
guardar (vt)	guardar (vt)	[guar'ðar]
apagar, eliminar (vt)	borrar (vt)	[bo'rar]
copiar (vt)	copiar (vt)	[ko'pjar]
ordenar (vt)	ordenar (vt)	[orðe'nar]
copiar (vt)	transferir (vt)	[transfe'rir]
programa (m)	programa (m)	[pro'ɣrama]
software (m)	software (m)	['sofwer]
programador (m)	programador (m)	[proɣrama'ðor]
programar (vt)	programar (vt)	[proɣra'mar]
hacker (m)	hacker (m)	['aker]
senha (f)	contraseña (f)	[kontra'senja]
vírus (m)	virus (m)	['birus]
detetar (vt)	detectar (vt)	[detek'tar]
byte (m)	octeto, byte (m)	[ok'teto], ['βajt]

megabyte (m)	megabyte (m)	[mega'βajt]
dados (m pl)	datos (m pl)	['datos]
base (f) de dados	base (f) de datos	['base ce 'datos]
cabo (m)	cable (m)	['kaβle]
desconectar (vt)	desconectar (vt)	[deskonek'tar]
conetar (vt)	conectar (vt)	[konek'ːar]

166. Internet. E-mail

internet (f)	internet (m), red (f)	[inter'net], [reð]
browser (m)	navegador (m)	[naβega'ðor]
motor (m) de busca	buscador (m)	[buska'ɔor]
provedor (m)	proveedor (m)	[proβee'ðor]
webmaster (m)	webmaster (m)	[weβ'master]
website, sítio web (m)	sitio (m) web	['sitio weβ]
página (f) web	página (f) web	['paχina weβ]
endereço (m)	dirección (f)	[direk'θjon]
livro (m) de endereços	libro (m) de direcciones	['liβro de direk'θjones]
caixa (f) de correio	buzón (m)	[bu'θor]
correio (m)	correo (m)	[ko'reoˑ]
cheia (caixa de correio)	lleno (adj)	['jeno]
mensagem (f)	mensaje (m)	[men'saχe]
mensagens (f pl) recebidas	correo (m) entrante	[ko'reo en'trante]
mensagens (f pl) enviadas	correo (m) saliente	[ko'reo sa'ljente]
remetente (m)	expedidor (m)	[ekspeði'ðor]
enviar (vt)	enviar (vt)	[em'bjɛr]
envio (m)	envío (m)	[em'bicˑ]
destinatário (m)	destinatario (m)	[destinaˑ'tario]
receber (vt)	recibir (vt)	[reθi'βiˑ]
correspondência (f)	correspondencia (f)	[korespon'denθia]
corresponder-se (vr)	escribirse con …	[eskri'ɛirse kon]
ficheiro (m)	archivo, fichero (m)	[ar'tʃiβcˑ], [fi'tʃero]
fazer download, baixar	descargar (vt)	[deskaˑ'gar]
criar (vt)	crear (vt)	[kre'ar]
apagar, eliminar (vt)	borrar (vt)	[bo'rarˑ]
eliminado	borrado (adj)	[bo'raðo]
conexão (f)	conexión (f)	[konek θjon]
velocidade (f)	velocidad (f)	[belˑoθ 'ðað]
modem (m)	módem (m)	['moðem]
acesso (m)	acceso (m)	[ak'θeso]
porta (f)	puerto (m)	[pu'erto]
conexão (f)	conexión (f)	[konek'θjon]
conetar (vi)	conectarse a …	[konek'tarse a]

| escolher (vt) | seleccionar (vt) | [selekθjo'nar] |
| buscar (vt) | buscar (vt) | [bus'kar] |

167. Eletricidade

eletricidade (f)	electricidad (f)	[elektriθi'ðað]
elétrico	eléctrico (adj)	[e'lektriko]
central (f) elétrica	central (f) eléctrica	[θen'tralʲ e'lektrika]
energia (f)	energía (f)	[ener'χia]
energia (f) elétrica	energía (f) eléctrica	[ener'χia e'lektrika]

lâmpada (f)	bombilla (f)	[bom'bija]
lanterna (f)	linterna (f)	[lin'terna]
poste (m) de iluminação	farola (f)	[fa'rolʲa]

luz (f)	luz (f)	[lʲuθ]
ligar (vt)	encender (vt)	[enθen'der]
desligar (vt)	apagar (vt)	[apa'gar]
apagar a luz	apagar la luz	[apa'gar lʲa lʲuθ]

fundir (vi)	quemarse (vr)	[ke'marse]
curto-circuito (m)	circuito (m) corto	[θir'kuito 'korto]
rutura (f)	ruptura (f)	[rup'tura]
contacto (m)	contacto (m)	[kon'takto]

interruptor (m)	interruptor (m)	[interup'tor]
tomada (f)	enchufe (m)	[en'tʃufe]
ficha (f)	clavija (f)	[klʲa'βiχa]
extensão (f)	alargador (m)	[alʲarga'ðor]

fusível (m)	fusible (m)	[fu'siβle]
fio, cabo (m)	cable, hilo (m)	['kaβle], ['ilʲo]
instalação (f) elétrica	instalación (f) eléctrica	[instalʲa'θjon e'lektrika]

ampere (m)	amperio (m)	[am'perio]
amperagem (f)	amperaje (m)	[ampe'raχe]
volt (m)	voltio (m)	['bolʲtio]
voltagem (f)	voltaje (m)	[bolʲ'taχe]

| aparelho (m) elétrico | aparato (m) eléctrico | [apa'rato e'lektriko] |
| indicador (m) | indicador (m) | [indika'ðor] |

eletricista (m)	electricista (m)	[elektri'θista]
soldar (vt)	soldar (vt)	[solʲ'ðar]
ferro (m) de soldar	soldador (m)	[solʲda'ðor]
corrente (f) elétrica	corriente (f)	[ko'rjente]

168. Ferramentas

ferramenta (f)	instrumento (m)	[instru'mento]
ferramentas (f pl)	instrumentos (m pl),	[instru'mentos],
	herramientas (f pl)	[era'mjentas]

equipamento (m)	maquinaria (f)	[maki'naria]
martelo (m)	martillo (m)	[mar'tijo]
chave (f) de fendas	destornillador (m)	[destorⁿija'ðor]
machado (m)	hacha (f)	['atʃa]
serra (f)	sierra (f)	['sjera]
serrar (vt)	serrar (vt)	[se'rar]
plaina (f)	cepillo (m)	[θe'pijc]
aplainar (vt)	cepillar (vt)	[θepi'jɐr]
ferro (m) de soldar	soldador (m)	[solʲda'ɔor]
soldar (vt)	soldar (vt)	[solʲ'ðaˉ]
lima (f)	lima (f)	['lima]
tenaz (f)	tenazas (f pl)	[te'naθas]
alicate (m)	alicates (m pl)	[ali'kates]
formão (m)	escoplo (m)	[es'koɽlʲo]
broca (f)	broca (f)	['brokaǁ]
berbequim (f)	taladro (m)	[ta'lʲaðɪo]
furar (vt)	taladrar (vi, vt)	[talʲa'ðɪar]
faca (f)	cuchillo (m)	[ku'tʃijoǁ]
canivete (m)	navaja (f)	[na'βaχa
lâmina (f)	filo (m)	['filʲo]
afiado	agudo (adj)	[a'guðo]
cego	embotado (adj)	[embo˞aðo]
embotar-se (vr)	embotarse (vr)	[embo˞arse]
afiar, amolar (vt	afilar (vt)	[afi'lʲarˉ
parafuso (m)	perno (m)	['pernc]
porca (f)	tuerca (f)	[tu'erka]
rosca (f)	filete (m)	[fi'lete]
parafuso (m) para madeira	tornillo (m)	[tor'nijo]
prego (m)	clavo (m)	['klʲaβc]
cabeça (f) do prego	cabeza (f) del clavo	[ka'βeθa delʲ 'klʲaβoˉ
régua (f)	regla (f)	['reɣlʲa⌉
fita (f) métrica	cinta (f) métrica	['θinta 'metrika]
nível (m)	nivel (m) de burbuja	[ni'βelʲ de bur'βuχa]
lupa (f)	lupa (f)	['lʲupa]
medidor (m)	aparato (m) de medida	[apa'ra̤to de me'ðiða]
medir (vt)	medir (vt)	[me'ðiɾ]
escala (f)	escala (f)	[es'kalʲa]
indicação (f), registo (m)	lectura (f)	[lek'tuɪa]
compressor (m)	compresor (m)	[komp˞e'sor]
microscópio (m⁚	microscopio (m)	[mikroɟ'kopio]
bomba (f)	bomba (f)	['bomb̶a]
robô (m)	robot (m)	[ro'βotǂ
laser (m)	láser (m)	['lʲaserǁ
chave (f) de boca	llave (f) de tuerca	['jaβe ɟe tu'erka]
fita (f) adesiva	cinta (f) adhesiva	['θinta aðe'siβa]

cola (f)	cola (f), pegamento (m)	['koɬa], [pega'mento]
lixa (f)	papel (m) de lija	[pa'peɬ de 'liχa]
mola (f)	resorte (m)	[re'sorte]
íman (m)	imán (m)	[i'man]
luvas (f pl)	guantes (m pl)	[gu'antes]
corda (f)	cuerda (f)	[ku'erða]
cordel (m)	cordón (m)	[kor'ðon]
fio (m)	hilo (m)	['iɬo]
cabo (m)	cable (m)	['kaβle]
marreta (f)	almádana (f)	[alʲ'maðana]
pé de cabra (m)	barra (f)	['bara]
escada (f) de mão	escalera (f) portátil	[eska'lera por'tatiɬ]
escadote (m)	escalera (f) de tijera	[eska'lera de ti'χera]
enroscar (vt)	atornillar (vt)	[atorni'jar]
desenroscar (vt)	destornillar (vt)	[destorni'jar]
apertar (vt)	apretar (vt)	[apre'tar]
colar (vt)	pegar (vt)	[pe'gar]
cortar (vt)	cortar (vt)	[kor'tar]
falha (mau funcionamento)	fallo (m)	['fajo]
conserto (m)	reparación (f)	[repara'θjon]
consertar, reparar (vt)	reparar (vt)	[repa'rar]
regular, ajustar (vt)	regular, ajustar (vt)	[regu'lʲar], [aχus'tar]
verificar (vt)	verificar (vt)	[berifi'kar]
verificação (f)	control (m)	[kon'troɬ]
indicação (f), registo (m)	lectura (f)	[lek'tura]
seguro	fiable (adj)	['fjaβle]
complicado	complicado (adj)	[kompli'kaðo]
enferrujar (vi)	oxidarse (vr)	[oksi'ðarse]
enferrujado	oxidado (adj)	[oksi'ðaðo]
ferrugem (f)	óxido (m)	['oksiðo]

Transportes

169. Avião

avião (m)	avión (m)	[a'βjon]
bilhete (m) de avião	billete (m) de avión	[bi'jete de a'βjon]
companhia (f) aérea	compañía (f) aérea	[kompa'njia a'erea]
aeroporto (m)	aeropuerto (m)	[aeropu 'erto]
supersónico	supersónico (adj)	[super'soniko]

comandante (m) do avião	comandante (m)	[komar'dante]
tripulação (f)	tripulación (f)	[tripul'a θjon]
piloto (m)	piloto (m)	[pi'loto]
hospedeira (f) de bordo	azafata (f)	[aθa'faʈa]
copiloto (m)	navegador (m)	[naβega'ðor]

asas (f pl)	alas (f pl)	['alas]
cauda (f)	cola (f)	['kola]
cabine (f) de pilotagem	cabina (f)	[ka'βina]
motor (m)	motor (m)	[mo'tor]
trem (m) de aterragem	tren (m) de aterrizaje	['tren de ateri'θaχe]
turbina (f)	turbina (f)	[tur'βina]

hélice (f)	hélice (f)	['eliθe]
caixa-preta (f)	caja (f) negra	['kaχa 'neγra]
coluna (f) de controlo	timón (m)	[ti'mon]
combustível (m)	combustible (m)	[kombus'tiβle]

instruções (f pl) de segurança	instructivo (m) de seguridad	[instruk'tiβo de seguri'ðað]
máscara (f) de oxigénio	respirador (m) de oxígeno	[respira'ðor de o'ksiχeno]
uniforme (m)	uniforme (m)	[uni'forme]

| colete (m) salva-vidas | chaleco (m) salvavidas | [tʃa'leko sal'βa'βiðas] |
| paraquedas (m) | paracaídas (m) | [paraka'iðas] |

descolagem (f)	despegue (m)	[des'pege]
descolar (vi)	despegar (vi)	[despe gar]
pista (f) de descolagem	pista (f) de despegue	['pista de des'pege]

| visibilidade (f) | visibilidad (f) | [bisiβili ðað] |
| voo (m) | vuelo (m) | [bu'elo] |

| altura (f) | altura (f) | [al'tura] |
| poço (m) de ar | pozo (m) de aire | ['poθo de 'aire] |

assento (m)	asiento (m)	[a'sjento]
auscultadores (m pl)	auriculares (m pl)	[auriku'lares]
mesa (f) rebatível	mesita (f) plegable	[me'sita ple'gaβle]
vigia (f)	ventana (f)	[ben'tana]
passagem (f)	pasillo (m)	[pa'sijc]

170. Comboio

comboio (m)	tren (m)	['tren]
comboio (m) suburbano	tren (m) de cercanías	['tren de θerka'nias]
comboio (m) rápido	tren (m) rápido	['tren 'rapiðo]
locomotiva (f) diesel	locomotora (f) diésel	[lʲokomo'tora 'djeselʲ]
locomotiva (f) a vapor	tren (m) de vapor	['tren de ba'por]
carruagem (f)	coche (m)	['kotʃe]
carruagem restaurante (f)	coche restaurante (m)	['kotʃe restau'rante]
carris (m pl)	rieles (m pl)	['rjeles]
caminho de ferro (m)	ferrocarril (m)	[feroka'rilʲ]
travessa (f)	traviesa (f)	[tra'βjesa]
plataforma (f)	plataforma (f)	[plʲata'forma]
linha (f)	vía (f)	['bia]
semáforo (m)	semáforo (m)	[se'maforo]
estação (f)	estación (f)	[esta'θjon]
maquinista (m)	maquinista (m)	[maki'nista]
bagageiro (m)	maletero (m)	[male'tero]
hospedeiro, -a (da carruagem)	mozo (m) del vagón	['moθo delʲ ba'ɣon]
passageiro (m)	pasajero (m)	[pasa'xero]
revisor (m)	revisor (m)	[reβi'sor]
corredor (m)	corredor (m)	[kore'ðor]
freio (m) de emergência	freno (m) de urgencia	['freno de ur'xenθia]
compartimento (m)	compartimiento (m)	[komparti'mjento]
cama (f)	litera (f)	[li'tera]
cama (f) de cima	litera (f) de arriba	[li'tera de a'riβa]
cama (f) de baixo	litera (f) de abajo	[li'tera de a'βaxo]
roupa (f) de cama	ropa (f) de cama	['ropa de 'kama]
bilhete (m)	billete (m)	[bi'jete]
horário (m)	horario (m)	[o'rario]
painel (m) de informação	pantalla (f) de información	[pan'taja de iɱforma'θjon]
partir (vt)	partir (vi)	[par'tir]
partida (f)	partida (f)	[par'tiða]
chegar (vi)	llegar (vi)	[je'gar]
chegada (f)	llegada (f)	[je'gaða]
chegar de comboio	llegar en tren	[je'gar en 'tren]
apanhar o comboio	tomar el tren	[to'mar elʲ 'tren]
sair do comboio	bajar del tren	[ba'xar delʲ 'tren]
acidente (m) ferroviário	descarrilamiento (m)	[deskarilʲa'mjento]
descarrilar (vi)	descarrilarse (vr)	[deskari'lʲarse]
locomotiva (f) a vapor	tren (m) de vapor	['tren de ba'por]
fogueiro (m)	fogonero (m)	[fogo'nero]
fornalha (f)	hogar (m)	[o'gar]
carvão (m)	carbón (m)	[kar'βon]

171. Barco

navio (m)	barco, buque (m)	['barko], ['buke]
embarcação (f)	navío (m)	[na'βio]
vapor (m)	buque (m) de vapor	['buke ce ba'por]
navio (m)	motonave (f)	[moto'naβe]
transatlântico (m)	trasatlántico (m)	[trasat'lantiko]
cruzador (m)	crucero (m)	[kru'θero]
iate (m)	yate (m)	['jate]
rebocador (m)	remolcador (m)	[remolka'ðor]
barcaça (f)	barcaza (f)	[bar'kaθa]
ferry (m)	ferry (m)	['feri]
veleiro (m)	velero (m)	[be'lero]
bergantim (m)	bergantín (m)	[bergar'tin]
quebra-gelo (m)	rompehielos (m)	[rompe'jelos]
submarino (m)	submarino (m)	[suβma'rino]
bote, barco (m)	bote (m)	['bote]
bote, dingue (m)	bote (m)	['bote]
bote (m) salva-vidas	bote (m) salvavidas	['bote salβa'βiðas]
lancha (f)	lancha (f) motora	['lantʃa mo'tora]
capitão (m)	capitán (m)	[kapi'tan]
marinheiro (m)	marinero (m)	[mari'nero]
marujo (m)	marino (m)	[ma'rino]
tripulação (f)	tripulación (f)	[tripula'θjon]
contramestre (m)	contramaestre (m)	[kontrama'estre]
grumete (m)	grumete (m)	[gru'mete]
cozinheiro (m) de bordo	cocinero (m) de abordo	[koθi'nero de a'βorðo]
médico (m) de bordo	médico (m) del buque	['meðiko del 'buke]
convés (m)	cubierta (f)	[ku'βjerta]
mastro (m)	mástil (m)	['mastil]
vela (f)	vela (f)	['bela]
porão (m)	bodega (f)	[bo'ðega]
proa (f)	proa (f)	['proa]
popa (f)	popa (f)	['popa]
remo (m)	remo (m)	['remo]
hélice (f)	hélice (f)	['eliθe]
camarote (m)	camarote (m)	[kama'rote]
sala (f) dos oficiais	sala (f) de oficiales	['sala de ofi'θjales]
sala (f) das máquinas	sala (f) de máquinas	['sala de 'makinas]
ponte (m) de comando	puente (m) de mando	[pu'ente de 'mando]
sala (f) de comunicações	sala (f) de radio	['sala de 'raðio]
onda (f) de rádio	onda (f)	['onda]
diário (m) de bordo	cuaderno (m) de bitácora	[kua'ðerno de bi'takora]
luneta (f)	anteojo (m)	[ante'oχo]
sino (m)	campana (f)	[kam'pana]

bandeira (f)	bandera (f)	[ban'dera]
cabo (m)	cabo (m)	['kaβo]
nó (m)	nudo (m)	['nuðo]

corrimão (m)	pasamano (m)	[pasa'mano]
prancha (f) de embarque	pasarela (f)	[pasa'relʲa]

âncora (f)	ancla (f)	['aŋklʲa]
recolher a âncora	levar ancla	[le'βar 'aŋklʲa]
lançar a âncora	echar ancla	[e'tʃar 'aŋklʲa]
amarra (f)	cadena (f) del ancla	[ka'ðena delʲ 'aŋklʲa]

porto (m)	puerto (m)	[pu'erto]
cais, amarradouro (m)	embarcadero (m)	[embarka'ðero]
atracar (vi)	amarrar (vt)	[ama'rar]
desatracar (vi)	desamarrar (vt)	[desama'rar]

viagem (f)	viaje (m)	['bjaχe]
cruzeiro (m)	crucero (m)	[kru'θero]
rumo (m), rota (f)	derrota (f)	[de'rota]
itinerário (m)	itinerario (m)	[itine'rario]

canal (m) navegável	canal (m) navegable	[ka'nalʲ naβe'gaβle]
banco (m) de areia	bajío (m)	[ba'χio]
encalhar (vt)	encallar (vi)	[eŋka'jar]

tempestade (f)	tempestad (f)	[tempes'tað]
sinal (m)	señal (f)	[se'njalʲ]
afundar-se (vr)	hundirse (vr)	[un'dirse]
Homem ao mar!	¡Hombre al agua!	['ombre alʲ 'agua]
SOS	SOS	['ese o 'ese]
boia (f) salva-vidas	aro (m) salvavidas	['aro salʲβa'βiðas]

172. Aeroporto

aeroporto (m)	aeropuerto (m)	[aeropu'erto]
avião (m)	avión (m)	[a'βjon]
companhia (f) aérea	compañía (f) aérea	[kompa'njia a'erea]
controlador (m) de tráfego aéreo	controlador (m) aéreo	[kontrolʲa'ðor a'ereo]

partida (f)	despegue (m)	[des'pege]
chegada (f)	llegada (f)	[je'gaða]
chegar (~ de avião)	llegar (vi)	[je'gar]

hora (f) de partida	hora (f) de salida	['ora de sa'liða]
hora (f) de chegada	hora (f) de llegada	['ora de je'gaða]

estar atrasado	retrasarse (vr)	[retra'sarse]
atraso (m) de voo	retraso (m) de vuelo	[re'traso de bu'elʲo]

painel (m) de informação	pantalla (f) de información	[pan'taja de imforma'θjon]
informação (f)	información (f)	[imforma'θjon]
anunciar (vt)	anunciar (vt)	[anun'θjar]

voo (m)	vuelo (m)	[bu'elʲo]
alfândega (f)	aduana (f)	[aðu'ana]
funcionário (m) da alfândega	aduanero (m)	[aðua'nero]
declaração (f) alfandegária	declaración (f) de aduana	[deklʲara'θjon de aðu'ana]
preencher (vt)	rellenar (vt)	[reje'nar]
preencher a declaração	rellenar la declaración	[reje'nar lʲa deklʲara'θjon]
controlo (m) de passaportes	control (m) de pasaportes	[kon'trolʲ de pasa'portes]
bagagem (f)	equipaje (m)	[eki'paχe]
bagagem (f) de mão	equipaje (m) de mano	[eki'paχe de 'mano]
carrinho (m)	carrito (m) de equipaje	[ka'rito de eki'paχe]
aterragem (f)	aterrizaje (m)	[ateri'θaχe]
pista (f) de aterragem	pista (f) de aterrizaje	['pista de ateri'θaχe]
aterrar (vi)	aterrizar (vi)	[ateri'θar]
escada (f) de avião	escaleras (f pl)	[eska'leras]
check-in (m)	facturación (f), check-in (m)	[faktura'θjon], [tʃek·'in]
balcão (m) do check-in	mostrador (m) de facturación	[mostra'ðor de faktura'θjon]
fazer o check-in	hacer el check-in	[a'θer elʲ tʃek·'in]
cartão (m) de embarque	tarjeta (f) de embarque	[tar'χeta de em'barke]
porta (f) de embarque	puerta (f) de embarque	[pu'erta de em'barke]
trânsito (m)	tránsito (m)	['transito]
esperar (vi, vt)	esperar (vt)	[espe'rar]
sala (f) de espera	zona (f) de preembarque	['θona de preem'barke]
despedir-se de …	despedir (vt)	[despe'ðir]
despedir-se (vr)	despedirse (vr)	[despe'ðirse]

173. Bicicleta. Motocicleta

bicicleta (f)	bicicleta (f)	[biθik'leta]
scotter, lambreta (f)	scooter (m)	['skuter]
mota (f)	motocicleta (f)	[motoθi'kleta]
ir de bicicleta	ir en bicicleta	[ir en biθi'kleta]
guiador (m)	manillar (m)	[mani'jar]
pedal (m)	pedal (m)	[pe'ðalʲ]
travões (m pl)	frenos (m pl)	['frenos]
selim (m)	sillín (m)	[si'jin]
bomba (f) de ar	bomba (f)	['bomba]
porta-bagagens (m)	portaequipajes (m)	[porta·eki'paχes]
lanterna (f)	faro (m)	['faro]
capacete (m)	casco (m)	['kasko]
roda (f)	rueda (f)	[ru'eða]
guarda-lamas (m)	guardabarros (m)	[guarða·'baros]
aro (m)	llanta (f)	['janta]
raio (m)	rayo (m)	['rajo]

Carros

174. Tipos de carros

carro, automóvel (m)	**coche** (m)	['kotʃe]
carro (m) desportivo	**coche** (m) **deportivo**	['kotʃe depor'tiβo]
limusine (f)	**limusina** (f)	[limu'sina]
todo o terreno (m)	**todoterreno** (m)	['toðo·te'reno]
descapotável (m)	**cabriolé** (m)	[kaβrio'le]
minibus (m)	**microbús** (m)	[mikro'βus]
ambulância (f)	**ambulancia** (f)	[ambu'lʲanθia]
limpa-neve (m)	**quitanieves** (m)	[kita'njeβes]
camião (m)	**camión** (m)	[ka'mjon]
camião-cisterna (m)	**camión** (m) **cisterna**	[ka'mjon θis'terna]
carrinha (f)	**camioneta** (f)	[kamjo'neta]
camião-trator (m)	**cabeza** (f) **tractora**	[ka'βeθa trak'tora]
atrelado (m)	**remolque** (m)	[re'molʲke]
confortável	**confortable** (adj)	[komfor'taβle]
usado	**de ocasión** (adj)	[de oka'θjon]

175. Carros. Carroçaria

capô (m)	**capó** (m)	[ka'po]
guarda-lamas (m)	**guardabarros** (m)	[guarða·'baros]
tejadilho (m)	**techo** (m)	['tetʃo]
para-brisa (m)	**parabrisas** (m)	[para'βrisas]
espelho (m) retrovisor	**espejo** (m) **retrovisor**	[es'pexo retroβi'sor]
lavador (m)	**limpiador** (m)	[limpja'ðor]
limpa-para-brisas (m)	**limpiaparabrisas** (m)	[limpja·para'βrisas]
vidro (m) lateral	**ventana** (f) **lateral**	[ben'tana lʲate'ralʲ]
elevador (m) do vidro	**elevalunas** (m)	[eleβa·'lʲunas]
antena (f)	**antena** (f)	[an'tena]
teto solar (m)	**techo** (m) **solar**	['tetʃo so'lʲar]
para-choques (m pl)	**parachoques** (m)	[para'tʃokes]
bagageira (f)	**maletero** (m)	[male'tero]
bagageira (f) de tejadilho	**baca** (f)	['baka]
porta (f)	**puerta** (f)	[pu'erta]
maçaneta (f)	**tirador** (m) **de puerta**	[tira'ðor de pu'erta]
fechadura (f)	**cerradura** (f)	[θera'ðura]
matrícula (f)	**matrícula** (f)	[ma'trikulʲa]
silenciador (m)	**silenciador** (m)	[silenθja'ðor]

tanque (m) de gasolina	tanque (m) de gasolina	['taŋke ɟe gaso'lina]
tubo (m) de escape	tubo (m) de escape	['tuβo ɟe es'kape]
acelerador (m)	acelerador (m)	[aθelera'ðor]
pedal (m)	pedal (m)	[pe'ðal]
pedal (m) do acelerador	pedal (m) de acelerador	[pe'ðalʲ de aθelera'ðor]
travão (m)	freno (m)	['freno]
pedal (m) do travão	pedal (m) de freno	[pe'ðalʲ de 'freno]
travar (vt)	frenar (vi)	[fre'nar]
travão (m) de mão	freno (m) de mano	['freno ɟe 'mano]
embraiagem (f)	embrague (m)	[em'braɣe]
pedal (m) da embraiagem	pedal (m) de embrague	[pe'ðalʲ de em'braɣe]
disco (m) de embraiagem	disco (m) de embrague	['disko ɟe em'braɣe]
amortecedor (m)	amortiguador (m)	[amortiɣua'ðor]
roda (f)	rueda (f)	[ru'eða]
pneu (m) sobresselente	rueda (f) de repuesto	[ru'eða de repu'esto]
pneu (m)	neumático (m)	[neu'matiko]
tampão (m) de roda	tapacubo (m)	[tapa'kuβo]
rodas (f pl) motrizes	ruedas (f pl) motrices	[ru'eðas mo'triθes]
de tração dianteira	de tracción delantera	[de trak'θjon delʲan'tera]
de tração traseira	de tracción trasera	[de trak'θjon tra'sera]
de tração às 4 rodas	de tracción integral	[de trak'θjon inte'ɣralʲ]
caixa (f) de mudanças	caja (f) de cambios	['kaχa ɟe 'kambjos]
automático	automático (adj)	[auto'rratiko]
mecânico	mecánico (adj)	[me'kaniko]
alavanca (f) das mudanças	palanca (f) de cambios	[pa'lʲanꭓa de 'kambjos]
farol (m)	faro (m)	['faro]
faróis, luzes	faros (m pl)	['faros]
médios (m pl)	luz (f) de cruce	[lʲuθ de 'kruθe]
máximos (m pl)	luz (f) de carretera	[lʲuθ de kare'tera]
luzes (f pl) de stop	luz (f) de freno	[lʲuθ de 'freno]
mínimos (m pl)	luz (f) de posición	[lʲuθ de posi'θjon]
luzes (f pl) de emergência	luces (f pl) de emergencia	['lʲuθes de emer'ꭓenɜia]
faróis (m pl) antinevoeiro	luces (f pl) antiniebla	['lʲuθes anti'njeβlʲa]
pisca-pisca (m)	intermitente (m)	[intermi'nente]
luz (f) de marcha atrás	luz (f) de marcha atrás	[lʲuθ de 'martʃa a'tras]

176. Carros. Habitáculo

interior (m) do carro	habitáculo (m)	[aβi'takulʲo]
de couro, de pele	de cuero (adj)	[de ku'ɜro]
de veludo	de felpa (adj)	[de 'felpa]
estofos (m pl)	tapizado (m)	[tapi'θaðo]
indicador (m)	instrumento (m)	[instru'mento]
painel (m) de instrumentos	salpicadero (m)	[salʲpika'ðero]

| velocímetro (m) | velocímetro (m) | [beʎo'θimetro] |
| ponteiro (m) | aguja (f) | [a'guxa] |

conta-quilómetros (m)	cuentakilómetros (m)	[ku'enta·ki'ʎometros]
sensor (m)	indicador (m)	[indika'ðor]
nível (m)	nivel (m)	[ni'βeʎ]
luz (f) avisadora	testigo (m)	[tes'tigo]

volante (m)	volante (m)	[bo'ʎante]
buzina (f)	bocina (f)	[bo'θina]
botão (m)	botón (m)	[bo'ton]
interruptor (m)	interruptor (m)	[interup'tor]

assento (m)	asiento (m)	[a'sjento]
costas (f pl) do assento	respaldo (m)	[res'paldo]
cabeceira (f)	reposacabezas (m)	[reposa·ka'βeθas]
cinto (m) de segurança	cinturón (m) de seguridad	[θintu'ron de seguri'ðað]
apertar o cinto	abrocharse el cinturón	[aβro'ʧarse eʎ θintu'ron]
regulação (f)	reglaje (m)	[re'ɣʎaxe]

| airbag (m) | bolsa (f) de aire | ['bolʲsa de 'aire] |
| ar (m) condicionado | climatizador (m) | [klimatiθa'ðor] |

rádio (m)	radio (m)	['raðio]
leitor (m) de CD	reproductor (m) de CD	[reproðuk'tor de θe'de]
ligar (vt)	encender (vt)	[enθen'der]
antena (f)	antena (f)	[an'tena]
porta-luvas (m)	guantera (f)	[guan'tera]
cinzeiro (m)	cenicero (m)	[θeni'θero]

177. Carros. Motor

motor (m)	motor (m)	[mo'tor]
diesel	diésel (adj)	[dje'seʎ]
a gasolina	a gasolina (adj)	[a gaso'lina]

cilindrada (f)	volumen (m) del motor	[bo'ʎumen deʎ mo'tor]
potência (f)	potencia (f)	[po'tensia]
cavalo-vapor (m)	caballo (m) de fuerza	[ka'βajo de fu'erθa]
pistão (m)	pistón (m)	[pis'ton]
cilindro (m)	cilindro (m)	[θi'lindro]
válvula (f)	válvula (f)	['balʲβulʲa]

injetor (m)	inyector (m)	[injek'tor]
gerador (m)	generador (m)	[xenera'ðor]
carburador (m)	carburador (m)	[karβura'ðor]
óleo (m) para motor	aceite (m) de motor	[a'θejte de mo'tor]

radiador (m)	radiador (m)	[raðja'ðor]
refrigerante (m)	liquido (m) refrigerante	[li'kiðo refrixe'rante]
ventilador (m)	ventilador (m)	[bentilʲa'ðor]

| dispositivo (m) de arranque | estárter (m) | [es'tarter] |
| ignição (f) | encendido (m) | [enθen'diðo] |

| vela (f) de ignição | bujía (f) | [bu'χia] |
| fusível (m) | fusible (m) | [fu'siβlε] |

bateria (f)	batería (f)	[bate'ria]
borne (m)	terminal (m)	[termi'nalʲ]
borne (m) positivo	terminal (m) positivo	[termi'nalʲ posi'tiβa]
borne (m) negativo	terminal (m) negativo	[termi'nalʲ nega'tiβa]

filtro (m) de ar	filtro (m) de aire	['filʲtro ce 'aire]
filtro (m) de óleo	filtro (m) de aceite	['filʲtro ce a'θejte]
filtro (m) de combustível	filtro (m) de combustible	['filʲtro ce kombus'tiβ e]

178. Carros. Batidas. Reparação

acidente (m) de carro	accidente (m)	[akθi'ðente]
acidente (m) rodoviário	accidente (m) de tráfico	[akθi'ðente de 'trafiko]
ir contra ...	chocar contra ...	[tʃo'kar 'kontra]
sofrer um acidente	tener un accidente	[te'ner ɹn akθi'ðente]
danos (m pl)	daño (m)	['danjo]
intato	intacto (adj)	[in'takto]

avaria (no motor, etc.)	pana (f)	['pana]
avariar (vi)	averiarse (vr)	[aβe'rjɛrse]
cabo (m) de reboque	remolque (m)	[re'molʲke]

furo (m)	pinchazo (m)	[pin'tʃaθo]
estar furado	desinflarse (vr)	[desimˈfliˈarse]
encher (vt)	inflar (vt)	[imˈflʲarɬ]
pressão (f)	presión (f)	[pre'sjcn]
verificar (vt)	verificar (vt)	[berifi'kar]

reparação (f)	reparación (f)	[reparɛˈθjon]
oficina (f)	taller (m)	[ta'jer]
de reparação de carros		
peça (f) sobresselente	parte (f) de repuesto	['parte ɟe repu'esto]
peça (f)	parte (f)	['parte]

parafuso (m)	perno (m)	['pernoɬ]
parafuso (m)	tornillo (m)	[tor'nijc]
porca (f)	tuerca (f)	[tu'erka]
anilha (f)	arandela (f)	[aran'delʲa]
rolamento (m)	rodamiento (m)	[roða'mjento]

tubo (m)	tubo (m)	['tuβo]
junta (f)	junta (f)	['χunta]
fio, cabo (m)	cable, hilo (m)	['kaβle , ['ilʲo]

macaco (m)	gato (m)	['gato]
chave (f) de boca	llave (f) de tuerca	['jaβe ɟe tu'erka]
martelo (m)	martillo (m)	[mar'tijɔ]
bomba (f)	bomba (f)	['bomba]
chave (f) de fendas	destornillador (m)	[destornija'ðor]
extintor (m)	extintor (m)	[ekstin tor]
triângulo (m) de emergência	triángulo (m) de avería	[tri'angulʲo de aβe'ria]

T&P Books. Vocabulário Português-Espanhol - 9000 palavras

parar (vi) (motor)	pararse, calarse (vr)	[pa'rarse], [ka'lʲarse]
paragem (f)	parada (f)	[pa'raða]
estar quebrado	estar averiado	[es'tar aβe'rjaðo]
superaquecer-se (vr)	recalentarse (vr)	[rekalen'tarse]
entupir-se (vr)	estar atascado	[es'tar atas'kaðo]
congelar-se (vr)	congelarse (vr)	[konχe'lʲarse]
rebentar (vi)	reventar (vi)	[reβen'tar]
pressão (f)	presión (f)	[pre'sjon]
nível (m)	nivel (m)	[ni'βelʲ]
frouxo	flojo (adj)	['flʲoχo]
mossa (f)	abolladura (f)	[aβoja'ðura]
ruído (m)	ruido (m)	[ru'iðo]
fissura (f)	grieta (f)	[gri'eta]
arranhão (m)	rozadura (f)	[roθa'ðura]

179. Carros. Estrada

estrada (f)	camino (m)	[ka'mino]
autoestrada (f)	autovía (f)	[auto'βia]
rodovia (f)	carretera (f)	[kare'tera]
direção (f)	dirección (f)	[direk'θjon]
distância (f)	distancia (f)	[dis'tanθia]
ponte (f)	puente (m)	[pu'ente]
parque (m) de estacionamento	aparcamiento (m)	[aparka'mjento]
praça (f)	plaza (f)	['plʲaθa]
nó (m) rodoviário	intercambiador (m)	[interkambja'ðor]
túnel (m)	túnel (m)	['tunelʲ]
posto (m) de gasolina	gasolinera (f)	[gasoli'nera]
parque (m) de estacionamento	aparcamiento (m)	[aparka'mjento]
bomba (f) de gasolina	surtidor (m)	[surti'ðor]
oficina (f) de reparação de carros	taller (m)	[ta'jer]
abastecer (vt)	cargar gasolina	[kar'gar gaso'lina]
combustível (m)	combustible (m)	[kombus'tiβle]
bidão (m) de gasolina	bidón (m) de gasolina	[bi'ðon de gaso'lina]
asfalto (m)	asfalto (m)	[as'falʲto]
marcação (f) de estradas	señalización (f) vial	[senjaliθa'θjon bi'jalʲ]
lancil (m)	bordillo (m)	[bor'ðijo]
proteção (f) guard-rail	barrera (f) de seguridad	[ba'rera de seguri'ðað]
valeta (f)	cuneta (f)	[ku'neta]
berma (f) da estrada	borde (m) de la carretera	['borðe de lʲa kare'tera]
poste (m) de luz	farola (f)	[fa'rolʲa]
conduzir, guiar (vt)	conducir (vi, vt)	[kondu'θir]
virar (ex. ~ à direita)	girar (vi)	[χi'rar]
dar retorno	girar en U	[χi'rar en 'u]
marcha-atrás (f)	marcha (f) atrás	['marʧa a'tras]
buzinar (vi)	tocar la bocina	[to'kar lʲa bo'θina]

160

buzina (f)	bocinazo (m)	[boθi'naθo]
atolar-se (vr)	atascarse (vr)	[atas'karse]
patinar (na lama)	patinar (vi)	[pati'nɛr]
desligar (vt)	parar (vt)	[pa'rar]

velocidade (f)	velocidad (f)	[belʲoθ'ðað]
exceder a velocidade	exceder la velocidad	[ekθe'ĉer lʲa belʲoθi'ðað]
multar (vt)	multar (vt)	[mulʲ'tar]
semáforo (m)	semáforo (m)	[se'maːoro]
carta (f) de condução	permiso (m) de conducir	[per'miso de kondu'θir]

passagem (f) de nível	paso (m) a nivel	['paso a ni'βelʲ]
cruzamento (m)	cruce (m)	['kruθe]
passadeira (f)	paso (m) de peatones	['paso ʲe pea'tones]
zona (f) pedonal	zona (f) de peatones	['θona ʲe pea'tones]

180. Sinais de trânsito

código (m) da estrada	reglas (f pl) de tránsito	['reɣlʲas de 'transito]
sinal (m) de trânsito	señal (m) de tráfico	[se'nja ʲ de 'trafiko]
ultrapassagem (f)	adelantamiento (m)	[aðelʲanta'mjento]
curva (f)	curva (f)	['kurβa]
inversão (f) de marcha	vuelta (f) en U	[bu'elʲta en 'u]
rotunda (f)	rotonda (f)	[ro'tonʲa]

sentido proibido	Prohibido el paso	[proi'βiðo elʲ 'paso]
trânsito proibido	Circulación prohibida	[θirkulʲa'θjon proi'βiða]
proibição de ultrapassar	Prohibido adelantar	[proi'β ðo aðelʲan'tar]
estacionamento proibido	Prohibido aparcar	[proi'β ðo apar'kar]
paragem proibida	Prohibido parar	[proi'β ðo pa'rar]

| curva (f) perigosa | curva (f) peligrosa | ['kurβɛ peli'ɣrosa] |
| descida (f) perigosa | bajada con fuerte pendiente | [ba'χaða kon fu'ertɛ pen'djente] |

trânsito de sentido único	sentido (m) único	[sen'tiðo 'uniko]
passadeira (f)	paso (m) de peatones	['paso de pea'tones]
pavimento (m) escorregadio	pavimento (m) deslizante	[paβi'nento desli'θante]
cedência de passagem	ceda el paso	['θeða elʲ 'paso]

PESSOAS. EVENTOS

181. Férias. Evento

festa (f)	fiesta (f)	['fjesta]
festa (f) nacional	fiesta (f) nacional	['fjesta naθjo'nalʲ]
feriado (m)	día (m) de fiesta	['dia de 'fjesta]
festejar (vt)	celebrar (vt)	[θele'βrar]
evento (festa, etc.)	evento (m)	[e'βento]
evento (banquete, etc.)	medida (f)	[me'ðiða]
banquete (m)	banquete (m)	[baŋ'kete]
receção (f)	recepción (f)	[resep'θjon]
festim (m)	festín (m)	[fes'tin]
aniversário (m)	aniversario (m)	[aniβer'sario]
jubileu (m)	jubileo (m)	[χuβi'leo]
Ano (m) Novo	Año (m) Nuevo	['anjo nu'eβo]
Feliz Ano Novo!	¡Feliz Año Nuevo!	[fe'liθ 'anjo nu'eβo]
Pai (m) Natal	Papá Noel (m)	[pa'pa no'elʲ]
Natal (m)	Navidad (f)	[naβi'ðað]
Feliz Natal!	¡Feliz Navidad!	[fe'liθ naβi'ðað]
árvore (f) de Natal	árbol (m) de Navidad	['arβolʲ de naβi'ðað]
fogo (m) de artifício	fuegos (m pl) artificiales	[fu'egos artifi'θjales]
boda (f)	boda (f)	['boða]
noivo (m)	novio (m)	['noβio]
noiva (f)	novia (f)	['noβia]
convidar (vt)	invitar (vt)	[imbi'tar]
convite (m)	tarjeta (f) de invitación	[tar'χeta de imbita'θjon]
convidado (m)	invitado (m)	[imbi'taðo]
visitar (vt)	visitar (vt)	[bisi'tar]
receber os hóspedes	recibir a los invitados	[reθi'βir a los imbi'taðos]
presente (m)	regalo (m)	[re'galʲo]
oferecer (vt)	regalar (vt)	[rega'lʲar]
receber presentes	recibir regalos	[reθi'βir re'galʲos]
ramo (m) de flores	ramo (m) de flores	['ramo de 'flʲores]
felicitações (f pl)	felicitación (f)	[feliθita'θjon]
felicitar (dar os parabéns)	felicitar (vt)	[feliθi'tar]
cartão (m) de parabéns	tarjeta (f) de felicitación	[tar'χeta de feliθita'θjon]
enviar um postal	enviar una tarjeta	[em'bjar 'una tar'χeta]
receber um postal	recibir una tarjeta	[reθi'βir 'una tar'χeta]
brinde (m)	brindis (m)	['brindis]

| oferecer (vt) | ofrecer (vt) | [ofre'θe-] |
| champanhe (m) | champaña (f) | [tʃam'pɛnja] |

divertir-se (vr)	divertirse (vr)	[diβer'ti -se]
diversão (f)	diversión (f)	[diβer's.on]
alegria (f)	alegría (f)	[ale'ɣriɛ]

| dança (f) | baile (m) | ['bajle] |
| dançar (vi) | bailar (vi, vt) | [baj'lʲar] |

| valsa (f) | vals (m) | [balʲs] |
| tango (m) | tango (m) | ['tango] |

182. Funerais. Enterro

cemitério (m)	cementerio (m)	[θemer'terio]
sepultura (f), túmulo (m)	tumba (f)	['tumba]
cruz (f)	cruz (f)	[kruθ]
lápide (f)	lápida (f)	['lʲapiðɛ]
cerca (f)	verja (f)	['berχa]
capela (f)	capilla (f)	[ka'pija]

morte (f)	muerte (f)	[mu'ertɛ]
morrer (vi)	morir (vi)	[mo'rir]
defunto (m)	difunto (m)	[di'funtɵ]
luto (m)	luto (m)	['lʲuto]

enterrar, sepultar (vt)	enterrar (vt)	[ente'rɛr]
agência (f) funerária	funeraria (f)	[fune'rɛria]
funeral (m)	entierro (m)	[en'tjerɔ]

coroa (f) de flores	corona (f) funeraria	[ko'ronɑ fune'raria]
caixão (m)	ataúd (m)	[ata'uð]
carro (m) funerário	coche (m) fúnebre	['kotʃe 'funeβre]
mortalha (f)	mortaja (f)	[mor'taχa]

procissão (f) funerária	cortejo (m) fúnebre	[kor'teχo 'funeβre]
urna (f) funerária	urna (f) funeraria	['urna fune'raria]
crematório (m)	crematorio (m)	[krema'torio]

obituário (m), necrologia (f)	necrología (f)	[nekrolʲo'χia]
chorar (vi)	llorar (vi)	[jo'rar]
soluçar (vi)	sollozar (vi)	[sojo'θɛr]

183. Guerra. Soldados

pelotão (m)	sección (f)	[sek'θjɔn]
companhia (f)	compañía (f)	[kompa'njia]
regimento (m)	regimiento (m)	[reχi'mjento]
exército (m)	ejército (m)	[e'χerɛito]
divisão (f)	división (f)	[diβi'θjɔn]
destacamento (m)	destacamento (m)	[destaˈka'mento]

hoste (f)	hueste (f)	[u'este]
soldado (m)	soldado (m)	[sol'ðaðo]
oficial (m)	oficial (m)	[ofi'θjal]

soldado (m) raso	soldado (m) raso	[sol'ðaðo 'raso]
sargento (m)	sargento (m)	[sar'xento]
tenente (m)	teniente (m)	[te'njente]
capitão (m)	capitán (m)	[kapi'tan]
major (m)	mayor (m)	[ma'jor]
coronel (m)	coronel (m)	[koro'nel]
general (m)	general (m)	[xene'ral]

marujo (m)	marino (m)	[ma'rino]
capitão (m)	capitán (m)	[kapi'tan]
contramestre (m)	contramaestre (m)	[kontrama'estre]

artilheiro (m)	artillero (m)	[arti'jero]
soldado (m) paraquedista	paracaidista (m)	[parakai'ðista]
piloto (m)	piloto (m)	[pi'loto]
navegador (m)	navegador (m)	[naβega'ðor]
mecânico (m)	mecánico (m)	[me'kaniko]

sapador (m)	zapador (m)	[θapa'ðor]
paraquedista (m)	paracaidista (m)	[parakai'ðista]
explorador (m)	explorador (m)	[ekspl'ora'ðor]
franco-atirador (m)	francotirador (m)	['franko·tira'ðor]

patrulha (f)	patrulla (f)	[pa'truja]
patrulhar (vt)	patrullar (vi, vt)	[patru'jar]
sentinela (f)	centinela (m)	[θenti'nel'a]

guerreiro (m)	guerrero (m)	[ge'rero]
patriota (m)	patriota (m)	[pa'trjota]
herói (m)	héroe (m)	['eroe]
heroína (f)	heroína (f)	[ero'ina]

| traidor (m) | traidor (m) | [trai'ðor] |
| trair (vt) | traicionar (vt) | [traiθjo'nar] |

| desertor (m) | desertor (m) | [deser'tor] |
| desertar (vt) | desertar (vi) | [deser'tar] |

mercenário (m)	mercenario (m)	[merθe'nario]
recruta (m)	recluta (m)	[re'kl'uta]
voluntário (m)	voluntario (m)	[bol'un'tario]

morto (m)	muerto (m)	[mu'erto]
ferido (m)	herido (m)	[e'riðo]
prisioneiro (m) de guerra	prisionero (m)	[prisjo'nero]

184. Guerra. Ações militares. Parte 1

| guerra (f) | guerra (f) | ['gera] |
| guerrear (vt) | estar en guerra | [es'tar en 'gera] |

guerra (f) civil	guerra (f) civil	['gera θ 'βil']
perfidamente	pérfidamente (adv)	['perfiðɛ'mente]
declaração (f) de guerra	declaración (f) de guerra	[dekl'ara'θjon de 'gera]
declarar (vt) guerra	declarar (vt)	[dekl'a'rar]
agressão (f)	agresión (f)	[aɣre'sjon]
atacar (vt)	atacar (vt)	[ata'kar]
invadir (vt)	invadir (vt)	[imba'ðr]
invasor (m)	invasor (m)	[imba'sor]
conquistador (m)	conquistador (m)	[koŋkista'ðor]
defesa (f)	defensa (f)	[de'fensa]
defender (vt)	defender (vt)	[defen'der]
defender-se (vr)	defenderse (vr)	[defen'derse]
inimigo (m)	enemigo (m)	[ene'miʒo]
adversário (m)	adversario (m)	[aðβer'sario]
inimigo	enemigo (adj)	[ene'miʒo]
estratégia (f)	estrategia (f)	[estra'teχia]
tática (f)	táctica (f)	['taktikɛ]
ordem (f)	orden (f)	['orðen]
comando (m)	comando (m)	[ko'mando]
ordenar (vt)	ordenar (vt)	[orðe'nar]
missão (f)	misión (f)	[mi'sjor]
secreto	secreto (adj)	[se'kreto]
batalha (f)	batalla (f)	[ba'taja]
combate (m)	combate (m)	[kom'bate]
ataque (m)	ataque (m)	[a'take]
assalto (m)	asalto (m)	[a'sal'to]
assaltar (vt)	tomar por asalto	[to'mar por a'sal'to]
assédio, sítio (m)	asedio (m), sitio (m)	[a'seðio], ['sitio]
ofensiva (f)	ofensiva (f)	[ofen'siβa]
passar à ofensiva	tomar la ofensiva	[to'mar l'a ofen'siβa]
retirada (f)	retirada (f)	[reti'raða]
retirar-se (vr)	retirarse (vr)	[reti'rarse]
cerco (m)	envolvimiento (m)	[embolβi'mjento]
cercar (vt)	cercar (vt)	[θer'kar]
bombardeio (m)	bombardeo (m)	[bombar'ðeo]
lançar uma bomba	lanzar una bomba	[l'an'θɛr 'una 'bomba]
bombardear (vt)	bombear (vt)	[bombe'ar]
explosão (f)	explosión (f)	[ekspl'o'sjon]
tiro (m)	tiro (m), disparo (m)	['tiro], dis'paro]
disparar um tiro	disparar (vi)	[dispa'-ar]
tiroteio (m)	tiro (m)	['tiro]
apontar para …	apuntar a …	[apun'tar a]
apontar (vt)	encarar (vt)	[eŋka'rar]

acertar (vt)	alcanzar (vt)	[alʲkan'θar]
afundar (um navio)	hundir (vt)	[un'dir]
brecha (f)	brecha (f)	['bretʃa]
afundar-se (vr)	hundirse (vr)	[un'dirse]

frente (m)	frente (m)	['frente]
evacuação (f)	evacuación (f)	[eβakua'θjon]
evacuar (vt)	evacuar (vt)	[eβaku'ar]

trincheira (f)	trinchera (f)	[trin'tʃera]
arame (m) farpado	alambre (m) de púas	[a'lʲambre de 'puas]
obstáculo (m) anticarro	barrera (f)	[ba'rera]
torre (f) de vigia	torre (f) de vigilancia	['tore de biχi'lʲanθia]

hospital (m)	hospital (m)	[ospi'talʲ]
ferir (vt)	herir (vi, vt)	[e'rir]
ferida (f)	herida (f)	[e'riða]
ferido (m)	herido (m)	[e'riðo]
ficar ferido	recibir una herida	[reθi'βir 'una e'riða]
grave (ferida ~)	grave (adj)	['graβe]

185. Guerra. Ações militares. Parte 2

cativeiro (m)	cautiverio (m)	[kauti'βerio]
capturar (vt)	capturar (vt)	[kaptu'rar]
estar em cativeiro	estar en cautiverio	[es'tar en kauti'βerio]
ser aprisionado	caer prisionero	[ka'er prisjo'nero]

campo (m) de concentração	campo (m) de concentración	['kampo de konθentra'θjon]
prisioneiro (m) de guerra	prisionero (m)	[prisjo'nero]
escapar (vi)	escapar (vi)	[eska'par]

trair (vt)	traicionar (vt)	[traiθjo'nar]
traidor (m)	traidor (m)	[trai'ðor]
traição (f)	traición (f)	[trai'θjon]

| fuzilar, executar (vt) | fusilar (vt) | [fusi'lʲar] |
| fuzilamento (m) | fusilamiento (m) | [fusilʲa'mjento] |

equipamento (m)	equipo (m)	[e'kipo]
platina (f)	hombrera (f)	[om'brera]
máscara (f) antigás	máscara (f) antigás	['maskara anti'ɣas]

rádio (m)	radio transmisor (m)	['raðjo transmi'sor]
cifra (f), código (m)	cifra (f)	['θifra]
conspiração (f)	conspiración (f)	[konspira'θjon]
senha (f)	contraseña (f)	[kontra'senja]

mina (f)	mina (f) terrestre	['mina te'restre]
minar (vt)	minar (vt)	[mi'nar]
campo (m) minado	campo (m) minado	['kampo mi'naðo]

| alarme (m) aéreo | alarma (f) aérea | [a'lʲarma a'erea] |
| alarme (m) | alarma (f) | [a'lʲarma] |

sinal (m)	señal (f)	[se'njal]
sinalizador (m)	cohete (m) de señales	[ko'ete de se'njales]

estado-maior (m)	estado (m) mayor	[es'taðo ma'jor]
reconhecimento (m)	reconocimiento (m)	[rekonoθi'mjento]
situação (f)	situación (f)	[situa'θjon]
relatório (m)	informe (m)	[im'forne]
emboscada (f)	emboscada (f)	[embos'kaða]
reforço (m)	refuerzo (m)	[refu'erθo]

alvo (m)	blanco (m)	['blaŋkɔ]
campo (m) de tiro	terreno (m) de prueba	[te'reno de pru'eβa]
manobras (f pl)	maniobras (f pl)	[ma'njcβras]

pânico (m)	pánico (m)	['paniko]
devastação (f)	devastación (f)	[deβasːa'θjon]
ruínas (f pl)	destrucciones (f pl)	[destruk'θjones]
destruir (vt)	destruir (vt)	[destru'ir]

sobreviver (vi)	sobrevivir (vi, vt)	['soβreзi'βir]
desarmar (vt)	desarmar (vt)	[desar'mar]
manusear (vt)	manejar (vt)	[mane'χar]

Firmes!	¡Firmes!	['firmes]
Descansar!	¡Descanso!	[des'kɛnso]

façanha (f)	hazaña (f)	[a'θanjə]
juramento (m)	juramento (m)	[χura'mento]
jurar (vi)	jurar (vt)	[χu'rar]

condecoração (f)	condecoración (f)	[kondekora'θjon]
condecorar (vt)	condecorar (vt)	[kondeko'rar]
medalha (f)	medalla (f)	[me'ðaja]
ordem (f)	orden (m)	['orðer]

vitória (f)	victoria (f)	[bik'toria]
derrota (f)	derrota (f)	[de'rotə]
armistício (m)	armisticio (m)	[armis'tiθio]

bandeira (f)	bandera (f)	[ban'dera]
glória (f)	gloria (f)	['gljoria]
desfile (m) militar	desfile (m) militar	[desfi'le mili'tar]
marchar (vi)	marchar (vi)	[mar'tʃar]

186. Armas

arma (f)	arma (f)	['arma]
arma (f) de fogo	arma (f) de fuego	['arma de fu'ego]
arma (f) branca	arma (f) blanca	['arma 'blaŋka]

arma (f) química	arma (f) química	['arma 'kimika]
nuclear	nuclear (adj)	[nukle ar]
arma (f) nuclear	arma (f) nuclear	['arma nukle'ar]
bomba (f)	bomba (f)	['bomba]

bomba (f) atómica	bomba (f) atómica	['bomba a'tomika]
pistola (f)	pistola (f)	[pis'tolʲa]
caçadeira (f)	fusil (m)	[fu'silʲ]
pistola-metralhadora (f)	metralleta (f)	[metra'jeta]
metralhadora (f)	ametralladora (f)	[ametraja'ðora]
boca (f)	boca (f)	['boka]
cano (m)	cañón (m)	[ka'njon]
calibre (m)	calibre (m)	[ka'liβre]
gatilho (m)	gatillo (m)	[ga'tijo]
mira (f)	alza (f)	['alʲθa]
carregador (m)	cargador (m)	[karga'ðor]
coronha (f)	culata (f)	[ku'lʲata]
granada (f) de mão	granada (f)	[gra'naða]
explosivo (m)	explosivo (m)	[eksplʲo'siβo]
bala (f)	bala (f)	['balʲa]
cartucho (m)	cartucho (m)	[kar'tutʃo]
carga (f)	carga (f)	['karga]
munições (f pl)	pertrechos (m pl)	[per'tretʃos]
bombardeiro (m)	bombardero (m)	[bombar'ðero]
avião (m) de caça	avión (m) de caza	[a'βjon de 'kaθa]
helicóptero (m)	helicóptero (m)	[eli'koptero]
canhão (m) antiaéreo	antiaéreo (m)	[anti·a'ereo]
tanque (m)	tanque (m)	['taŋke]
canhão (de um tanque)	cañón (m)	[ka'njon]
artilharia (f)	artillería (f)	[artije'ria]
canhão (m)	cañón (m)	[ka'njon]
fazer a pontaria	dirigir (vt)	[diri'χir]
morteiro (m)	mortero (m)	[mor'tero]
granada (f) de morteiro	bomba (f) de mortero	['bomba de mar'tero]
obus (m)	obús (m)	[o'βus]
estilhaço (m)	trozo (m) de obús	['troθo de o'βus]
submarino (m)	submarino (m)	[suβma'rino]
torpedo (m)	torpedo (m)	[tor'peðo]
míssil (m)	misil (m)	[mi'silʲ]
carregar (uma arma)	cargar (vt)	[kar'gar]
atirar, disparar (vi)	tirar (vi)	[ti'rar]
apontar para ...	apuntar a ...	[apun'tar a]
baioneta (f)	bayoneta (f)	[bajo'neta]
espada (f)	espada (f)	[es'paða]
sabre (m)	sable (m)	['saβle]
lança (f)	lanza (f)	['lʲanθa]
arco (m)	arco (m)	['arko]
flecha (f)	flecha (f)	['fletʃa]
mosquete (m)	mosquete (m)	[mos'kete]
besta (f)	ballesta (f)	[ba'jesta]

187. Povos da antiguidade

primitivo	primitivo (adj)	[primi'ti3o]
pré-histórico	prehistórico (adj)	[preis'toriko]
antigo	antiguo (adj)	[an'tiguɔ]

Idade (f) da Pedra	Edad (f) de Piedra	[e'ðað de 'pjeðra]
Idade (f) do Bronze	Edad (f) de Bronce	[e'ðað de 'bronθe]
período (m) glacial	Edad (f) de Hielo	[e'ðað de 'jelo]

tribo (f)	tribu (f)	['triβu]
canibal (m)	caníbal (m)	[ka'niβɛl]
caçador (m)	cazador (m)	[kaθa'ðɔr]
caçar (vi)	cazar (vi, vt)	[ka'θar]
mamute (m)	mamut (m)	[ma'mut]

caverna (f)	caverna (f)	[ka'βerna]
fogo (m)	fuego (m)	[fu'ego]
fogueira (f)	hoguera (f)	[o'gera]
pintura (f) rupestre	pintura (f) rupestre	[pin'tura ru'pestre]

ferramenta (f)	herramienta (f), útil (m)	[era'mjenta], ['util]
lança (f)	lanza (f)	['lʲanθa]
machado (m) de pedra	hacha (f) de piedra	['atʃa de 'pjeðra]
guerrear (vt)	estar en guerra	[es'tar en 'gera]
domesticar (vt)	domesticar (vt)	[domesti'kar]

ídolo (m)	ídolo (m)	['iðolo]
adorar, venerar (vt)	adorar (vt)	[aðo'ra]
superstição (f)	superstición (f)	[supersti'θjon]
ritual (m)	rito (m)	['rito]

evolução (f)	evolución (f)	[eβolʲu'Ɉjon]
desenvolvimento (m)	desarrollo (m)	[desa'rɔjo]
desaparecimento (m)	desaparición (f)	[desapari'θjon]
adaptar-se (vr)	adaptarse (vr)	[aðap'tarse]

arqueologia (f)	arqueología (f)	[arkeolo'χia]
arqueólogo (m)	arqueólogo (m)	[arke'oʲogo]
arqueológico	arqueológico (adj)	[arkeo'ʲoχiko]

local (m) das escavações	sitio (m) de excavación	['sitio de ekskaβa'θjon]
escavações (f pl)	excavaciones (f pl)	[ekskaβa'θjones]
achado (m)	hallazgo (m)	[a'jaθgɔ]
fragmento (m)	fragmento (m)	[fraɣ'mɘnto]

188. Idade média

povo (m)	pueblo (m)	[pu'eβlo]
povos (m pl)	pueblos (m pl)	[pu'eβlos]
tribo (f)	tribu (f)	['triβu]
tribos (f pl)	tribus (f pl)	['triβus]
bárbaros (m pl)	bárbaros (m pl)	['barβaros]

gauleses (m pl)	galos (m pl)	['gaⁱos]
godos (m pl)	godos (m pl)	['goðos]
eslavos (m pl)	eslavos (m pl)	[es'lⁱaβos]
víquingues (m pl)	vikingos (m pl)	[bi'kingos]

| romanos (m pl) | romanos (m pl) | [ro'manos] |
| romano | romano (adj) | [ro'mano] |

bizantinos (m pl)	bizantinos (m pl)	[biθan'tinos]
Bizâncio	Bizancio (m)	[bi'θanθio]
bizantino	bizantino (adj)	[biθan'tino]

imperador (m)	emperador (m)	[empera'ðor]
líder (m)	jefe (m)	['χefe]
poderoso	poderoso (adj)	[poðe'roso]
rei (m)	rey (m)	[rej]
governante (m)	gobernador (m)	[goβerna'ðor]

cavaleiro (m)	caballero (m)	[kaβa'jero]
senhor feudal (m)	señor (m) feudal	[se'njor feu'ðalⁱ]
feudal	feudal (adj)	[feu'ðalⁱ]
vassalo (m)	vasallo (m)	[ba'sajo]

duque (m)	duque (m)	['duke]
conde (m)	conde (m)	['konde]
barão (m)	barón (m)	[ba'ron]
bispo (m)	obispo (m)	[o'βispo]

armadura (f)	armadura (f)	[arma'ðura]
escudo (m)	escudo (m)	[es'kuðo]
espada (f)	espada (f)	[es'paða]
viseira (f)	visera (f)	[bi'sera]
cota (f) de malha	cota (f) de malla	['kota de 'maja]

| cruzada (f) | cruzada (f) | [kru'θaða] |
| cruzado (m) | cruzado (m) | [kru'θaðo] |

território (m)	territorio (m)	[teri'torio]
atacar (vt)	atacar (vt)	[ata'kar]
conquistar (vt)	conquistar (vt)	[koŋkis'tar]
ocupar, invadir (vt)	ocupar (vt)	[oku'par]

assédio, sítio (m)	asedio (m), sitio (m)	[a'seðio], ['sitio]
sitiado	sitiado (adj)	[si'tjaðo]
assediar, sitiar (vt)	asediar, sitiar	[ase'ðjar], [si'tjar]

inquisição (f)	inquisición (f)	[iŋkisi'θjon]
inquisidor (m)	inquisidor (m)	[iŋkisi'ðor]
tortura (f)	tortura (f)	[tor'tura]
cruel	cruel (adj)	[kru'elⁱ]
herege (m)	hereje (m)	[e'reχe]
heresia (f)	herejía (f)	[ere'χia]

navegação (f) marítima	navegación (f) marítima	[naβega'θjon ma'ritima]
pirata (m)	pirata (m)	[pi'rata]
pirataria (f)	piratería (f)	[pirate'ria]

abordagem (f)	abordaje (m)	[aβor'ðaχe]
presa (f), butim (m)	botín (m)	[bo'tin]
tesouros (m pl)	tesoros (m pl)	[te'soroş]

descobrimento (n)	descubrimiento (m)	[deskuβri'mjento]
descobrir (novas terras)	descubrir (vt)	[desku'βrir]
expedição (f)	expedición (f)	[ekspeči'θjon]

mosqueteiro (m)	mosquetero (m)	[moske'tero]
cardeal (m)	cardenal (m)	[karðe'nalʲ]
heráldica (f)	heráldica (f)	[e'ralʲdiƙa]
heráldico	heráldico (adj)	[e'ralʲdiƙo]

189. Líder. Chefe. Autoridades

rei (m)	rey (m)	[rej]
rainha (f)	reina (f)	['rejna]
real	real (adj)	[re'alʲ]
reino (m)	reino (m)	['rejno]

príncipe (m)	príncipe (m)	['prinθipe]
princesa (f)	princesa (f)	[prin'θesa]

presidente (m)	presidente (m)	[presi'ðente]
vice-presidente (m)	vicepresidente (m)	['biθe·presi'ðente]
senador (m)	senador (m)	[sena'ðor]

monarca (m)	monarca (m)	[mo'naɾka]
governante (m)	gobernador (m)	[goβerna'ðor]
ditador (m)	dictador (m)	[dikta'ðor]
tirano (m)	tirano (m)	[ti'rano]
magnata (m)	magnate (m)	[maɣ'nate]

diretor (m)	director (m)	[direk'tor]
chefe (m)	jefe (m)	['χefe]
dirigente (m)	gerente (m)	[χe'renːe]
patrão (m)	amo (m)	['amo]
dono (m)	dueño (m)	[du'enjo]

líder, chefe (m)	jefe (m), líder (m)	['χefe], ['liðer]
chefe (~ de delegação)	jefe (m)	['χefe]
autoridades (f pl)	autoridades (f pl)	[autori'ʝaðes]
superiores (m pl)	superiores (m pl)	[supe'rores]

governador (m)	gobernador (m)	[goβerna'ðor]
cônsul (m)	cónsul (m)	['konsʊlʲ]
diplomata (m)	diplomático (m)	[diplʲo'matiko]
Presidente (m) ca Câmara	alcalde (m)	[alʲ'kalʲde]
xerife (m)	sheriff (m)	[ʃe'rif]

imperador (m)	emperador (m)	[empeɾa'ðor]
czar (m)	zar (m)	[θar]
faraó (m)	faraón (m)	[fara'on]
cã (m)	jan (m), kan (m)	[χan]

190. Estrada. Caminho. Direções

estrada (f)	**camino** (m)	[ka'mino]
caminho (m)	**vía** (f)	['bia]
rodovia (f)	**carretera** (f)	[kare'tera]
autoestrada (f)	**autovía** (f)	[auto'βia]
estrada (f) nacional	**camino** (m) **nacional**	[ka'mino naθjo'nalʲ]
estrada (f) principal	**camino** (m) **principal**	[ka'mino prinθi'palʲ]
caminho (m) de terra batida	**camino** (m) **de tierra**	[ka'mino de 'tjera]
trilha (f)	**sendero** (m)	[sen'dero]
vereda (f)	**senda** (f)	['senda]
Onde?	**¿Dónde?**	['donde]
Para onde?	**¿Adónde?**	[a'ðonde]
De onde?	**¿De dónde?**	[de 'donde]
direção (f)	**dirección** (f)	[direk'θjon]
indicar (orientar)	**mostrar** (vt)	[mos'trar]
para esquerda	**a la izquierda**	[a lʲa iθ'kjerða]
para direita	**a la derecha**	[a lʲa de'retʃa]
em frente	**todo recto** (adv)	['toðo 'rekto]
para trás	**atrás** (adv)	[a'tras]
curva (f)	**curva** (f)	['kurβa]
virar (ex. ~ à direita)	**girar** (vi)	[χi'rar]
dar retorno	**girar en U**	[χi'rar en 'u]
estar visível	**divisarse** (vr)	[diβi'sarse]
aparecer (vi)	**aparecer** (vi)	[apare'θer]
paragem (pausa)	**alto** (m)	['alʲto]
descansar (vi)	**descansar** (vi)	[deskan'sar]
descanso (m)	**reposo** (m)	[re'poso]
perder-se (vr)	**perderse** (vr)	[per'ðerse]
conduzir (caminho)	**llevar a ...**	[je'βar a]
chegar a ...	**llegar a ...**	[je'gar a]
trecho (m)	**tramo** (m)	['tramo]
asfalto (m)	**asfalto** (m)	[as'falʲto]
lancil (m)	**bordillo** (m)	[bor'ðijo]
valeta (f)	**cuneta** (f)	[ku'neta]
tampa (f) de esgoto	**pozo** (m) **de alcantarillado**	['poθo de alkantari'jaðo]
berma (f) da estrada	**arcén** (m)	[ar'θen]
buraco (m)	**bache** (m)	['batʃe]
ir (a pé)	**ir** (vi)	[ir]
ultrapassar (vt)	**adelantar** (vt)	[aðelʲan'tar]
passo (m)	**paso** (m)	['paso]
a pé	**a pie**	[a 'pje]

bloquear (vt)	bloquear (vt)	[bⁱoke'ar]
cancela (f)	barrera (f)	[ba'rera]
beco (m) sem saída	callejón (m) sin salida	[kaje'χon sin sa'liða]

191. Viloação da lei. Criminosos. Parte 1

bandido (m)	bandido (m)	[ban'diðo]
crime (m)	crimen (m)	['krimen]
criminoso (m)	criminal (m)	[krimi'nalⁱ]

ladrão (m)	ladrón (m)	[ⁱa'ðron]
roubar (vt)	robar (vt)	[ro'βar]
furto, roubo (m)	robo (m)	['roβo]

raptar (ex. ~ uma criança)	secuestrar (vt)	[sekues'trar]
rapto (m)	secuestro (m)	[seku'estro]
raptor (m)	secuestrador (m)	[sekuestra'ðor]

| resgate (m) | rescate (m) | [res'kaːe] |
| pedir resgate | exigir un rescate | [eksi'χir un res'kate] |

roubar (vt)	robar (vt)	[ro'βar]
assalto, roubo (m)	robo (m)	['roβo]
assaltante (m)	atracador (m)	[atrakaˈðor]

extorquir (vt)	extorsionar (vt)	[ekstorsjo'nar]
extorsionário (m)	extorsionista (m)	[ekstorsjo'nista]
extorsão (f)	extorsión (f)	[ekstor'sjon]

matar, assassinar (vt)	matar, asesinar (vt)	[ma'tar], [asesi'nar]
homicídio (m)	asesinato (m)	[asesi'ato]
homicida, assassino (m)	asesino (m)	[ase'sino]

tiro (m)	tiro (m), disparo (m)	['tiro], [dis'paro]
dar um tiro	disparar (vi)	[dispaˈrar]
matar a tiro	matar (vt)	[ma'tar]
atirar, disparar (vi)	tirar (vi)	[ti'rar]
tiroteio (m)	tiroteo (m)	[tiro'teo]

incidente (m)	incidente (m)	[inθi'ðente]
briga (~ de rua)	pelea (f)	[pe'lea]
Socorro!	¡Socorro!	[so'koro]
vítima (f)	víctima (f)	['biktima]

danificar (vt)	perjudicar (vt)	[perχuði'kar]
dano (m)	daño (m)	['danjc]
cadáver (m)	cadáver (m)	[ka'ðaʒer]
grave	grave (adj)	['graβe]

atacar (vt)	atacar (vt)	[ata'kɛr]
bater (espancar)	pegar (vt)	[pe'gaˈ]
espancar (vt)	apporear (vt)	[appoɾe'ar]
tirar, roubar (dinheiro)	quitar (vt)	[ki'tar]
esfaquear (vt)	acuchillar (vt)	[akuʧi jar]

mutilar (vt)	mutilar (vt)	[muti'lʲar]
ferir (vt)	herir (vt)	[e'rir]
chantagem (f)	chantaje (m)	[ʧan'taxe]
chantagear (vt)	hacer chantaje	[a'θer ʧan'taxe]
chantagista (m)	chantajista (m)	[ʧanta'xista]
extorsão	extorsión (f)	[ekstor'sjon]
(em troca de proteção)		
extorsionário (m)	extorsionador (m)	[ekstorsjona'ðor]
gângster (m)	gángster (m)	['ganster]
máfia (f)	mafia (f)	['mafia]
carteirista (m)	carterista (m)	[karte'rista]
assaltante, ladrão (m)	ladrón (m) de viviendas	[lʲa'ðron de bi'βjendas]
contrabando (m)	contrabandismo (m)	[kontraβan'dismo]
contrabandista (m)	contrabandista (m)	[kontraβan'dista]
falsificação (f)	falsificación (f)	[falʲsifika'θjon]
falsificar (vt)	falsificar (vt)	[falʲsifi'kar]
falsificado	falso, falsificado	['falʲso], [falʲsifi'kaðo]

192. Viloação da lei. Criminosos. Parte 2

violação (f)	violación (f)	[biolʲa'θjon]
violar (vt)	violar (vt)	[bio'lʲar]
violador (m)	violador (m)	[biolʲa'ðor]
maníaco (m)	maniaco (m)	[mani'ako]
prostituta (f)	prostituta (f)	[prosti'tuta]
prostituição (f)	prostitución (f)	[prostitu'θjon]
chulo (m)	chulo (m), proxeneta (m)	['ʧulʲo], [prokse'neta]
toxicodependente (m)	drogadicto (m)	[droɣ·a'ðikto]
traficante (m)	narcotraficante (m)	[narko·trafi'kante]
explodir (vt)	hacer explotar	[a'θer eksplʲo'tar]
explosão (f)	explosión (f)	[eksplʲo'sjon]
incendiar (vt)	incendiar (vt)	[inθen'djar]
incendiário (m)	incendiario (m)	[inθen'djario]
terrorismo (m)	terrorismo (m)	[tero'rismo]
terrorista (m)	terrorista (m)	[tero'rista]
refém (m)	rehén (m)	[re'en]
enganar (vt)	estafar (vt)	[esta'far]
engano (m)	estafa (f)	[es'tafa]
vigarista (m)	estafador (m)	[estafa'ðor]
subornar (vt)	sobornar (vt)	[soβor'nar]
suborno (atividade)	soborno (m)	[so'βorno]
suborno (dinheiro)	soborno (m)	[so'βorno]
veneno (m)	veneno (m)	[be'neno]
envenenar (vt)	envenenar (vt)	[embene'nar]

envenenar-se (vr)	envenenarse (vr)	[embene'narse]
suicídio (m)	suicidio (m)	[sui'θiðio]
suicida (m)	suicida (m, f)	[sui'θiða]
ameaçar (vt)	amenazar (vt)	[amena'θar]
ameaça (f)	amenaza (f)	[ame'nasa]
atentar contra a vida de ...	atentar (vi)	[aten'ta-]
atentado (m)	atentado (m)	[aten'taðo]
roubar (o carro)	robar (vt)	[ro'βar]
desviar (o avião)	secuestrar (vt)	[sekues'trar]
vingança (f)	venganza (f)	[ben'ganθa]
vingar (vt)	vengar (vt)	[ben'gar]
torturar (vt)	torturar (vt)	[tortu'rɛr]
tortura (f)	tortura (f)	[tor'turɛ]
atormentar (vt)	atormentar (vt)	[atormɛn'tar]
pirata (m)	pirata (m)	[pi'rata]
desordeiro (m)	gamberro (m)	[gam'bero]
armado	armado (adj)	[ar'mačo]
violência (f)	violencia (f)	[bio'lenɟia]
ilegal	ilegal (adj)	[ile'galʲ]
espionagem (f)	espionaje (m)	[espjo'naχe]
espionar (vi)	espiar (vi, vt)	[espi'ja-]

193. Polícia. Lei. Parte 1

justiça (f)	justicia (f)	[χus'tiθa]
tribunal (m)	tribunal (m)	[triβu'nalʲ]
juiz (m)	juez (m)	[χu'eθ]
jurados (m pl)	jurados (m pl)	[χu'raðɔs]
tribunal (m) do júri	tribunal (m) de jurados	[triβu'nalʲ de χu'raðos]
julgar (vt)	juzgar (vt)	[χuθ'gɛr]
advogado (m)	abogado (m)	[aβo'gaðo]
réu (m)	acusado (m)	[aku'saðo]
banco (m) dos reus	banquillo (m)	[baŋ'kijo
	de los acusados	de los aku'saðos]
acusação (f)	inculpación (f)	[iŋkulʲpa'θjon]
acusado (m)	inculpado (m)	[iŋkulʲ'paðo]
sentença (f)	sentencia (f)	[sen'tenθia]
sentenciar (vt)	sentenciar (vt)	[senten'θjar]
culpado (m)	culpable (m)	[kulʲ'paβle]
punir (vt)	castigar (vt)	[kasti'çar]
punição (f)	castigo (m)	[kas'tiço]
multa (f)	multa (f)	['mulʲtɛ]
prisão (f) perpétua	cadena (f) perpetua	[ka'ðena per'petua]

pena (f) de morte	pena (f) de muerte	['pena de mu'erte]
cadeira (f) elétrica	silla (f) eléctrica	['sija e'lektrika]
forca (f)	horca (f)	['orka]

| executar (vt) | ejecutar (vt) | [eχeku'tar] |
| execução (f) | ejecución (f) | [eχeku'θjon] |

| prisão (f) | prisión (f) | [pri'sjon] |
| cela (f) de prisão | celda (f) | ['θelʲda] |

escolta (f)	escolta (f)	[es'kolʲta]
guarda (m) prisional	guardia (m) de prisiones	[gu'arðja de pri'sjones]
preso (m)	prisionero (m)	[prisjo'nero]

| algemas (f pl) | esposas (f pl) | [es'posas] |
| algemar (vt) | esposar (vt) | [espo'sar] |

fuga, evasão (f)	escape (m)	[es'kape]
fugir (vi)	escaparse (vr)	[eska'parse]
desaparecer (vi)	desaparecer (vi)	[desapare'θer]
soltar, libertar (vt)	liberar (vt)	[liβe'rar]
amnistia (f)	amnistía (f)	[amnis'tia]

polícia (instituição)	policía (f)	[poli'θia]
polícia (m)	policía (m)	[poli'θia]
esquadra (f) de polícia	comisaría (f) de policía	[komisa'ria de poli'θia]
cassetete (m)	porra (f)	['pora]
megafone (m)	megáfono (m)	[me'ɣafono]

carro (m) de patrulha	coche (m) patrulla	['kotʃe pa'truja]
sirene (f)	sirena (f)	[si'rena]
ligar a sirene	poner la sirena	[po'ner lʲa si'rena]
toque (m) da sirene	sonido (m) de sirena	[so'niðo de si'rena]

cena (f) do crime	escena (f) del delito	[e'θeno delʲ de'lito]
testemunha (f)	testigo (m)	[tes'tigo]
liberdade (f)	libertad (f)	[liβer'tað]
cúmplice (m)	cómplice (m)	['kompliθe]
escapar (vi)	escapar de …	[eska'par de]
traço (não deixar ~s)	rastro (m)	['rastro]

194. Polícia. Lei. Parte 2

procura (f)	búsqueda (f)	['buskeða]
procurar (vt)	buscar (vt)	[bus'kar]
suspeita (f)	sospecha (f)	[sos'petʃa]
suspeito	sospechoso (adj)	[sospe'tʃoso]
parar (vt)	parar (vt)	[pa'rar]
deter (vt)	retener (vt)	[rete'ner]

caso (criminal)	causa (f)	['kausa]
investigação (f)	investigación (f)	[imbestiga'θjon]
detetive (m)	detective (m)	[detek'tiβe]
investigador (m)	investigador (m)	[imbestiga'ðor]

versão (f)	**versión** (f)	[ber'sjon]
motivo (m)	**motivo** (m)	[mo'tiβc]
interrogatório (m)	**interrogatorio** (m)	[interoga'torio]
interrogar (vt)	**interrogar** (vt)	[intero'çar]
questionar (vt)	**interrogar** (vt)	[intero'çar]
verificação (f)	**control** (m)	[kon'troˑl]
batida (f) policial	**redada** (f)	[re'ðaða]
busca (f)	**registro** (m)	[re'χistrɔ]
perseguição (f)	**persecución** (f)	[persekʊ'θjon]
perseguir (vt)	**perseguir** (vt)	[perse'gir]
seguir (vt)	**rastrear** (vt)	[rastre'ar]
prisão (f)	**arresto** (m)	[a'restoǀ]
prender (vt)	**arrestar** (vt)	[ares'taˉ]
pegar, capturar (vt)	**capturar** (vt)	[kaptu'rar]
captura (f)	**captura** (f)	[kap'tura]
documento (m)	**documento** (m)	[doku'mento]
prova (f)	**prueba** (f)	[pru'eβa]
provar (vt)	**probar** (vt)	[pro'βar]
pegada (f)	**huella** (f)	[u'eja]
impressões (f pl) digitais	**huellas** (f pl) **digitales**	[u'ejas diχi'tales]
prova (f)	**elemento** (m) **de prueba**	[ele'mento de pru'eβa]
álibi (m)	**coartada** (f)	[koar'taða]
inocente	**inocente** (adj)	[ino'θente]
injustiça (f)	**injusticia** (f)	[inχus't θia]
injusto	**injusto** (adj)	[in'χustɔ]
criminal	**criminal** (adj)	[krimi'naliˈ]
confiscar (vt)	**confiscar** (vt)	[komfisˈkar]
droga (f)	**narcótico** (m)	[nar'koˉiko]
arma (f)	**arma** (f)	['arma]
desarmar (vt)	**desarmar** (vt)	[desar'nar]
ordenar (vt)	**ordenar** (vt)	[orðe'nar]
desaparecer (vi)	**desaparecer** (vi)	[desapare'θer]
lei (f)	**ley** (f)	[lej]
legal	**legal** (adj)	[le'galiˈ]
ilegal	**ilegal** (adj)	[ile'galiˈ⌐]
responsabilidade (f)	**responsabilidad** (f)	[responsaβili'ðað]
responsável	**responsable** (adj)	[respon'saβle]

NATUREZA

A Terra. Parte 1

cosmos (m)	**cosmos** (m)	['kosmos]
cósmico	**espacial, cósmico** (adj)	[espa'θjalʲ], ['kosmiko]
espaço (m) cósmico	**espacio** (m) **cósmico**	[es'paθjo 'kosmiko]
mundo (m)	**mundo** (m)	['mundo]
universo (m)	**universo** (m)	[uni'βerso]
galáxia (f)	**galaxia** (f)	[ga'lʲaksia]
estrela (f)	**estrella** (f)	[es'treja]
constelação (f)	**constelación** (f)	[konstelʲa'θjon]
planeta (m)	**planeta** (m)	[plʲa'neta]
satélite (m)	**satélite** (m)	[sa'telite]
meteorito (m)	**meteorito** (m)	[meteo'rito]
cometa (m)	**cometa** (m)	[ko'meta]
asteroide (m)	**asteroide** (m)	[aste'roiðe]
órbita (f)	**órbita** (f)	['orβita]
girar (vi)	**girar** (vi)	[χi'rar]
atmosfera (f)	**atmósfera** (f)	[að'mosfera]
Sol (m)	**Sol** (m)	[solʲ]
Sistema (m) Solar	**sistema** (m) **solar**	[sis'tema so'lʲar]
eclipse (m) solar	**eclipse** (m) **de Sol**	[e'klipse de solʲ]
Terra (f)	**Tierra** (f)	['tjera]
Lua (f)	**Luna** (f)	['lʲuna]
Marte (m)	**Marte** (m)	['marte]
Vénus (f)	**Venus** (f)	['benus]
Júpiter (m)	**Júpiter** (m)	['χupiter]
Saturno (m)	**Saturno** (m)	[sa'turno]
Mercúrio (m)	**Mercurio** (m)	[mer'kurio]
Urano (m)	**Urano** (m)	[u'rano]
Neptuno (m)	**Neptuno** (m)	[nep'tuno]
Plutão (m)	**Plutón** (m)	[plʲu'ton]
Via Láctea (f)	**la Vía Láctea**	[lʲa 'bia 'lʲaktea]
Ursa Maior (f)	**la Osa Mayor**	[lʲa 'osa ma'jor]
Estrela Polar (f)	**la Estrella Polar**	[lʲa es'treja po'lʲar]
marciano (m)	**marciano** (m)	[mar'θjano]
extraterrestre (m)	**extraterrestre** (m)	[ekstrate'restre]

alienígena (m)	planetícola (m)	[pl'ane'ːikol'a]
disco (m) voador	platillo (m) volante	[pl'a'tijc bo'l'ante]
nave (f) espacial	nave (f) espacial	['naβe espa'θjal']
estação (f) orbital	estación (f) orbital	[esta'θjon orβi'tal']
lançamento (m)	despegue (m)	[des'pege]
motor (m)	motor (m)	[mo'tor]
bocal (m)	tobera (f)	[to'βerɛ]
combustível (m)	combustible (m)	[kombʊs'tiβle]
cabine (f)	carlinga (f)	[kar'linga]
antena (f)	antena (f)	[an'tenɑ]
vigia (f)	ventana (f)	[ben'taɪa]
bateria (f) solar	batería (f) solar	[bate'riɑ so'l'ar]
traje (m) espacial	escafandra (f)	[eska'fandra]
imponderabilidade (f)	ingravidez (f)	[ingraβi'ðeθ]
oxigénio (m)	oxígeno (m)	[o'ksiχeno]
acoplagem (f)	atraque (m)	[a'trake]
fazer uma acoplagem	realizar el atraque	[reali'θɑr el' a'trake]
observatório (m)	observatorio (m)	[oβserβa'torio]
telescópio (m)	telescopio (m)	[teles'kopio]
observar (vt)	observar (vt)	[oβser'ɜar]
explorar (vt)	explorar (vt)	[ekspl'o'rar]

196. A Terra

Terra (f)	Tierra (f)	['tjera]
globo terrestre (Terra)	globo (m) terrestre	['gl'oβc te'restre]
planeta (m)	planeta (m)	[pl'a'netɑ]
atmosfera (f)	atmósfera (f)	[að'mcsfera]
geografia (f)	geografía (f)	[xeoɣra'fia]
natureza (f)	naturaleza (f)	[natura'leθa]
globo (mapa esférico)	globo (m) terráqueo	['gl'oβo te'rakeo]
mapa (m)	mapa (m)	['mapɛ]
atlas (m)	atlas (m)	['atl'as]
Europa (f)	Europa (f)	[eu'ropa]
Ásia (f)	Asia (f)	['asia]
África (f)	África (f)	['afrikɛ]
Austrália (f)	Australia (f)	[aus'trɑlia]
América (f)	América (f)	[a'merika]
América (f) do Norte	América (f) del Norte	[a'merika del' 'norte]
América (f) do Sul	América (f) del Sur	[a'merika del' 'sur]
Antártida (f)	Antártida (f)	[an'tartiðа]
Ártico (m)	Ártico (m)	['artiko]

179

197. Pontos cardeais

norte (m)	**norte** (m)	['norte]
para norte	**al norte**	[alʲ 'norte]
no norte	**en el norte**	[en elʲ 'norte]
do norte	**del norte** (adj)	[delʲ 'norte]
sul (m)	**sur** (m)	[sur]
para sul	**al sur**	[alʲ sur]
no sul	**en el sur**	[en elʲ sur]
do sul	**del sur** (adj)	[delʲ sur]
oeste, ocidente (m)	**oeste** (m)	[o'este]
para oeste	**al oeste**	[alʲ o'este]
no oeste	**en el oeste**	[en elʲ o'este]
ocidental	**del oeste** (adj)	[delʲ o'este]
leste, oriente (m)	**este** (m)	['este]
para leste	**al este**	[alʲ 'este]
no leste	**en el este**	[en elʲ 'este]
oriental	**del este** (adj)	[delʲ 'este]

198. Mar. Oceano

mar (m)	**mar** (m)	[mar]
oceano (m)	**océano** (m)	[o'θeano]
golfo (m)	**golfo** (m)	['golʲfo]
estreito (m)	**estrecho** (m)	[es'tretʃo]
terra (f) firme	**tierra** (f) **firme**	['tjera 'firme]
continente (m)	**continente** (m)	[konti'nente]
ilha (f)	**isla** (f)	['islʲa]
península (f)	**península** (f)	[pe'ninsulʲa]
arquipélago (m)	**archipiélago** (m)	[artʃipi'elʲago]
baía (f)	**bahía** (f)	[ba'ia]
porto (m)	**ensenada, bahía** (f)	[ba'ia]
lagoa (f)	**laguna** (f)	[lʲa'guna]
cabo (m)	**cabo** (m)	['kaβo]
atol (m)	**atolón** (m)	[ato'lʲon]
recife (m)	**arrecife** (m)	[are'θife]
coral (m)	**coral** (m)	[ko'ralʲ]
recife (m) de coral	**arrecife** (m) **de coral**	[are'θife de ko'ralʲ]
profundo	**profundo** (adj)	[pro'fundo]
profundidade (f)	**profundidad** (f)	[profundi'ðað]
abismo (m)	**abismo** (m)	[a'βismo]
fossa (f) oceânica	**fosa** (f) **oceánica**	['fosa oθe'anika]
corrente (f)	**corriente** (f)	[ko'rjente]
banhar (vt)	**bañar** (vt)	[ba'njar]
litoral (m)	**orilla** (f)	[o'rija]

costa (f)	costa (f)	['kosta]
maré (f) alta	flujo (m)	['flʲuχo]
refluxo (m), maré (f) baixa	reflujo (m)	[re'flʲuχo]
restinga (f)	banco (m) de arena	['baŋko de a'rena]
fundo (m)	fondo (m)	['fondo]
onda (f)	ola (f)	['olʲa]
crista (f) da onda	cresta (f) de la ola	['kresta de lʲa 'olʲa]
espuma (f)	espuma (f)	[es'puma]
tempestade (f)	tempestad (f)	[tempes'tað]
furacão (m)	huracán (m)	[ura'kan]
tsunami (m)	tsunami (m)	[tsu'nami]
calmaria (f)	bonanza (f)	[bo'nanθa]
calmo	calmo, tranquilo (adj)	['kalʲmo], [traŋ'kilʲo]
polo (m)	polo (m)	['polʲo]
polar	polar (adj)	[po'lʲar]
latitude (f)	latitud (f)	[lʲati'tuð]
longitude (f)	longitud (f)	[lʲonχi'tuð]
paralela (f)	paralelo (m)	[para'lʲelʲo]
equador (m)	ecuador (m)	[ekua'ðor]
céu (m)	cielo (m)	['θjelʲo]
horizonte (m)	horizonte (m)	[ori'θonte]
ar (m)	aire (m)	['aire]
farol (m)	faro (m)	['faro]
mergulhar (vi)	bucear (vi)	[buθe'ɛr]
afundar-se (vr)	hundirse (vr)	[un'dirse]
tesouros (m pl)	tesoros (m pl)	[te'sorɛs]

199. Nomes de Mares e Oceanos

Oceano (m) Atlântico	océano (m) Atlántico	[o'θearo at'lʲantiko]
Oceano (m) Índico	océano (m) Índico	[o'θearo 'indiko]
Oceano (m) Pacífico	océano (m) Pacífico	[o'θearo pa'sifiko]
Oceano (m) Ártico	océano (m) Glacial Ártico	[o'θearo glʲa'θjalʲ 'artiko]
Mar (m) Negro	mar (m) Negro	[mar 'neɣro]
Mar (m) Vermelho	mar (m) Rojo	[mar 'roχo]
Mar (m) Amarelo	mar (m) Amarillo	[mar ama'rijo]
Mar (m) Branco	mar (m) Blanco	[mar 'blʲaŋko]
Mar (m) Cáspio	mar (m) Caspio	[mar 'kaspio]
Mar (m) Morto	mar (m) Muerto	[mar mu'erto]
Mar (m) Mediterâneo	mar (m) Mediterráneo	[mar meðite'raneo]
Mar (m) Egeu	mar (m) Egeo	[mar e χeo]
Mar (m) Adriático	mar (m) Adriático	[mar aðri'atiko]
Mar (m) Arábico	mar (m) Arábigo	[mar a raβigo]
Mar (m) do Japão	mar (m) del Japón	[mar dəlʲ χa'pon]

Mar (m) de Bering	**mar** (m) **de Bering**	[mar de 'beriŋ]
Mar (m) da China Meridional	**mar** (m) **de la China Meridional**	[mar de ʎa 'ʃina meriðjo'nalʲ]
Mar (m) de Coral	**mar** (m) **del Coral**	[mar delʲ ko'ralʲ]
Mar (m) de Tasman	**mar** (m) **de Tasmania**	[mar de tas'mania]
Mar (m) do Caribe	**mar** (m) **Caribe**	[mar kari'βe]
Mar (m) de Barents	**mar** (m) **de Barents**	[mar de ba'rents]
Mar (m) de Kara	**mar** (m) **de Kara**	[mar de 'kara]
Mar (m) do Norte	**mar** (m) **del Norte**	['mar delʲ 'norte]
Mar (m) Báltico	**mar** (m) **Báltico**	[mar 'baltiko]
Mar (m) da Noruega	**mar** (m) **de Noruega**	[mar de noru'ega]

200. Montanhas

montanha (f)	**montaña** (f)	[mon'tanja]
cordilheira (f)	**cadena** (f) **de montañas**	[ka'ðena de mon'tanjas]
serra (f)	**cresta** (f) **de montañas**	['kresta de mon'tanjas]
cume (m)	**cima** (f)	['θima]
pico (m)	**pico** (m)	['piko]
sopé (m)	**pie** (m)	[pje]
declive (m)	**cuesta** (f)	[ku'esta]
vulcão (m)	**volcán** (m)	[bolʲ'kan]
vulcão (m) ativo	**volcán** (m) **activo**	[bolʲ'kan ak'tiβo]
vulcão (m) extinto	**volcán** (m) **apagado**	[bolʲ'kan apa'gaðo]
erupção (f)	**erupción** (f)	[erup'θjon]
cratera (f)	**cráter** (m)	['krater]
magma (m)	**magma** (m)	['maɣma]
lava (f)	**lava** (f)	['ʎaβa]
fundido (lava ~a)	**fundido** (adj)	[fun'diðo]
desfiladeiro (m)	**cañón** (m)	[ka'njon]
garganta (f)	**desfiladero** (m)	[desfiʎa'ðero]
fenda (f)	**grieta** (f)	[gri'eta]
precipício (m)	**precipicio** (m)	[preθi'piθio]
passo, colo (m)	**puerto** (m)	[pu'erto]
planalto (m)	**meseta** (f)	[me'seta]
falésia (f)	**roca** (f)	['roka]
colina (f)	**colina** (f)	[ko'lina]
glaciar (m)	**glaciar** (m)	[glʲa'θjar]
queda (f) d'água	**cascada** (f)	[kas'kaða]
géiser (m)	**geiser** (m)	['χejser]
lago (m)	**lago** (m)	['ʎago]
planície (f)	**llanura** (f)	[ja'nura]
paisagem (f)	**paisaje** (m)	[paj'saχe]
eco (m)	**eco** (m)	['eko]

alpinista (m)	alpinista (m)	[alˈpiˈnista]
escalador (m)	escalador (m)	[eskalˈaðor]
conquistar (vt)	conquistar (vt)	[koŋkisˈtar]
subida, escalada (f)	ascensión (f)	[aθen'sˌon]

201. Nomes de montanhas

Alpes (m pl)	Alpes (m pl)	['alˈpes]
monte Branco (m)	Montblanc (m)	[mon'blank]
Pirineus (m pl)	Pirineos (m pl)	[piri'necs]
Cárpatos (m pl)	Cárpatos (m pl)	['karpatɔs]
montes (m pl) Urais	Urales (m pl)	[u'rales]
Cáucaso (m)	Cáucaso (m)	['kaukaзo]
Elbrus (m)	Elbrus (m)	['elˈβrus]
Altai (m)	Altai (m)	[alˈ'taj]
Tian Shan (m)	Tian-Shan (m)	['tjan 'ʃɛn]
Pamir (m)	Pamir (m)	[pa'mir]
Himalaias (m pl)	Himalayos (m pl)	[ima'lˈajɔs]
monte (m) Everest	Everest (m)	[eβe'rest]
Cordilheira (f) dos Andes	Andes (m pl)	['andes]
Kilimanjaro (m)	Kilimanjaro (m)	[kilimar 'χaro]

202. Rios

rio (m)	río (m)	['rio]
fonte, nascente (f)	manantial (m)	[manarˈtjalˈ]
leito (m) do rio	lecho (m)	['letʃo]
bacia (f)	cuenca (f) fluvial	[ku'eŋka flˈu'βjalˈ]
desaguar no …	desembocar en …	[desembo'kar en]
afluente (m)	afluente (m)	[aflˈu'ente]
margem (do rio)	orilla (f), ribera (f)	[o'rija], [ri'βera]
corrente (f)	corriente (f)	[ko'rjerte]
rio abaixo	río abajo (adv)	['rio a'ɛaχo]
rio acima	río arriba (adv)	['rio a'r βa]
inundação (f)	inundación (f)	[inunda'θjon]
cheia (f)	riada (f)	['rjaða]
transbordar (vi)	desbordarse (vr)	[desβor'ðarse]
inundar (vt)	inundar (vt)	[inun'dзr]
banco (m) de areia	bajo (m) arenoso	['baχo зre'noso]
rápidos (m pl)	rápido (m)	['rapiðo]
barragem (f)	presa (f)	['presa]
canal (m)	canal (m)	[ka'nal]
reservatório (m) de água	lago (m) artificiale	['lˈago зrtifi'θjale]
eclusa (f)	esclusa (f)	[es'klˈusa]

corpo (m) de água	cuerpo (m) de agua	[ku'erpo de 'agua]
pântano (m)	pantano (m)	[pan'tano]
tremedal (m)	ciénaga (f)	['θjenaga]
remoinho (m)	remolino (m)	[remo'lino]

arroio, regato (m)	arroyo (m)	[a'rojo]
potável	potable (adj)	[po'taβle]
doce (água)	dulce (adj)	['dulʲθe]

| gelo (m) | hielo (m) | ['jelʲo] |
| congelar-se (vr) | helarse (vr) | [e'lʲarse] |

203. Nomes de rios

| rio Sena (m) | Sena (m) | ['sena] |
| rio Loire (m) | Loira (m) | ['lʲojra] |

rio Tamisa (m)	Támesis (m)	['tamesis]
rio Reno (m)	Rin (m)	[rin]
rio Danúbio (m)	Danubio (m)	[da'nuβio]

rio Volga (m)	Volga (m)	['bolʲga]
rio Don (m)	Don (m)	[don]
rio Lena (m)	Lena (m)	['lena]

rio Amarelo (m)	Río (m) Amarillo	['rio ama'rijo]
rio Yangtzé (m)	Río (m) Azul	['rio a'θulʲ]
rio Mekong (m)	Mekong (m)	[me'kong]
rio Ganges (m)	Ganges (m)	['ganges]

rio Nilo (m)	Nilo (m)	['nilʲo]
rio Congo (m)	Congo (m)	['kongo]
rio Cubango (m)	Okavango (m)	[oka'βango]
rio Zambeze (m)	Zambeze (m)	[sam'beθe]
rio Limpopo (m)	Limpopo (m)	[limpo'po]
rio Mississípi (m)	Misisipi (m)	[misi'sipi]

204. Floresta

| floresta (f), bosque (m) | bosque (m) | ['boske] |
| florestal | de bosque (adj) | [de 'boske] |

mata (f) cerrada	espesura (f)	[espe'sura]
arvoredo (m)	bosquecillo (m)	[bokse'θijo]
clareira (f)	claro (m)	['klʲaro]

| matagal (m) | maleza (f) | [ma'leθa] |
| mato (m) | matorral (m) | [mato'ralʲ] |

vereda (f)	senda (f)	['senda]
ravina (f)	barranco (m)	[ba'raŋko]
árvore (f)	árbol (m)	['arβolʲ]

| folha (f) | hoja (f) | ['oxa] |
| folhagem (f) | follaje (m) | [fo'jaxe] |

queda (f) das folhas	caída (f) de hojas	[ka'iða de 'oxas]
cair (vi)	caer (vi)	[ka'er]
topo (m)	cima (f)	['θima]

ramo (m)	rama (f)	['rama]
galho (m)	rama (f)	['rama]
botão, rebento (m)	brote (m)	['brote]
agulha (f)	aguja (f)	[a'guxɛ]
pinha (f)	piña (f)	['pinja]

| buraco (m) de árvore | agujero (m) | [agu'xɛro] |
| ninho (m) | nido (m) | ['niðo] |

tronco (m)	tronco (m)	['troŋkɔ]
raiz (f)	raíz (f)	[ra'iθ]
casca (f) de árvore	corteza (f)	[kor'teɵa]
musgo (m)	musgo (m)	['musgɔ]

arrancar pela raiz	extirpar (vt)	[estir'pɜr]
cortar (vt)	talar (vt)	[ta'ʎar]
desflorestar (vt)	deforestar (vt)	[defores'tar]
toco, cepo (m)	tocón (m)	[to'kon]

fogueira (f)	hoguera (f)	[o'gera]
incêndio (m) florestal	incendio (m) forestal	[in'θendjo fores'talʲ]
apagar (vt)	apagar (vt)	[apa'gar]

guarda-florestal (m)	guarda (m) forestal	[gu'arða fores'talʲ]
proteção (f)	protección (f)	[protek'θjon]
proteger (a natureza)	proteger (vt)	[prote'xer]
caçador (m) furtivo	cazador (m) furtivo	[kaθa'ðor fur'tiβo]
armadilha (f)	cepo (m)	['θepo]

| colher (cogumelos, bagas) | recoger (vt) | [reko'xer] |
| perder-se (vr) | perderse (vr) | [per'ðɛrse] |

205. Recursos naturais

recursos (m pl) naturais	recursos (m pl) naturales	[re'kurɔos natu'rales]
minerais (m pl)	recursos (m pl) subterráneos	[re'kurɔos suβte'raneos]
depósitos (m pl)	depósitos (m pl)	[de'positos]
jazida (f)	yacimiento (m)	[jaθi'mjento]

extrair (vt)	extraer (vt)	[ekstra'er]
extração (f)	extracción (f)	[ekstrak'θjon]
minério (m)	mena (f)	['menɛ]
mina (f)	mina (f)	['mina]
poço (m) de mina	pozo (m) de mina	['poθo de 'mina]
mineiro (m)	minero (m)	[mi'ne'o]
gás (m)	gas (m)	[gas]
gasoduto (m)	gasoducto (m)	[gaso'ʒukto]

petróleo (m)	**petróleo** (m)	[pe'troleo]
oleoduto (m)	**oleoducto** (m)	[oleo'ðukto]
poço (m) de petróleo	**pozo** (m) **de petróleo**	['poθo de pe'troleo]
torre (f) petrolífera	**torre** (f) **de sondeo**	['tore de son'deo]
petroleiro (m)	**petrolero** (m)	[petro'lero]

areia (f)	**arena** (f)	[a'rena]
calcário (m)	**caliza** (f)	[ka'liθa]
cascalho (m)	**grava** (f)	['graβa]
turfa (f)	**turba** (f)	['turβa]
argila (f)	**arcilla** (f)	[ar'θija]
carvão (m)	**carbón** (m)	[kar'βon]

ferro (m)	**hierro** (m)	['jero]
ouro (m)	**oro** (m)	['oro]
prata (f)	**plata** (f)	['plʲata]
níquel (m)	**níquel** (m)	['nikelʲ]
cobre (m)	**cobre** (m)	['koβre]

zinco (m)	**zinc** (m)	[θiŋk]
manganês (m)	**manganeso** (m)	[manga'neso]
mercúrio (m)	**mercurio** (m)	[mer'kurio]
chumbo (m)	**plomo** (m)	['plʲomo]

mineral (m)	**mineral** (m)	[mine'ralʲ]
cristal (m)	**cristal** (m)	[kris'talʲ]
mármore (m)	**mármol** (m)	['marmolʲ]
urânio (m)	**uranio** (m)	[u'ranio]

A Terra. Parte 2

206. Tempo

tempo (m)	**tiempo** (m)	['tjempo]
previsão (f) do tempo	**previsión** (f) **del tiempo**	[preβi'sjon delʲ 'tjempo]
temperatura (f)	**temperatura** (f)	[tempeɾa'tura]
termómetro (m)	**termómetro** (m)	[ter'mometro]
barómetro (m)	**barómetro** (m)	[ba'romˈetro]
húmido	**húmedo** (adj)	['umeðo]
humidade (f)	**humedad** (f)	[ume'ðað]
calor (m)	**bochorno** (m)	[bo'ʧorno]
cálido	**tórrido** (adj)	['toriðo⁻]
está muito calor	**hace mucho calor**	['aθe 'muʧo ka'lʲor]
está calor	**hace calor**	['aθe ka'lʲor]
quente	**templado** (adj)	[tem'plʲaðo]
está frio	**hace frío**	['aθe 'fɾio]
frio	**frío** (adj)	['frio]
sol (m)	**sol** (m)	[solʲ]
brilhar (vi)	**brillar** (vi)	[bri'jar]
de sol, ensolarado	**soleado** (adj)	[sole'aðo]
nascer (vi)	**elevarse** (vr)	[ele'βarse]
pôr-se (vr)	**ponerse** (vr)	[po'nerse]
nuvem (f)	**nube** (f)	['nuβe]
nublado	**nuboso** (adj)	[nu'βoso]
nuvem (f) preta	**nubarrón** (m)	[nuβa'rɔn]
escuro, cinzento	**nublado** (adj)	[nu'βlʲaðo]
chuva (f)	**lluvia** (f)	['juβia]
está a chover	**está lloviendo**	[es'ta jo'βjendo]
chuvoso	**lluvioso** (adj)	[juβi'oso]
chuviscar (vi)	**lloviznar** (vi)	[joβiθ'rˌar]
chuva (f) torrencial	**aguacero** (m)	[agua'θero]
chuvada (f)	**chaparrón** (m)	[ʧapa'rɔn]
forte (chuva)	**fuerte** (adj)	[fu'erte]
poça (f)	**charco** (m)	['ʧarko]
molhar-se (vr)	**mojarse** (vr)	[mo'χarse]
nevoeiro (m)	**niebla** (f)	['njeβlʲa]
de nevoeiro	**nebuloso** (adj)	[neβu'lʲoso]
neve (f)	**nieve** (f)	['njeβe]
está a nevar	**está nevando**	[es'ta ne'βando]

207. Tempo extremo. Catástrofes naturais

trovoada (f)	tormenta (f)	[tor'menta]
relâmpago (m)	relámpago (m)	[re'ʎampago]
relampejar (vi)	relampaguear (vi)	[reʎampage'ar]
trovão (m)	trueno (m)	[tru'eno]
trovejar (vi)	tronar (vi)	[tro'nar]
está a trovejar	está tronando	[es'ta tro'nando]
granizo (m)	granizo (m)	[gra'niθo]
está a cair granizo	está granizando	[es'ta grani'θando]
inundar (vt)	inundar (vt)	[inun'dar]
inundação (f)	inundación (f)	[inunda'θjon]
terremoto (m)	terremoto (m)	[tere'moto]
abalo, tremor (m)	sacudida (f)	[saku'ðiða]
epicentro (m)	epicentro (m)	[epi'θentro]
erupção (f)	erupción (f)	[erup'θjon]
lava (f)	lava (f)	['ʎaβa]
turbilhão (m)	torbellino (m)	[torβe'jino]
tornado (m)	tornado (m)	[tor'naðo]
tufão (m)	tifón (m)	[ti'fon]
furacão (m)	huracán (m)	[ura'kan]
tempestade (f)	tempestad (f)	[tempes'tað]
tsunami (m)	tsunami (m)	[tsu'nami]
ciclone (m)	ciclón (m)	[θik'ʎon]
mau tempo (m)	mal tiempo (m)	[maʎ 'tjempo]
incêndio (m)	incendio (m)	[in'θendio]
catástrofe (f)	catástrofe (f)	[ka'tastrofe]
meteorito (m)	meteorito (m)	[meteo'rito]
avalanche (f)	avalancha (f)	[aβa'ʎantʃa]
deslizamento (m) de neve	alud (m) de nieve	[aʎuð de 'njeβe]
nevasca (f)	ventisca (f)	[ben'tiska]
tempestade (f) de neve	nevasca (f)	[ne'βaska]

208. Ruídos. Sons

silêncio (m)	silencio (m)	[si'lenθio]
som (m)	sonido (m)	[so'niðo]
ruído, barulho (m)	ruido (m)	[ru'iðo]
fazer barulho	hacer ruido	[a'θer ru'iðo]
ruidoso, barulhento	ruidoso (adj)	[rui'ðoso]
alto (adv)	alto (adv)	['aʎto]
alto (adj)	fuerte (adj)	[fu'erte]
constante (ruído, etc.)	constante (adj)	[kons'tante]

grito (m)	grito (m)	['grito]
gritar (vi)	gritar (vi)	[gri'tar]
sussurro (m)	susurro (m)	[su'surc]
sussurrar (vt)	susurrar (vi, vt)	[susu'rɛr]

| latido (m) | ladrido (m) | [lʲa'ðriðo] |
| latir (vi) | ladrar (vi) | [lʲa'ðrar] |

gemido (m)	gemido (m)	[xe'miðɔ]
gemer (vi)	gemir (vi)	[xe'mir]
tosse (f)	tos (f)	[tos]
tossir (vi)	toser (vi)	[to'ser]

assobio (m)	silbido (m)	[silʲ'βiðo]
assobiar (vi)	silbar (vi)	[silʲ'βar]
batida (f)	toque (m) en la puerta	['toke en lʲa pu'erta]
bater (vi)	golpear (vt)	[golʲpe'ar]

| estalar (vi) | crepitar (vi) | [krepi'tar] |
| estalido (m) | crepitación (f) | [krepita'θjon] |

sirene (f)	sirena (f)	[si'rena]
apito (m)	pito (m)	['pito]
apitar (vi)	pitar (vi)	[pi'tar]
buzina (f)	bocinazo (m)	[boθi'naθo]
buzinar (vi)	tocar la bocina	[to'kar la bo'θina]

209. Inverno

inverno (m)	invierno (m)	[im'bjerno]
de inverno	de invierno (adj)	[de im'bjerno]
no inverno	en invierno	[en im'bjerno]

neve (f)	nieve (f)	['njeβe]
está a nevar	está nevando	[es'ta re'βando]
queda (f) de neve	nevada (f)	[ne'βaða]
amontoado (m) de neve	montón (m) de nieve	[mon'tcn de 'njeβe]

floco (m) de neve	copo (m) de nieve	['kopo de 'njeβe]
bola (f) de neve	bola (f) de nieve	['bolʲa de 'njeβe]
boneco (m) de neve	monigote (m) de nieve	[moni'çote de 'njeβe]
sincelo (m)	carámbano (m)	[ka'rambano]

dezembro (m)	diciembre (m)	[di'θjembre]
janeiro (m)	enero (m)	[e'nero]
fevereiro (m)	febrero (m)	[fe'βrero]

| gelo (m) | helada (f) | [e'lʲaða] |
| gelado, glacial | helado (adj) | [e'lʲaðc] |

abaixo de zero	bajo cero (adv)	['baxo θero]
geada (f)	primeras heladas (f pl)	[pri'meras e'lʲaðas]
geada (f) branca	escarcha (f)	[es'karʃa]
frio (m)	frío (m)	['frio]

está frio	hace frío	['aθe 'frio]
casaco (m) de peles	abrigo (m) de piel	[a'βrigo de pjeˡʲ]
mitenes (f pl)	manoplas (f pl)	[ma'noplˡas]

adoecer (vi)	enfermarse (vr)	[eɲfer'marse]
constipação (f)	resfriado (m)	[resfri'aðo]
constipar-se (vr)	resfriarse (vr)	[resfri'arse]

gelo (m)	hielo (m)	['jelˡo]
gelo (m) na estrada	hielo (m) negro	['jelˡo 'neɣro]
congelar-se (vr)	helarse (vr)	[e'lˡarse]
bloco (m) de gelo	bloque (m) de hielo	['blˡoke de 'jelˡo]

esqui (m)	esquís (m pl)	[es'kis]
esquiador (m)	esquiador (m)	[eskja'ðor]
esquiar (vi)	esquiar (vi)	[es'kjar]
patinar (vi)	patinar (vi)	[pati'nar]

Fauna

predador (m)	carnívoro (m)	[kar'niɛoro]
tigre (m)	tigre (m)	['tiɣre]
leão (m)	león (m)	[le'on]
lobo (m)	lobo (m)	['lʲoβo]
raposa (f)	zorro (m)	['θoro]
jaguar (m)	jaguar (m)	[χagu'ɛr]
leopardo (m)	leopardo (m)	[leo'pa ˉðo]
chita (f)	guepardo (m)	[ge'parðo]
pantera (f)	pantera (f)	[pan'teɾa]
puma (m)	puma (f)	['pumaǁ
leopardo-das-neves (m)	leopardo (m) de las nieves	[leo'pa ˉðo de lʲas 'njəβes]
lince (m)	lince (m)	['linθe]
coiote (m)	coyote (m)	[ko'jotɛ]
chacal (m)	chacal (m)	[ʧa'kalǁ
hiena (f)	hiena (f)	['jena]

animal (m)	animal (m)	[ani'malʲ]
besta (f)	bestia (f)	['bestia]
esquilo (m)	ardilla (f)	[ar'ðijaǁ
ouriço (m)	erizo (m)	[e'riθo]
lebre (f)	liebre (f)	['ljeβre]
coelho (m)	conejo (m)	[ko'neχo]
texugo (m)	tejón (m)	[te'χor]
guaxinim (m)	mapache (m)	[ma'peʧe]
hamster (m)	hámster (m)	['χamster]
marmota (f)	marmota (f)	[mar'mota]
toupeira (f)	topo (m)	['topo]
rato (m)	ratón (m)	[ra'tonǁ
ratazana (f)	rata (f)	['rata]
morcego (m)	murciélago (m)	[mur'θ elʲago]
arminho (m)	armiño (m)	[ar'mir jo]
zibelina (f)	cebellina (f)	[θeβe' ina]
marta (f)	marta (f)	['marta]
doninha (f)	comadreja (f)	[koma ðreχa]
vison (m)	visón (m)	[bi'sor]

castor (m)	castor (m)	[kas'tor]
lontra (f)	nutria (f)	['nutria]

cavalo (m)	caballo (m)	[ka'βajo]
alce (m)	alce (m)	['alʲθe]
veado (m)	ciervo (m)	['θjerβo]
camelo (m)	camello (m)	[ka'mejo]

bisão (m)	bisonte (m)	[bi'sonte]
auroque (m)	uro (m)	['uro]
búfalo (m)	búfalo (m)	['bufalʲo]

zebra (f)	cebra (f)	['θeβra]
antílope (m)	antílope (m)	[an'tilʲope]
corça (f)	corzo (m)	['korθo]
gamo (m)	gamo (m)	['gamo]
camurça (f)	gamuza (f)	[ga'muθa]
javali (m)	jabalí (m)	[χaβa'li]

baleia (f)	ballena (f)	[ba'jena]
foca (f)	foca (f)	['foka]
morsa (f)	morsa (f)	['morsa]
urso-marinho (m)	oso (m) marino	['oso ma'rino]
golfinho (m)	delfín (m)	[delʲ'fin]

urso (m)	oso (m)	['oso]
urso (m) branco	oso (m) blanco	['oso 'blʲaŋko]
panda (m)	panda (f)	['panda]

macaco (em geral)	mono (m)	['mono]
chimpanzé (m)	chimpancé (m)	[ʧimpan'se]
orangotango (m)	orangután (m)	[orangu'tan]
gorila (m)	gorila (m)	[go'rilʲa]
macaco (m)	macaco (m)	[ma'kako]
gibão (m)	gibón (m)	[χi'βon]

elefante (m)	elefante (m)	[ele'fante]
rinoceronte (m)	rinoceronte (m)	[rinoθe'ronte]
girafa (f)	jirafa (f)	[χi'rafa]
hipopótamo (m)	hipopótamo (m)	[ipo'potamo]

canguru (m)	canguro (m)	[kan'guro]
coala (m)	koala (f)	[ko'alʲa]

mangusto (m)	mangosta (f)	[man'gosta]
chinchila (m)	chinchilla (f)	[ʧin'ʧija]
doninha-fedorenta (f)	mofeta (f)	[mo'feta]
porco-espinho (m)	espín (m)	[es'pin]

212. Animais domésticos

gata (f)	gata (f)	['gata]
gato (m) macho	gato (m)	['gato]
cão (m)	perro (m)	['pero]

cavalo (m)	caballo (m)	[ka'βajo]
garanhão (m)	garañón (m)	[gara'njon]
égua (f)	yegua (f)	['jegua]
vaca (f)	vaca (f)	['baka]
touro (m)	toro (m)	['toro]
boi (m)	buey (m)	[bu'ej]
ovelha (f)	oveja (f)	[o'βeχa]
carneiro (m)	carnero (m)	[kar'neɾo]
cabra (f)	cabra (f)	['kaβra]
bode (m)	cabrón (m)	[ka'βron]
burro (m)	asno (m)	['asno]
mula (f)	mulo (m)	['mulʲo]
porco (m)	cerdo (m)	['θerðo]
leitão (m)	cerdito (m)	[θer'ðito]
coelho (m)	conejo (m)	[ko'neχo]
galinha (f)	gallina (f)	[ga'jina]
galo (m)	gallo (m)	['gajo]
pata (f)	pato (m)	['pato]
pato (macho)	ánade (m)	['anaðɛ]
ganso (m)	ganso (m)	['gansc]
peru (m)	pavo (m)	['paβo]
perua (f)	pava (f)	['paβa]
animais (m pl) domésticos	animales (m pl) domésticos	[ani'mɛles do'mestikos]
domesticado	domesticado (adj)	[domesti'kaðo]
domesticar (vt)	domesticar (vt)	[domesti'kar]
criar (vt)	criar (vt)	[kri'ar]
quinta (f)	granja (f)	['granχa]
aves (f pl) domésticas	aves (f pl) de corral	['aβes de ko'ralʲ]
gado (m)	ganado (m)	[ga'njaðo]
rebanho (m), manada (f)	rebaño (m)	[re'βanjo]
estábulo (m)	caballeriza (f)	[kaβaje'riθa]
pocilga (f)	porqueriza (f)	[porke'ʳiθa]
estábulo (m)	vaquería (f)	[bake'ɾia]
coelheira (f)	conejal (m)	[kone'ɣalʲ]
galinheiro (m)	gallinero (m)	[gaji'nɛro]

213. Cães. Raças de cães

cão (m)	perro (m)	['pero]
cão pastor (m)	perro (m) pastor	['pero pas'tor]
pastor-alemão (m)	pastor (m) alemán	[pas'tor ale'man]
caniche (m)	caniche (m)	[ka'nitʃə]
teckel (m)	teckel (m)	['tekelʲ]
buldogue (m)	bulldog (m)	[bulʲ'ðog]

boxer (m)	**bóxer** (m)	['bokser]
mastim (m)	**mastín** (m) **inglés**	[mas'tin in'gles]
rottweiler (m)	**rottweiler** (m)	[rot'bajler]
dobermann (m)	**doberman** (m)	['doβerman]
basset (m)	**basset hound** (m)	['baset 'χaund]
pastor inglês (m)	**bobtail** (m)	[boβ'tajlʲ]
dálmata (m)	**dálmata** (m)	['dalʲmata]
cocker spaniel (m)	**cocker spaniel** (m)	['koker spa'njelʲ]
terra-nova (m)	**terranova** (m)	[tera'noβa]
são-bernardo (m)	**san bernardo** (m)	[san ber'narðo]
husky (m)	**husky** (m)	['χaski]
Chow-chow (m)	**chow chow** (m)	['ʧow 'ʧow]
spitz alemão (m)	**pomerania** (m)	[pome'rania]
carlindogue (m)	**pug** (m), **carlino** (m)	[pug], [kar'lino]

214. Sons produzidos pelos animais

latido (m)	**ladrido** (m)	[lʲa'ðriðo]
latir (vi)	**ladrar** (vi)	[lʲa'ðrar]
miar (vi)	**maullar** (vi)	[mau'jar]
ronronar (vi)	**ronronear** (vi)	[ronrone'ar]
mugir (vaca)	**mugir** (vi)	[mu'χir]
bramir (touro)	**bramar** (vi)	[bra'mar]
rosnar (vi)	**rugir** (vi)	[ru'χir]
uivo (m)	**aullido** (m)	[au'jiðo]
uivar (vi)	**aullar** (vi)	[au'jar]
ganir (vi)	**gañir** (vi)	[ga'njir]
balir (vi)	**balar** (vi)	[ba'lʲar]
grunhir (porco)	**gruñir** (vi)	[gru'njir]
guinchar (vi)	**chillar** (vi)	[ʧi'jar]
coaxar (sapo)	**croar** (vi)	[kro'ar]
zumbir (inseto)	**zumbar** (vi)	[θum'bar]
estridular, ziziar (vi)	**chirriar** (vi)	[ʧi'rjar]

215. Animais jovens

cria (f), filhote (m)	**cría** (f)	['kria]
gatinho (m)	**gatito** (m)	[ga'tito]
ratinho (m)	**ratoncillo** (m)	[raton'θijo]
cãozinho (m)	**cachorro** (m)	[ka'ʧoro]
filhote (m) de lebre	**lebrato** (m)	[le'βrato]
coelhinho (m)	**gazapo** (m)	[ga'θapo]
lobinho (m)	**lobato** (m)	[lʲo'βato]
raposinho (m)	**cachorro** (m) **de zorro**	[ka'ʧoro de 'θoro]

ursinho (m)	osito (m)	[o'sito]
leãozinho (m)	cachorro (m) de león	[ka'tʃoro de le'on]
filhote (m) de tigre	cachorro (m) de tigre	[ka'tʃoro de 'tiɣre]
filhote (m) de elefante	elefante bebé (m)	[ele'fan:e be'βe]

leitão (m)	cerdito (m)	[θer'ðito]
bezerro (m)	ternero (m)	[ter'nero]
cabrito (m)	cabrito (m)	[ka'βrito]
cordeiro (m)	cordero (m)	[kor'ðero]
cria (f) de veado	cervato (m)	[θer'βato]
cria (f) de camelo	cría (f) de camello	['kria de ka'mejo]

| filhote (m) de serpente | serpiente (f) joven | [ser'pjente 'χoβen] |
| cria (f) de rã | rana (f) juvenil | ['rana χuβe'nilʲ] |

cria (f) de ave	polluelo (m)	[polju'e ʲo]
pinto (m)	pollito (m)	[po'jito]
patinho (m)	patito (m)	[pa'tito]

216. Pássaros

pássaro (m), ave (f)	pájaro (m)	['paχaro]
pombo (m)	paloma (f)	[pa'lʲorr a]
pardal (m)	gorrión (m)	[gori'jon]
chapim-real (m)	carbonero (m)	[karβo'nero]
pega-rabuda (f)	urraca (f)	[u'raka⁻]

corvo (m)	cuervo (m)	[ku'erβo]
gralha (f) cinzenta	corneja (f)	[kor'neχa]
gralha-de-nuca-cinzenta (f)	chova (f)	['tʃoβa]
gralha-calva (f)	grajo (m)	['graχo]

pato (m)	pato (m)	['pato]
ganso (m)	ganso (m)	['gansc]
faisão (m)	faisán (m)	[faj'san⁻]

águia (f)	águila (f)	['agilʲa]
açor (m)	azor (m)	[a'θor]
falcão (m)	halcón (m)	[alʲ'kon]
abutre (m)	buitre (m)	[bu'itre]
condor (m)	cóndor (m)	['kondcr]

cisne (m)	cisne (m)	['θisne⁻]
grou (m)	grulla (f)	['gruja]
cegonha (f)	cigüeña (f)	[θiɣu'eⁿja]

papagaio (m)	loro (m), papagayo (m)	['lʲoro], [papa'gajo]
beija-flor (m)	colibrí (m)	[koli'βr]
pavão (m)	pavo (m) real	['paβo re'alʲ]

avestruz (m)	avestruz (m)	[aβes't⁻uθ]
garça (f)	garza (f)	['garθa]
flamingo (m)	flamenco (m)	[flʲa'meⁿko]
pelicano (m)	pelícano (m)	[pe'likano]

195

rouxinol (m)	ruiseñor (m)	[ruise'njor]
andorinha (f)	golondrina (f)	[goľon'drina]
tordo-zornal (m)	tordo (m)	['torðo]
tordo-músico (m)	zorzal (m)	[θor'θaľ]
melro-preto (m)	mirlo (m)	['mirľo]
andorinhão (m)	vencejo (m)	[ben'θeχo]
cotovia (f)	alondra (f)	[a'ľondra]
codorna (f)	codorniz (f)	[koðor'niθ]
pica-pau (m)	pájaro carpintero (m)	['paχaro karpin'tero]
cuco (m)	cuco (m)	['kuko]
coruja (f)	lechuza (f)	[le'ʧuθa]
corujão, bufo (m)	búho (m)	['buo]
tetraz-grande (m)	urogallo (m)	[uro'gajo]
tetraz-lira (m)	gallo lira (m)	['gajo 'lira]
perdiz-cinzenta (f)	perdiz (f)	[per'ðiθ]
estorninho (m)	estornino (m)	[estor'nino]
canário (m)	canario (m)	[ka'nario]
galinha-do-mato (f)	ortega (f)	[or'tega]
tentilhão (m)	pinzón (m)	[pin'θon]
dom-fafe (m)	camachuelo (m)	[kamaʧu'eľo]
gaivota (f)	gaviota (f)	[ga'βjota]
albatroz (m)	albatros (m)	[aľ'βatros]
pinguim (m)	pingüino (m)	[pingu'ino]

217. Pássaros. Canto e sons

cantar (vi)	cantar (vi)	[kan'tar]
gritar (vi)	gritar, llamar (vi)	[gri'tar], [ja'mar]
cantar (o galo)	cantar (vi)	[kan'tar]
cocorocó (m)	quiquiriquí (m)	[kikiri'ki]
cacarejar (vi)	cloquear (vi)	[kľoke'ar]
crocitar (vi)	graznar (vi)	[graθ'nar]
grasnar (vi)	graznar, parpar (vi)	[graθ'nar], [par'par]
piar (vi)	piar (vi)	[pjar]
chilrear, gorjear (vi)	gorjear (vi)	[gorχe'ar]

218. Peixes. Animais marinhos

brema (f)	brema (f)	['brema]
carpa (f)	carpa (f)	['karpa]
perca (f)	perca (f)	['perka]
siluro (m)	siluro (m)	[si'ľuro]
lúcio (m)	lucio (m)	['ľuθio]
salmão (m)	salmón (m)	[saľ'mon]
esturjão (m)	esturión (m)	[estu'rjon]

arenque (m)	arenque (m)	[a'reŋke]
salmão (m)	salmón (m) del Atlántico	[salˈmɔn delʲ atˈlʲantiko]
cavala, sarda (f)	caballa (f)	[kaˈβaja]
solha (f)	lenguado (m)	[lenguˈaðo]
lúcio perca (m)	lucioperca (f)	[lʲuθjoˈperka]
bacalhau (m)	bacalao (m)	[bakaˈlʲao]
atum (m)	atún (m)	[aˈtun]
truta (f)	trucha (f)	[ˈtrutʃa]
enguia (f)	anguila (f)	[anˈgilʲa]
raia elétrica (f)	raya (f) eléctrica	[ˈraja eˈlektrika]
moreia (f)	morena (f)	[moˈrena]
piranha (f)	piraña (f)	[piˈranja]
tubarão (m)	tiburón (m)	[tiβuˈroꞁ]
golfinho (m)	delfín (m)	[delʲˈfinǀ]
baleia (f)	ballena (f)	[baˈjenә]
caranguejo (m)	centolla (f)	[θenˈto̞a]
medusa, alforreca (f)	medusa (f)	[meˈðusa]
polvo (m)	pulpo (m)	[ˈpulʲpɑ]
estrela-do-mar ;(f)	estrella (f) de mar	[esˈtrejә de mar]
ouriço-do-mar (ꞇ)	erizo (m) de mar	[eˈriθo ɉe mar]
cavalo-marinho (m)	caballito (m) de mar	[kaβaˈj to de mar]
ostra (f)	ostra (f)	[ˈostra]
camarão (m)	camarón (m)	[kamaˈꞏon]
lavagante (m)	bogavante (m)	[bogaˈβante]
lagosta (f)	langosta (f)	[lʲanˈgcsta]

219. Amfíbios. Répteis

serpente, cobra (f)	serpiente (f)	[serˈpjente]
venenoso	venenoso (adj)	[beneˈnoso]
víbora (f)	víbora (f)	[ˈbiβora]
cobra-capelo, naja (f)	cobra (f)	[ˈkoβrɐ]
pitão (m)	pitón (m)	[piˈton]
jiboia (f)	boa (f)	[ˈboa]
cobra-de-água (f)	culebra (f)	[kuˈleβra]
cascavel (f)	serpiente (m) de cascabel	[serˈpjente de kaskaˈβelʲ]
anaconda (f)	anaconda (f)	[anaˈkonda]
lagarto (m)	lagarto (m)	[lʲaˈgarto]
iguana (f)	iguana (f)	[iguˈarɐ]
varano (m)	varano (m)	[baˈrano]
salamandra (f)	salamandra (f)	[salʲaˈmandra]
camaleão (m)	camaleón (m)	[kama eˈon]
escorpião (m)	escorpión (m)	[eskorɔiˈon]
tartaruga (f)	tortuga (f)	[torˈtuga]
rã (f)	rana (f)	[ˈrana]

sapo (m)	**sapo** (m)	['sapo]
crocodilo (m)	**cocodrilo** (m)	[koko'ðriʎo]

220. Insetos

inseto (m)	**insecto** (m)	[in'sekto]
borboleta (f)	**mariposa** (f)	[mari'posa]
formiga (f)	**hormiga** (f)	[or'miga]
mosca (f)	**mosca** (f)	['moska]
mosquito (m)	**mosquito** (m)	[mos'kito]
escaravelho (m)	**escarabajo** (m)	[eskara'βaχo]
vespa (f)	**avispa** (f)	[a'βispa]
abelha (f)	**abeja** (f)	[a'βeχa]
mamangava (f)	**abejorro** (m)	[aβe'χoro]
moscardo (m)	**moscardón** (m)	[moskar'ðon]
aranha (f)	**araña** (f)	[a'raɲa]
teia (f) de aranha	**telaraña** (f)	[teʎa'raɲa]
libélula (f)	**libélula** (f)	[li'βeʎuʎa]
gafanhoto-do-campo (m)	**saltamontes** (m)	[saʎta'montes]
traça (f)	**mariposa** (f) **nocturna**	[mari'posa nok'turna]
barata (f)	**cucaracha** (f)	[kuka'ratʃa]
carraça (f)	**garrapata** (f)	[gara'pata]
pulga (f)	**pulga** (f)	['puʎga]
borrachudo (m)	**mosca** (f) **negra**	['moska 'neɣra]
gafanhoto (m)	**langosta** (f)	[ʎan'gosta]
caracol (m)	**caracol** (m)	[kara'koʎ]
grilo (m)	**grillo** (m)	['grijo]
pirilampo (m)	**luciérnaga** (f)	[ʎu'θjernaga]
joaninha (f)	**mariquita** (f)	[mari'kita]
besouro (m)	**sanjuanero** (m)	[sanχwa'nero]
sanguessuga (f)	**sanguijuela** (f)	[sangiχu'eʎa]
lagarta (f)	**oruga** (f)	[o'ruga]
minhoca (f)	**lombriz** (m) **de tierra**	[lom'briθ de 'tjera]
larva (f)	**larva** (f)	['ʎarβa]

221. Animais. Partes do corpo

bico (m)	**pico** (m)	['piko]
asas (f pl)	**alas** (f pl)	['aʎas]
pata (f)	**pata** (f)	['pata]
plumagem (f)	**plumaje** (m)	[pʎu'maχe]
pena, pluma (f)	**pluma** (f)	['pʎuma]
crista (f)	**penacho** (m)	[pe'natʃo]
brânquias, guelras (f pl)	**branquias** (f pl)	['braŋkjas]
ovas (f pl)	**huevas** (f pl)	[u'eβas]

larva (f)	larva (f)	['lʲarβa]
barbatana (f)	aleta (f)	[a'leta]
escama (f)	escamas (f pl)	[es'karᵣas]

canino (m)	colmillo (m)	[kolʲ'mijɔ]
pata (f)	garra (f), pata (f)	['gara], ['pata]
focinho (m)	hocico (m)	[o'θiko]
boca (f)	boca (f)	['boka]
cauda (f), rabo (m)	cola (f)	['kolʲa]
bigodes (m pl)	bigotes (m pl)	[bi'goteꜱ]

| casco (m) | casco (m) | ['kasko˙] |
| corno (m) | cuerno (m) | [ku'erno] |

carapaça (f)	caparazón (m)	[kaparɛ'θon]
concha (f)	concha (f)	['kontʃa]
casca (f) de ovo	cáscara (f)	['kaskaˉa]

| pelo (m) | pelo (m) | ['pelʲo] |
| pele (f), couro (m) | piel (f) | [pjelʲ] |

222. Ações dos animais

| voar (vi) | volar (vi) | [bo'lʲar] |
| dar voltas | dar vueltas | [dar bu elʲtas] |

| voar (para longe) | echar a volar | [e'tʃar ɛ bo'lʲar] |
| bater as asas | batir las alas | [ba'tir lʲas 'alʲas] |

| bicar (vi) | picotear (vt) | [pikote'ar] |
| incubar (vt) | empollar (vt) | [empo'‿ar] |

| sair do ovo | salir del cascarón | [sa'lir delʲ kaska'ron] |
| fazer o ninho | hacer el nido | [a'θer elʲ 'niðo] |

rastejar (vi)	reptar (vi)	[rep'tar]
picar (vt)	picar (vt)	[pi'kar]
morder (vt)	morder (vt)	[mor'ðer]

cheirar (vt)	olfatear (vt)	[oflʲate'ar]
latir (vi)	ladrar (vi)	[lʲa'ðrar]
silvar (vi)	sisear (vi)	[sise'ar]

| assustar (vt) | asustar (vt) | [asus'tar] |
| atacar (vt) | atacar (vt) | [ata'kaˉ] |

roer (vt)	roer (vt)	[ro'er]
arranhar (vt)	arañar (vt)	[ara'njar]
esconder-se (vr)	esconderse (vr)	[eskon derse]

brincar (vi)	jugar (vi)	[χu'gar]
caçar (vi)	cazar (vi, vt)	[ka'θar]
hibernar (vi)	hibernar (vi)	[iβer'nar]
extinguir-se (vr)	extinguirse (vr)	[ekstin girse]

223. Animais. Habitats

| hábitat | hábitat (m) | ['aβitat] |
| migração (f) | migración (f) | [miɣra'θjon] |

montanha (f)	montaña (f)	[mon'tanja]
recife (m)	arrecife (m)	[are'θife]
falésia (f)	roca (f)	['roka]

floresta (f)	bosque (m)	['boske]
selva (f)	jungla (f)	['χunglʲa]
savana (f)	sabana (f)	[sa'βana]
tundra (f)	tundra (f)	['tundra]

estepe (f)	estepa (f)	[es'tepa]
deserto (m)	desierto (m)	[de'sjerto]
oásis (m)	oasis (m)	[o'asis]

mar (m)	mar (m)	[mar]
lago (m)	lago (m)	['lʲago]
oceano (m)	océano (m)	[o'θeano]

pântano (m)	pantano (m)	[pan'tano]
de água doce	de agua dulce (adj)	[de 'agua 'dulʲθe]
lagoa (f)	estanque (m)	[es'taŋke]
rio (m)	río (m)	['rio]

toca (f) do urso	cubil (m)	[ku'βilʲ]
ninho (m)	nido (m)	['niðo]
buraco (m) de árvore	agujero (m)	[agu'χero]
toca (f)	madriguera (f)	[maðri'gera]
formigueiro (m)	hormiguero (m)	[ormi'gero]

224. Cuidados com os animais

| jardim (m) zoológico | zoológico (m) | [θoo'lʲoχiko] |
| reserva (f) natural | reserva (f) natural | [re'serβa natu'ralʲ] |

viveiro (m)	criadero (m)	[kria'ðero]
jaula (f) de ar livre	jaula (f) al aire libre	['χaulʲa alʲ 'aire 'liβre]
jaula, gaiola (f)	jaula (f)	['χaulʲa]
casinha (f) de cão	perrera (f)	[pe'rera]

pombal (m)	palomar (m)	[palʲo'mar]
aquário (m)	acuario (m)	[aku'ario]
delfinário (m)	delfinario (m)	[delʲfi'nario]

criar (vt)	criar (vt)	[kri'ar]
ninhada (f)	crías (f pl)	['krias]
domesticar (vt)	domesticar (vt)	[domesti'kar]
adestrar (vt)	adiestrar (vt)	[aðjes'trar]
ração (f)	pienso (m), comida (f)	['pjenso], [ko'miða]
alimentar (vt)	dar de comer	[dar de ko'mer]

loja (f) de animais	**tienda** (f) **de animales**	['tjenda de ani'males]
açaime (m)	**bozal** (m) **de perro**	[bo'θal ꓒe 'pero]
coleira (f)	**collar** (m)	[ko'jar]
nome (m)	**nombre** (m)	['nombre]
pedigree (m)	**pedigrí** (m)	[peði'ɣr]

225. Animais. Diversos

alcateia (f)	**manada** (f)	[ma'naða]
bando (pássaros)	**bandada** (f)	[ban'daða]
cardume (peixes)	**banco** (m) **de peces**	['baŋko de 'peθes]
manada (cavalos)	**caballada** (f)	[kaβa'jɛða]
macho (m)	**macho** (m)	['matʃo]
fêmea (f)	**hembra** (f)	['embrɛ]
faminto	**hambriento** (adj)	[am'brjento]
selvagem	**salvaje** (adj)	[salʲ'βaχe]
perigoso	**peligroso** (adj)	[peli'ɣroso]

226. Cavalos

cavalo (m)	**caballo** (m)	[ka'βajo]
raça (f)	**raza** (f)	['raθa]
potro (m)	**potro** (m)	['potro]
égua (f)	**yegua** (f)	['jegua]
mustangue (m)	**mustang** (m)	[mus'taŋ]
pónei (m)	**poni** (m)	['poni]
cavalo (m) de tiro	**caballo** (m) **de tiro**	[ka'βajo de 'tiro]
crina (f)	**crin** (f)	[krin]
cauda (f)	**cola** (f)	['kolʲa]
casco (m)	**casco** (m)	['kasko]
ferradura (f)	**herradura** (f)	[era'ðuꓒa]
ferrar (vt)	**herrar** (vt)	[e'rar]
ferreiro (m)	**herrero** (m)	[e'rero]
sela (f)	**silla** (f)	['sija]
estribo (m)	**estribo** (m)	[es'triβɔ]
brida (f)	**bridón** (m)	[bri'ðon]
rédeas (f pl)	**riendas** (f pl)	['rjendas]
chicote (m)	**fusta** (f)	['fusta]
cavaleiro (m)	**jinete** (m)	[χi'netɛ]
colocar sela	**ensillar** (vt)	[ensi'jɛr]
montar no cavalo	**montar al caballo**	[mon'tar alʲ ka'βajo]
galope (m)	**galope** (m)	[ga'lʲoꞔe]
galopar (vi)	**ir al galope**	[ir alʲ gɘ'lʲope]

trote (m)	**trote** (m)	['trote]
a trote	**al trote** (adv)	[alʲ 'trote]
ir a trote	**ir al trote, trotar** (vi)	[ir alʲ 'trote], [tro'tar]

| cavalo (m) de corrida | **caballo** (m) **de carreras** | [ka'βajo de ka'reras] |
| corridas (f pl) | **carreras** (f pl) | [ka'reras] |

estábulo (m)	**caballeriza** (f)	[kaβaje'riθa]
alimentar (vt)	**dar de comer**	[dar de ko'mer]
feno (m)	**heno** (m)	['eno]
dar água	**dar de beber**	[dar de be'βer]
limpar (vt)	**limpiar** (vt)	[lim'pjar]

carroça (f)	**carro** (m)	['karo]
pastar (vi)	**pastar** (vi)	[pas'tar]
relinchar (vi)	**relinchar** (vi)	[relin'tʃar]
dar um coice	**cocear** (vi)	[koθe'ar]

Flora

árvore (f)	árbol (m)	['arβolʲ]
decídua	foliáceo (adj)	[foli'aθeo]
conífera	conífero (adj)	[ko'nifɛro]
perene	de hoja perenne	[de 'oχɜ pe'renne]

macieira (f)	manzano (m)	[man'θɜno]
pereira (f)	peral (m)	[pe'ralʲ]
cerejeira (f)	cerezo (m)	[θe'reθo]
ginjeira (f)	guindo (m)	['gindo]
ameixeira (f)	ciruelo (m)	[θiru'elɔo]

bétula (f)	abedul (m)	[aβe'ðulʲ]
carvalho (m)	roble (m)	['roβle]
tília (f)	tilo (m)	['tilʲo]
choupo-tremedɔr (m)	pobo (m)	['poβo]
bordo (m)	arce (m)	['arθe]
espruce-europeu (m)	pícea (f)	['piθea]
pinheiro (m)	pino (m)	['pino]
alerce, lariço (m)	alerce (m)	[a'lerθe]
abeto (m)	abeto (m)	[a'βeto]
cedro (m)	cedro (m)	['θeðrc]

choupo, álamo (m)	álamo (m)	['alʲamɔ]
tramazeira (f)	serbal (m)	[ser'βalʲ]
salgueiro (m)	sauce (m)	['sauθe]
amieiro (m)	aliso (m)	[a'liso]
faia (f)	haya (f)	['aja]
ulmeiro (m)	olmo (m)	['olʲmo]
freixo (m)	fresno (m)	['fresnɔ]
castanheiro (m)	castaño (m)	[kas'taɲo]

magnólia (f)	magnolia (f)	[maɣ'nɔlia]
palmeira (f)	palmera (f)	[palʲ'mɜra]
cipreste (m)	ciprés (m)	[θi'pres]

mangue (m)	mangle (m)	['manɕlʲ]
embondeiro, baobá (m)	baobab (m)	[bao'βɜβ]
eucalipto (m)	eucalipto (m)	[euka'lipto]
sequoia (f)	secoya (f)	[se'kojɜ]

| arbusto (m) | mata (f) | ['mata] |
| arbusto (m), moita (f) | arbusto (m) | [ar'βusto] |

| videira (f) | vid (f) | [bið] |
| vinhedo (m) | viñedo (m) | [bi'njeðo] |

framboeseira (f)	frambueso (m)	[frambu'eso]
groselheira-preta (f)	grosellero (m) negro	[grose'jero 'neɣro]
groselheira-vermelha (f)	grosellero (m) rojo	[grose'jero 'roχo]
groselheira (f) espinhosa	grosellero (m) espinoso	[grose'jero espi'noso]

acácia (f)	acacia (f)	[a'kaθia]
bérberis (f)	berberís (m)	[berβe'ris]
jasmim (m)	jazmín (m)	[χaθ'min]

junípero (m)	enebro (m)	[e'neβro]
roseira (f)	rosal (m)	[ro'salʲ]
roseira (f) brava	escaramujo (m)	[eskara'muχo]

229. Cogumelos

cogumelo (m)	seta (f)	['seta]
cogumelo (m) comestível	seta (f) comestible	['seta komes'tiβle]
cogumelo (m) venenoso	seta (f) venenosa	['seta bene'nosa]
chapéu (m)	sombrerete (m)	[sombre'rete]
pé, caule (m)	estipe (m)	[es'tipe]

boleto (m)	seta calabaza (f)	['seta kalʲa'βaθa]
boleto (m) alaranjado	boleto (m) castaño	[bo'leto kas'tanjo]
míscaro (m) das bétulas	boleto (m) áspero	[bo'leto 'aspero]
cantarela (f)	rebozuelo (m)	[reβoθu'elʲo]
rússula (f)	rúsula (f)	['rusulʲa]

morchella (f)	colmenilla (f)	[kolʲme'nija]
agário-das-moscas (m)	matamoscas (m)	[mata'moskas]
cicuta (f) verde	oronja (f) verde	[o'ronχa 'berðe]

230. Frutos. Bagas

fruta (f)	fruto (m)	['fruto]
frutas (f pl)	frutos (m pl)	['frutos]
maçã (f)	manzana (f)	[man'θana]
pera (f)	pera (f)	['pera]
ameixa (f)	ciruela (f)	[θiru'elʲa]

morango (m)	fresa (f)	['fresa]
ginja (f)	guinda (f)	['ginda]
cereja (f)	cereza (f)	[θe're θa]
uva (f)	uva (f)	['uβa]

framboesa (f)	frambuesa (f)	[frambu'esa]
groselha (f) preta	grosella (f) negra	[gro'seja 'neɣra]
groselha (f) vermelha	grosella (f) roja	[gro'seja 'roχa]
groselha (f) espinhosa	grosella (f) espinosa	[gro'seja espi'nosa]
oxicoco (m)	arándano (m) agrio	[a'randano 'aɣrio]

laranja (f)	naranja (f)	[na'ranҳa]
tangerina (f)	mandarina (f)	[mandɛ'rina]
ananás (m)	piña (f)	['pinja]
banana (f)	banana (f)	[ba'nara]
tâmara (f)	dátil (m)	['datilˈ]

limão (m)	limón (m)	[li'mon]
damasco (m)	albaricoque (m)	[alˈβari'ҟoke]
pêssego (m)	melocotón (m)	[melˈokɔ'ton]
kiwi (m)	kiwi (m)	['kiwi]
toranja (f)	toronja (f)	[to'ronҳa]

baga (f)	baya (f)	['baja]
bagas (f pl)	bayas (f pl)	['bajas]
arando (m) vermelho	arándano (m) rojo	[a'randano 'roҳo]
morango-silvestre (m)	fresa (f) silvestre	['fresa silˈ'βestre]
mirtilo (m)	arándano (m)	[a'randano]

231. Flores. Plantas

flor (f)	flor (f)	[flˈor]
ramo (m) de flores	ramo (m) de flores	['ramo ɟe 'flˈores]

rosa (f)	rosa (f)	['rosa]
tulipa (f)	tulipán (m)	[tuli'pan]
cravo (m)	clavel (m)	[klˈa'βeˈ]
gladíolo (m)	gladiolo (m)	[glˈa'ðjolˈo]

centáurea (f)	aciano (m)	[a'θjanɔ]
campânula (f)	campanilla (f)	[kampɛ'nija]
dente-de-leão (m)	diente (m) de león	['djentɛ de le'on]
camomila (f)	manzanilla (f)	[manθa'nija]

aloé (m)	áloe (m)	['alˈoe]
cato (m)	cacto (m)	['kaktoˈ]
fícus (m)	ficus (m)	['fikus]

lírio (m)	azucena (f)	[aθu'sɛna]
gerânio (m)	geranio (m)	[ҳe'ranɔ]
jacinto (m)	jacinto (m)	[ҳa'θinːo]

mimosa (f)	mimosa (f)	[mi'moɜa]
narciso (m)	narciso (m)	[nar'θiɜo]
capuchinha (f)	capuchina (f)	[kapu'ţina]

orquídea (f)	orquídea (f)	[or'kiðea]
peónia (f)	peonía (f)	[peo'niɜ]
violeta (f)	violeta (f)	[bio'letɜ]

amor-perfeito (ⴖ)	trinitaria (f)	[trini'taɾia]
não-me-esqueças (m)	nomeolvides (f)	[nomeolˈ'βiðes]
margarida (f)	margarita (f)	[margɛ'rita]
papoula (f)	amapola (f)	[ama'polˈa]
cânhamo (m)	cáñamo (m)	['kanjaⴖo]

205

hortelã (f)	**menta** (f)	['menta]
lírio-do-vale (m)	**muguete** (m)	[mu'gete]
campânula-branca (f)	**campanilla** (f) **de las nieves**	[kampa'nija de ʎas 'njeβes]

urtiga (f)	**ortiga** (f)	[or'tiga]
azeda (f)	**acedera** (f)	[aθe'ðera]
nenúfar (m)	**nenúfar** (m)	[ne'nufar]
feto (m), samambaia (f)	**helecho** (m)	[e'letʃo]
líquen (m)	**liquen** (m)	['liken]

estufa (f)	**invernadero** (m)	[imberna'ðero]
relvado (m)	**césped** (m)	['θespeð]
canteiro (m) de flores	**macizo** (m) **de flores**	[ma'θiθo de 'flʲores]

planta (f)	**planta** (f)	['plʲanta]
erva (f)	**hierba** (f)	['jerβa]
folha (f) de erva	**hoja** (f) **de hierba**	['oχa de 'jerβa]

folha (f)	**hoja** (f)	['oχa]
pétala (f)	**pétalo** (m)	['petalʲo]
talo (m)	**tallo** (m)	['tajo]
tubérculo (m)	**tubérculo** (m)	[tu'βerkulʲo]

broto, rebento (m)	**retoño** (m)	[re'tonjo]
espinho (m)	**espina** (f)	[es'pina]

florescer (vi)	**florecer** (vi)	[flʲore'θer]
murchar (vi)	**marchitarse** (vr)	[martʃi'tarse]
cheiro (m)	**olor** (m)	[o'lʲor]
cortar (flores)	**cortar** (vt)	[kor'tar]
colher (uma flor)	**coger** (vt)	[ko'χer]

232. Cereais, grãos

grão (m)	**grano** (m)	['grano]
cereais (plantas)	**cereales** (m pl)	[θere'ales]
espiga (f)	**espiga** (f)	[es'piga]

trigo (m)	**trigo** (m)	['trigo]
centeio (m)	**centeno** (m)	[θen'teno]
aveia (f)	**avena** (f)	[a'βena]

milho-miúdo (m)	**mijo** (m)	['miχo]
cevada (f)	**cebada** (f)	[θe'βaða]

milho (m)	**maíz** (m)	[ma'iθ]
arroz (m)	**arroz** (m)	[a'roθ]
trigo-sarraceno (m)	**alforfón** (m)	[alʲfor'fon]

ervilha (f)	**guisante** (m)	[gi'sante]
feijão (m)	**fréjol** (m)	['freχolʲ]
soja (f)	**soya** (f)	['soja]
lentilha (f)	**lenteja** (f)	[len'teχa]
fava (f)	**habas** (f pl)	['aβas]

233. Vegetais. Verduras

legumes (m pl)	legumbres (f pl)	[le'gumbres]
verduras (f pl)	verduras (f pl)	[ber'ðuras]
tomate (m)	tomate (m)	[to'mate]
pepino (m)	pepino (m)	[pe'pino]
cenoura (f)	zanahoria (f)	[θana'cria]
batata (f)	patata (f)	[pa'tata]
cebola (f)	cebolla (f)	[θe'βoja]
alho (m)	ajo (m)	['aχo]
couve (f)	col (f)	[koli]
couve-flor (f)	coliflor (f)	[koli'fliɔr]
couve-de-bruxelas (f)	col (f) de Bruselas	[koli de bru'selias]
brócolos (m pl)	brócoli (m)	['brokoli]
beterraba (f)	remolacha (f)	[remo'latʃa]
beringela (f)	berenjena (f)	[beren'χena]
curgete (f)	calabacín (m)	[kaliaβa'θin]
abóbora (f)	calabaza (f)	[kalia'βaθa]
nabo (m)	nabo (m)	['naβo]
salsa (f)	perejil (m)	[pere'χ li]
funcho, endro (n)	eneldo (m)	[e'nelidɔ]
alface (f)	lechuga (f)	[le'tʃuga]
aipo (m)	apio (m)	['apio]
espargo (m)	espárrago (m)	[es'parago]
espinafre (m)	espinaca (f)	[espi'naka]
ervilha (f)	guisante (m)	[gi'sante]
fava (f)	habas (f pl)	['aβas]
milho (m)	maíz (m)	[ma'iθ]
feijão (m)	fréjol (m)	['freχoli]
pimentão (m)	pimentón (m)	[pimen ton]
rabanete (m)	rábano (m)	['raβanɔ]
alcachofra (f)	alcachofa (f)	[alika'tʃɔfa]

GEOGRAFIA REGIONAL

234. Europa Ocidental

Europa (f)	Europa (f)	[eu'ropa]
União (f) Europeia	Unión (f) Europea	[u'njon euro'pea]
europeu (m)	europeo (m)	[euro'peo]
europeu	europeo (adj)	[euro'peo]
Áustria (f)	Austria (f)	['austria]
austríaco (m)	austriaco (m)	[austri'ako]
austríaca (f)	austriaca (f)	[austri'aka]
austríaco	austriaco (adj)	[austri'ako]
Grã-Bretanha (f)	Gran Bretaña (f)	[gram bre'tanja]
Inglaterra (f)	Inglaterra (f)	[inglʲa'tera]
inglês (m)	inglés (m)	[in'gles]
inglesa (f)	inglesa (f)	[in'glesa]
inglês	inglés (adj)	[in'gles]
Bélgica (f)	Bélgica (f)	['belʲχika]
belga (m)	belga (m)	['belʲga]
belga (f)	belga (f)	['belʲga]
belga	belga (adj)	['belʲga]
Alemanha (f)	Alemania (f)	[ale'mania]
alemão (m)	alemán (m)	[ale'man]
alemã (f)	alemana (f)	[ale'mana]
alemão	alemán (adj)	[ale'man]
Países (m pl) Baixos	Países Bajos (m pl)	[pa'ises 'baχos]
Holanda (f)	Holanda (f)	[o'lʲanda]
holandês (m)	holandés (m)	[olʲan'des]
holandesa (f)	holandesa (f)	[olʲan'desa]
holandês	holandés (adj)	[olʲan'des]
Grécia (f)	Grecia (f)	['greθia]
grego (m)	griego (m)	[gri'ego]
grega (f)	griega (f)	[gri'ega]
grego	griego (adj)	[gri'ego]
Dinamarca (f)	Dinamarca (f)	[dina'marka]
dinamarquês (m)	danés (m)	[da'nes]
dinamarquesa (f)	danesa (f)	[da'nesa]
dinamarquês	danés (adj)	[da'nes]
Irlanda (f)	Irlanda (f)	[ir'lʲanda]
irlandês (m)	irlandés (m)	[irlʲan'des]
irlandesa (f)	irlandesa (f)	[irlʲan'desa]
irlandês	irlandés (adj)	[irlʲan'des]

Islândia (f)	Islandia (f)	[is'l·andia]
islandês (m)	islandés (m)	[isl·an'des]
islandesa (f)	islandesa (f)	[isl·an'desa]
islandês	islandés (adj)	[isl·an'des]

Espanha (f)	España (f)	[es'par·ja]
espanhol (m)	español (m)	[espa'r·jol·]
espanhola (f)	española (f)	[espa'r·jol·a]
espanhol	español (adj)	[espa'r·jol·]

Itália (f)	Italia (f)	[i'talia]
italiano (m)	italiano (m)	[ita'ljar·o]
italiana (f)	italiana (f)	[ita'ljar·a]
italiano	italiano (adj)	[ita'ljar·o]

Chipre (m)	Chipre (m)	['tʃipre]
cipriota (m)	chipriota (m)	[tʃipri'o·a]
cipriota (f)	chipriota (f)	[tʃipri'o·a]
cipriota	chipriota (adj)	[tʃipri'o·a]

Malta (f)	Malta (f)	['mal·tɛ]
maltês (m)	maltés (m)	[mal·'tɛs]
maltesa (f)	maltesa (f)	[mal·'tesa]
maltês	maltés (adj)	[mal·'tɛs]

Noruega (f)	Noruega (f)	[noru'ega]
norueguês (m)	noruego (m)	[noru'ego]
norueguesa (f)	noruega (f)	[noru'ega]
norueguês	noruego (adj)	[noru'ego]

Portugal (m)	Portugal (m)	[portu'gal·]
português (m)	portugués (m)	[portu'ɣes]
portuguesa (f)	portuguesa (f)	[portu'ɣesa]
português	portugués (adj)	[portu'ɣes]

Finlândia (f)	Finlandia (f)	[fin'l·ar·dia]
finlandês (m)	finlandés (m)	[finl·an des]
finlandesa (f)	finlandesa (f)	[finl·an desa]
finlandês	finlandés (adj)	[finl·an des]

França (f)	Francia (f)	['franθ a]
francês (m)	francés (m)	[fran'θ əs]
francesa (f)	francesa (f)	[fran'θ əsa]
francês	francés (adj)	[fran'θ əs]

Suécia (f)	Suecia (f)	[su'eθia]
sueco (m)	sueco (m)	[su'eko]
sueca (f)	sueca (f)	[su'eka]
sueco	sueco (adj)	[su'eko]

Suíça (f)	Suiza (f)	[su'isa]
suíço (m)	suizo (m)	[su'iso]
suíça (f)	suiza (f)	[su'isa]
suíço	suizo (adj)	[su'iso]
Escócia (f)	Escocia (f)	[es'koθia]
escocês (m)	escocés (m)	[esko'θes]

escocesa (f)   escocesa (f)   [esko'θesa]
escocês   escocés (adj)   [esko'θes]

Vaticano (m)   Vaticano (m)   [bati'kano]
Liechtenstein (m)   Liechtenstein (m)   [leχten'stejn]
Luxemburgo (m)   Luxemburgo (m)   [lʲuksem'burgo]
Mónaco (m)   Mónaco (m)   ['monako]

235. Europa Central e de Leste

Albânia (f)   Albania (f)   [alʲ'βania]
albanês (m)   albanés (m)   [alʲβa'nes]
albanesa (f)   albanesa (f)   [alʲβa'nesa]
albanês   albanés (adj)   [alʲβa'nes]

Bulgária (f)   Bulgaria (f)   [bul'garia]
búlgaro (m)   búlgaro (m)   ['bulgaro]
búlgara (f)   búlgara (f)   ['bulgara]
búlgaro   búlgaro (adj)   ['bulgaro]

Hungria (f)   Hungría (f)   [un'gria]
húngaro (m)   húngaro (m)   ['ungaro]
húngara (f)   húngara (f)   ['ungara]
húngaro   húngaro (adj)   ['ungaro]

Letónia (f)   Letonia (f)   [le'tonia]
letão (m)   letón (m)   [le'ton]
letã (f)   letona (f)   [le'tona]
letão   letón (adj)   [le'ton]

Lituânia (f)   Lituania (f)   [litu'ania]
lituano (m)   lituano (m)   [litu'ano]
lituana (f)   lituana (f)   [litu'ana]
lituano   lituano (adj)   [litu'ano]

Polónia (f)   Polonia (f)   [po'lʲonia]
polaco (m)   polaco (m)   [po'lʲako]
polaca (f)   polaca (f)   [po'lʲaka]
polaco   polaco (adj)   [po'lʲako]

Roménia (f)   Rumania (f)   [ru'mania]
romeno (m)   rumano (m)   [ru'mano]
romena (f)   rumana (f)   [ru'mana]
romeno   rumano (adj)   [ru'mano]

Sérvia (f)   Serbia (f)   ['serβia]
sérvio (m)   serbio (m)   ['serβio]
sérvia (f)   serbia (f)   ['serβia]
sérvio   serbio (adj)   ['serβio]

Eslováquia (f)   Eslovaquia (f)   [eslʲo'βakia]
eslovaco (m)   eslovaco (m)   [eslʲo'βako]
eslovaca (f)   eslovaca (f)   [eslʲo'βaka]
eslovaco   eslovaco (adj)   [eslʲo'βako]

Croácia (f)	Croacia (f)	[kro'aθia]
croata (m)	croata (m)	[kro'ata]
croata (f)	croata (f)	[kro'ata]
croata	croata (adj)	[kro'ata]

República (f) Checa	Chequia (f)	['tʃekia]
checo (m)	checo (m)	['tʃeko]
checa (f)	checa (f)	['tʃeka]
checo	checo (adj)	['tʃeko]

Estónia (f)	Estonia (f)	[es'tonia]
estónio (m)	estonio (m)	[es'tonio]
estónia (f)	estonia (f)	[es'tonia]
estónio	estonio (adj)	[es'tonio]

Bósnia e Herzegovina (f)	Bosnia y Herzegovina	['bosnia i herθexo'βina]
Macedónia (f)	Macedonia	[maθe'ðonja]
Eslovénia (f)	Eslovenia	[eslˈo'βɘnia]
Montenegro (m)	Montenegro (m)	[monte neɣro]

236. Países da ex-URSS

Azerbaijão (m)	Azerbaiyán (m)	[aθerβa'jan]
azeri (m)	azerbaiyano (m)	[aθerβa'jano]
azeri (f)	azerbaiyana (f)	[aθerβa'jana]
azeri, azerbaijano	azerbaiyano (adj)	[aθerβa'jano]

Arménia (f)	Armenia (f)	[ar'menia]
arménio (m)	armenio (m)	[ar'menio]
arménia (f)	armenia (f)	[ar'menia]
arménio	armenio (adj)	[ar'menio]

Bielorrússia (f)	Bielorrusia (f)	[bjelˈo'rusia]
bielorrusso (m)	bielorruso (m)	[bjelˈo'ruso]
bielorrussa (f)	bielorrusa (f)	[bjelˈo'rusa]
bielorrusso	bielorruso (adj)	[bjelˈo'ruso]

Geórgia (f)	Georgia (f)	[xe'orχa]
georgiano (m)	georgiano (m)	[xeor'χano]
georgiana (f)	georgiana (f)	[xeor'χana]
georgiano	georgiano (adj)	[xeor'χano]

Cazaquistão (m)	Kazajstán (m)	[kaθaχs'tan]
cazaque (m)	kazajo (m)	[ka'θaɣo]
cazaque (f)	kazaja (f)	[ka'θaɣa]
cazaque	kazajo (adj)	[ka'θaɣo]

Quirguistão (m)	Kirguizistán (m)	[kirgiθis'tan]
quirguiz (m)	kirguís (m)	[kir'ɣis]
quirguiz (f)	kirguisa (f)	[kir'gisa]
quirguiz	kirguís (adj)	[kir'ɣis]

| Moldávia (f) | Moldavia (f) | [molˈ'ðaβia] |
| moldavo (m) | moldavo (m) | [molˈ'ðaβo] |

moldava (f)	**moldava** (f)	[molⁱ'ðaβa]
moldavo	**moldavo** (adj)	[molⁱ'ðaβo]
Rússia (f)	**Rusia** (f)	['rusia]
russo (m)	**ruso** (m)	['ruso]
russa (f)	**rusa** (f)	['rusa]
russo	**ruso** (adj)	['ruso]
Tajiquistão (m)	**Tayikistán** (m)	[tajikis'tan]
tajique (m)	**tayiko** (m)	[ta'jiko]
tajique (f)	**tayika** (f)	[ta'jika]
tajique	**tayiko** (adj)	[ta'jiko]
Turquemenistão (m)	**Turkmenistán** (m)	[turkmenis'tan]
turcomeno (m)	**turkmeno** (m)	[turk'meno]
turcomena (f)	**turkmena** (f)	[turk'mena]
turcomeno	**turkmeno** (adj)	[turk'meno]
Uzbequistão (f)	**Uzbekistán** (m)	[uθbekis'tan]
uzbeque (m)	**uzbeko** (m)	[uθ'beko]
uzbeque (f)	**uzbeka** (f)	[uθ'beka]
uzbeque	**uzbeko** (adj)	[uθ'beko]
Ucrânia (f)	**Ucrania** (f)	[u'krania]
ucraniano (m)	**ucraniano** (m)	[ukra'njano]
ucraniana (f)	**ucraniana** (f)	[ukra'njana]
ucraniano	**ucraniano** (adj)	[ukra'njano]

237. Asia

Ásia (f)	**Asia** (f)	['asia]
asiático	**asiático** (adj)	[a'sjatiko]
Vietname (m)	**Vietnam** (m)	[bjet'nam]
vietnamita (m)	**vietnamita** (m)	[bjetna'mita]
vietnamita (f)	**vietnamita** (f)	[bjetna'mita]
vietnamita	**vietnamita** (adj)	[bjetna'mita]
Índia (f)	**India** (f)	['india]
indiano (m)	**indio** (m)	['indio]
indiana (f)	**india** (f)	['india]
indiano	**indio** (adj)	['indio]
Israel (m)	**Israel** (m)	[isra'elⁱ]
israelita (m)	**israelí** (m)	[israe'li]
israelita (f)	**israelí** (f)	[israe'li]
israelita	**israelí** (adj)	[israe'li]
judeu (m)	**hebreo** (m)	[e'βreo]
judia (f)	**hebrea** (f)	[e'βrea]
judeu	**hebreo** (adj)	[e'βreo]
China (f)	**China** (f)	['ʧina]
chinês (m)	**chino** (m)	['ʧino]

| chinesa (f) | china (f) | ['ʧina] |
| chinês | chino (adj) | ['ʧino] |

Coreia do Sul (f)	Corea (f) del Sur	[ko'rea del sur]
Coreia do Norte (f)	Corea (f) del Norte	[ko'rea del 'norte]
coreano (m)	coreano (m)	[kore'ano]
coreana (f)	coreana (f)	[kore'ana]
coreano	coreano (adj)	[kore'ano]

Líbano (m)	Líbano (m)	['liβano]
libanês (m)	libanés (m)	[liβa'nes]
libanesa (f)	libanesa (f)	[liβa'nesa]
libanês	libanés (adj)	[liβa'nes]

Mongólia (f)	Mongolia (f)	[mon'golia]
mongol (m)	mongol (m)	[mon'gol]
mongol (f)	mongola (f)	[mon'gola]
mongol	mongol (adj)	[mon'gol]

Malásia (f)	Malasia (f)	[ma'lasia]
malaio (m)	malayo (m)	[ma'lajɔ]
malaia (f)	malaya (f)	[ma'laja]
malaio	malayo (adj)	[ma'lajɔ]

Paquistão (m)	Pakistán (m)	[pakis'tan]
paquistanês (m)	pakistaní (m)	[pakista'ni]
paquistanesa (f)	pakistaní (f)	[pakista'ni]
paquistanês	pakistaní (adj)	[pakista'ni]

Arábia (f) Saudita	Arabia (f) Saudita	[a'raβia sau'ðita]
árabe (m)	árabe (m)	['araβe]
árabe (f)	árabe (f)	['araβe]
árabe	árabe (adj)	['araβe]

Tailândia (f)	Tailandia (f)	[taj'landia]
tailandês (m)	tailandés (m)	[tajlan'des]
tailandesa (f)	tailandesa (f)	[tajlan'desa]
tailandês	tailandés (adj)	[tajlan'des]

Taiwan (m)	Taiwán (m)	[taj'wan]
taiwanês (m)	taiwanés (m)	[tajwa'nes]
taiwanesa (f)	taiwanesa (f)	[tajwa'nesa]
taiwanês	taiwanés (adj)	[tajwa'nes]

Turquia (f)	Turquía (f)	[tur'kia
turco (m)	turco (m)	['turko]
turca (f)	turca (f)	['turka]
turco	turco (adj)	['turko]

Japão (m)	Japón (m)	[ҳa'pon]
japonês (m)	japonés (m)	[ҳapo'nes]
japonesa (f)	japonesa (f)	[ҳapo'nesa]
japonês	japonés (adj)	[ҳapo'nes]

| Afeganistão (m) | Afganistán (m) | [afganis'tan] |
| Bangladesh (m) | Bangladesh (m) | [bangla'ðeʃ] |

| Indonésia (f) | Indonesia (f) | [indo'nesia] |
| Jordânia (f) | Jordania (f) | [χor'ðania] |

Iraque (m)	Irak (m)	[i'rak]
Irão (m)	Irán (m)	[i'ran]
Camboja (f)	Camboya (f)	[kam'boja]
Kuwait (m)	Kuwait (m)	[ku'wajt]

Laos (m)	Laos (m)	[lʲa'os]
Myanmar (m), Birmânia (f)	Myanmar (m)	[mjan'mar]
Nepal (m)	Nepal (m)	[ne'palʲ]
Emirados Árabes Unidos	Emiratos (m pl) Árabes Unidos	[emi'rates 'araβes u'niðos]

| Síria (f) | Siria (f) | ['siria] |
| Palestina (f) | Palestina (f) | [pales'tina] |

238. América do Norte

Estados Unidos da América	Estados Unidos de América (m pl)	[es'tados u'niðos de a'merika]
americano (m)	americano (m)	[ameri'kano]
americana (f)	americana (f)	[ameri'kana]
americano	americano (adj)	[ameri'kano]

Canadá (m)	Canadá (f)	[kana'ða]
canadiano (m)	canadiense (m)	[kana'ðjense]
canadiana (f)	canadiense (f)	[kana'ðjense]
canadiano	canadiense (adj)	[kana'ðjense]

México (m)	Méjico (m)	['meχiko]
mexicano (m)	mejicano (m)	[meχi'kano]
mexicana (f)	mejicana (f)	[meχi'kana]
mexicano	mejicano (adj)	[meχi'kano]

239. América Central do Sul

Argentina (f)	Argentina (f)	[arχen'tina]
argentino (m)	argentino (m)	[arχen'tino]
argentina (f)	argentina (f)	[arχen'tina]
argentino	argentino (adj)	[arχen'tino]

Brasil (m)	Brasil (m)	[bra'silʲ]
brasileiro (m)	brasileño (m)	[brasi'lenjo]
brasileira (f)	brasileña (f)	[brasi'lenja]
brasileiro	brasileño (adj)	[brasi'lenjo]

Colômbia (f)	Colombia (f)	[ko'lʲombia]
colombiano (m)	colombiano (m)	[kolʲom'bjano]
colombiana (f)	colombiana (f)	[kolʲom'bjana]
colombiano	colombiano (adj)	[kolʲom'bjano]
Cuba (f)	Cuba (f)	['kuβa]

cubano (m)	cubano (m)	[ku'βaro]
cubana (f)	cubana (f)	[ku'βara]
cubano	cubano (adj)	[ku'βaro]
Chile (m)	Chile (m)	['tʃile]
chileno (m)	chileno (m)	[tʃi'leno]
chilena (f)	chilena (f)	[tʃi'lena]
chileno	chileno (adj)	[tʃi'leno]
Bolívia (f)	Bolivia (f)	[bo'liβia]
Venezuela (f)	Venezuela (f)	[beneθu'elʲa]
Paraguai (m)	Paraguay (m)	[paragu'aj]
Peru (m)	Perú (m)	[pe'ru]
Suriname (m)	Surinam (m)	[suri'nɛm]
Uruguai (m)	Uruguay (m)	[urugu'aj]
Equador (m)	Ecuador (m)	[ekua'ðor]
Bahamas (f pl)	Islas (f pl) Bahamas	['islʲas ɔa'amas]
Haiti (m)	Haití (m)	[ai'ti]
República (f) Dominicana	República (f) Dominicana	[re'puβlika domini'kana]
Panamá (m)	Panamá (f)	[pana'ma]
Jamaica (f)	Jamaica (f)	[χa'ma ka]

240. Africa

Egito (m)	Egipto (m)	[e'χipto]
egípcio (m)	egipcio (m)	[e'χipθo]
egípcia (f)	egipcia (f)	[e'χipθa]
egípcio	egipcio (adj)	[e'χipθo]
Marrocos	Marruecos (m)	[maru'ekos]
marroquino (m)	marroquí (m)	[maro'ki]
marroquina (f)	marroquí (f)	[maro'ki]
marroquino	marroquí (adj)	[maro'ki]
Tunísia (f)	Túnez (m)	['tuneϵ]
tunisino (m)	tunecino (m)	[tune'ϵino]
tunisina (f)	tunecina (f)	[tune'ϵina]
tunisino	tunecino (adj)	[tune'ϵino]
Gana (f)	Ghana (f)	['gana]
Zanzibar (m)	Zanzibar (m)	[θan'θ βar]
Quénia (f)	Kenia (f)	['kenia]
Líbia (f)	Libia (f)	['liβia]
Madagáscar (m)	Madagascar (m)	[maðaɡas'kar]
Namíbia (f)	Namibia (f)	[na'miβia]
Senegal (m)	Senegal (m)	[sene'ɡalʲ]
Tanzânia (f)	Tanzania (f)	[tan'θɛnia]
África do Sul (f)	República (f) Sudafricana	[re'puβlika suð·afri'kana]
africano (m)	africano (m)	[afri'kɛno]
africana (f)	africana (f)	[afri'kɛna]
africano	africano (adj)	[afri'kɛno]

241. Austrália. Oceania

Austrália (f)	Australia (f)	[aus'tralia]
australiano (m)	australiano (m)	[austra'ljano]
australiana (f)	australiana (f)	[austra'ljana]
australiano	australiano (adj)	[austra'ljano]

Nova Zelândia (f)	Nueva Zelanda (f)	[nu'eβa θe'lʲanda]
neozelandês (m)	neocelandés (m)	[neoθelʲan'des]
neozelandesa (f)	neocelandesa (f)	[neoθelʲan'desa]
neozelandês	neocelandés (adj)	[neoθelʲan'des]

| Tasmânia (f) | Tasmania (f) | [tas'mania] |
| Polinésia Francesa (f) | Polinesia (f) Francesa | [poli'nesia fran'θesa] |

242. Cidades

Amesterdão	Ámsterdam	['amsterðam]
Ancara	Ankara	[aŋ'kara]
Atenas	Atenas	[a'tenas]

Bagdade	Bagdad	[baɣ'ðað]
Banguecoque	Bangkok	[baŋ'kok]
Barcelona	Barcelona	[barθe'lʲona]
Beirute	Beirut	[bej'rut]
Berlim	Berlín	[ber'lin]

Bombaim	Mumbai	[mum'baj]
Bona	Bonn	[bon]
Bordéus	Burdeos	[bur'ðeos]
Bratislava	Bratislava	[brati'slʲaβa]
Bruxelas	Bruselas	[bru'selʲas]
Bucareste	Bucarest	[buka'rest]
Budapeste	Budapest	[buða'pest]

Cairo	El Cairo	[elʲ 'kajro]
Calcutá	Calcuta	[kalʲ'kuta]
Chicago	Chicago	[tʃi'kago]
Cidade do México	Ciudad de México	[θju'ðað de 'meχiko]
Copenhaga	Copenhague	[kope'nage]

Dar es Salaam	Dar-es-Salam	[dar·es·sa'lʲam]
Deli	Delhi	['deli]
Dubai	Dubai	[du'βaj]
Dublin, Dublim	Dublín	[du'βlin]
Düsseldorf	Dusseldorf	['dusselʲðorf]
Estocolmo	Estocolmo	[esto'kolʲmo]

Florença	Florencia	[flʲo'renθia]
Frankfurt	Fráncfort del Meno	['fraŋkfort delʲ 'meno]
Genebra	Ginebra	[χi'neβra]
Haia	la Haya	[lʲa 'aja]
Hamburgo	Hamburgo	[am'burgo]

Hanói	Hanói	[a'noi]
Havana	La Habana	[lʲa a'βana]
Helsínquia	Helsinki	[xelʲsiŋki]
Hiroshima	Hiroshima	[iro'ʃimɛ]
Hong Kong	Hong Kong	[xoŋ 'kᴐŋ]
Istambul	Estambul	[estam'ᴐulʲ]
Jerusalém	Jerusalén	[xerusaʲlen]

Kiev	Kiev	['kiev]
Kuala Lumpur	Kuala Lumpur	[ku'alʲa lʲum'pur]
Lisboa	Lisboa	[lis'βoa]
Londres	Londres	['lʲondrɛs]
Los Angeles	Los Ángeles	[los 'anxeles]
Lion	Lyon	[li'on]

Madrid	Madrid	[ma'ðrið]
Marselha	Marsella	[mar'seɟa]
Miami	Miami	['mijam]
Montreal	Montreal	[montre'alʲ]
Moscovo	Moscú	[mos'ku]
Munique	Múnich	['mʲunik]

Nairóbi	Nairobi	[naj'roβi]
Nápoles	Nápoles	['napoles]
Nice	Niza	['niθa]
Nova York	Nueva York	[nu'eβɛ 'jork]

Oslo	Oslo	['oslʲo]
Ottawa	Ottawa	[ot'taβɛ]
Paris	París	[pa'ris]
Pequim	Pekín	[pe'kin]
Praga	Praga	['praga]

Rio de Janeiro	Río de Janeiro	['rio de xa'nejro]
Roma	Roma	['roma]
São Petersburgo	San Petersburgo	[san petɛrs'βurgo]
Seul	Seúl	[se'ulʲ]
Singapura	Singapur	[singa'pur]
Sydney	Sydney	['siðneʝ]

Taipé	Taipei	[taj'pejʲ]
Tóquio	Tokio	['tokio]
Toronto	Toronto	[to'rontᴐ]
Varsóvia	Varsovia	[bar'so3ia]
Veneza	Venecia	[be'neθia]
Viena	Viena	['bjena]

| Washington | Washington | ['waʃiŋtᴐn] |
| Xangai | Shanghái | [ʃan'ga] |

243. Política. Governo. Parte 1

| política (f) | política (f) | [po'litika] |
| político | político (adj) | [po'litikᴐ] |

político (m)	político (m)	[po'litiko]
estado (m)	estado (m)	[es'taðo]
cidadão (m)	ciudadano (m)	[θjuða'ðano]
cidadania (f)	ciudadanía (f)	[θjuðaða'nia]

brasão (m) de armas	escudo (m) nacional	[es'kuðo naθjo'nalʲ]
hino (m) nacional	himno (m) nacional	['imno naθjo'nalʲ]

governo (m)	gobierno (m)	[go'βjerno]
Chefe (m) de Estado	jefe (m) de estado	['χefe de es'taðo]
parlamento (m)	parlamento (m)	[parlʲa'mento]
partido (m)	partido (m)	[par'tiðo]

capitalismo (m)	capitalismo (m)	[kapita'lismo]
capitalista	capitalista (adj)	[kapita'lista]

socialismo (m)	socialismo (m)	[soθja'lismo]
socialista	socialista (adj)	[soθja'lista]

comunismo (m)	comunismo (m)	[komu'nismo]
comunista	comunista (adj)	[komu'nista]
comunista (m)	comunista (m)	[komu'nista]

democracia (f)	democracia (f)	[demo'kraθia]
democrata (m)	demócrata (m)	[de'mokrata]
democrático	democrático (adj)	[demo'kratiko]
Partido (m) Democrático	Partido (m) Democrático	[par'tiðo demo'kratiko]

liberal (m)	liberal (m)	[liβe'ralʲ]
liberal	liberal (adj)	[liβe'ralʲ]

conservador (m)	conservador (m)	[konserβa'ðor]
conservador	conservador (adj)	[konserβa'ðor]

república (f)	república (f)	[re'puβlika]
republicano (m)	republicano (m)	[repuβli'kano]
Partido (m) Republicano	Partido (m) Republicano	[par'tiðo repuβli'kano]

eleições (f pl)	elecciones (f pl)	[elek'θjones]
eleger (vt)	elegir (vi)	[ele'χir]
eleitor (m)	elector (m)	[elek'tor]
campanha (f) eleitoral	campaña (f) electoral	[kam'panja elekto'ralʲ]

votação (f)	votación (f)	[bota'θjon]
votar (vi)	votar (vi)	[bo'tar]
direito (m) de voto	derecho (m) a voto	[de'reʧo a 'boto]

candidato (m)	candidato (m)	[kandi'ðato]
candidatar-se (vi)	presentarse como candidato	[presen'tarse 'komo kandi'ðato]
campanha (f)	campaña (f)	[kam'panja]

da oposição	de oposición (adj)	[de oposi'θjon]
oposição (f)	oposición (f)	[oposi'θjon]
visita (f)	visita (f)	[bi'sita]
visita (f) oficial	visita (f) oficial	[bi'sita ofi'θjalʲ]

internacional	internacional (adj)	[interna𝛳jo'nal']
negociações (f pl)	negociaciones (f pl)	[nego𝛳ja'𝛳jones]
negociar (vi)	negociar (vi)	[nego'𝛳ar]

244. Política. Governo. Parte 2

sociedade (f)	sociedad (f)	[so𝛳je'čað]
constituição (f)	constitución (f)	[konstitʋ'𝛳jon]
poder (ir para o ~)	poder (m)	[po'ðer]
corrupção (f)	corrupción (f)	[korup'𝛳jon]
lei (f)	ley (f)	[lej]
legal	legal (adj)	[le'gal']
justiça (f)	justicia (f)	[χus'ti𝛳a]
justo	justo (adj)	['χusto]
comité (m)	comité (m)	[komi'te]
projeto-lei (m)	proyecto (m) de ley	[pro'jekto de 'lej]
orçamento (m)	presupuesto (m)	[presuɾu'esto]
política (f)	política (f)	[po'litika]
reforma (f)	reforma (f)	[re'formа]
radical	radical (adj)	[raði'kal']
força (f)	potencia (f)	[po'tensia]
poderoso	poderoso (adj)	[poðe'rɔso]
partidário (m)	partidario (m)	[parti'ðario]
influência (f)	influencia (f)	[imfl'u'en𝛳ia]
regime (m)	régimen (m)	['reχimen]
conflito (m)	conflicto (m)	[kom'flikto]
conspiração (f)	complot (m)	[kom'pl'ot]
provocação (f)	provocación (f)	[proβoka'𝛳jon]
derrubar (vt)	derrocar (vt)	[dero'kar]
derrube (m), queda (f)	derrocamiento (m)	[deroka'mjento]
revolução (f)	revolución (f)	[reβol'ʟ'𝛳jon]
golpe (m) de Estado	golpe (m) de estado	['gol'pe de es'taðo]
golpe (m) militar	golpe (m) militar	['gol'pe mili'tar]
crise (f)	crisis (f)	['krisis]
recessão (f) económica	recesión (f) económica	[rese'𝛳on eko'nomika]
manifestante (m)	manifestante (m)	[manifes'tante]
manifestação (f)	manifestación (f)	[manifesta'𝛳jon]
lei (f) marcial	ley (f) marcial	['lej mɛr'𝛳jal']
base (f) militar	base (f) militar	['base mili'tar]
estabilidade (f)	estabilidad (f)	[estaβili'ðað]
estável	estable (adj)	[es'taβʟe]
exploração (f)	explotación (f)	[eksplʲota'𝛳jon]
explorar (vt)	explotar (vt)	[eksplʲo'tar]
racismo (m)	racismo (m)	[ra'𝛳ismo]

racista (m)	racista (m)	[ra'θista]
fascismo (m)	fascismo (m)	[fa'θismo]
fascista (m)	fascista (m)	[fa'θista]

245. Países. Diversos

estrangeiro (m)	extranjero (m)	[ekstran'χero]
estrangeiro	extranjero (adj)	[ekstran'χero]
no estrangeiro	en el extranjero	[en elʲ ekstran'χero]

emigrante (m)	emigrante (m)	[emi'ɣrante]
emigração (f)	emigración (f)	[emiɣra'θjon]
emigrar (vi)	emigrar (vi)	[emi'ɣrar]

Ocidente (m)	Oeste (m)	[o'este]
Oriente (m)	Oriente (m)	[o'rjente]
Extremo Oriente (m)	Extremo Oriente (m)	[eks'tremo o'rjente]
civilização (f)	civilización (f)	[θiβiliθa'θjon]
humanidade (f)	humanidad (f)	[umani'ðað]
mundo (m)	mundo (m)	['mundo]
paz (f)	paz (f)	[paθ]
mundial	mundial (adj)	[mun'djalʲ]

pátria (f)	patria (f)	['patria]
povo (m)	pueblo (m)	[pu'eβlʲo]
população (f)	población (f)	[poβlʲa'θjon]
gente (f)	gente (f)	['χente]
nação (f)	nación (f)	[na'θjon]
geração (f)	generación (f)	[χenera'θjon]
território (m)	territorio (m)	[teri'torio]
região (f)	región (f)	[re'χjon]
estado (m)	estado (m)	[es'taðo]

tradição (f)	tradición (f)	[traði'θjon]
costume (m)	costumbre (f)	[kos'tumbre]
ecologia (f)	ecología (f)	[ekolʲo'χia]

índio (m)	indio (m)	['indio]
cigano (m)	gitano (m)	[χi'tano]
cigana (f)	gitana (f)	[χi'tana]
cigano	gitano (adj)	[χi'tano]

império (m)	imperio (m)	[im'perio]
colónia (f)	colonia (f)	[ko'lʲonia]
escravidão (f)	esclavitud (f)	[esklʲaβi'tuð]
invasão (f)	invasión (f)	[imba'sjon]
fome (f)	hambruna (f)	[am'bruna]

246. Grupos religiosos mais importantes. Confissões

| religião (f) | religión (f) | [reli'χjon] |
| religioso | religioso (adj) | [reli'χjoso] |

crença (f)	creencia (f)	[kre'enθia]
crer (vt)	creer (vi)	[kre'er]
crente (m)	creyente (m)	[kre'jente]
ateísmo (m)	ateísmo (m)	[ate'ismo]
ateu (m)	ateo (m)	[a'teo]
cristianismo (m)	cristianismo (m)	[kristja'nismo]
cristão (m)	cristiano (m)	[kris'tjano]
cristão	cristiano (adj)	[kris'tjano]
catolicismo (m)	catolicismo (m)	[katoli'θismo]
católico (m)	católico (m)	[ka'toliko]
católico	católico (adj)	[ka'toliko]
protestantismo (m)	protestantismo (m)	[protestan'tismo]
Igreja (f) Protestante	Iglesia (f) protestante	[i'ɣlesia protes'tante]
protestante (m)	protestante (m)	[protes'tante]
ortodoxia (f)	ortodoxia (f)	[orto'ðoksia]
Igreja (f) Ortodoxa	Iglesia (f) ortodoxa	[i'ɣlesia orto'ðoksa]
ortodoxo (m)	ortodoxo (m)	[orto'ðokso]
presbiterianismo (m)	presbiterianismo (m)	[presβiterja'nismo]
Igreja (f) Presbiteriana	Iglesia (f) presbiteriana	[i'ɣlesia presβite'rjana]
presbiteriano (m)	presbiteriano (m)	[presβite'rjano]
Igreja (f) Luterana	Iglesia (f) luterana	[i'ɣlesia lute'rana]
luterano (m)	luterano (m)	[lute'rano]
Igreja (f) Batista	Iglesia (f) bautista	[i'ɣlesia bau'tista]
batista (m)	bautista (m)	[bau'tista]
Igreja (f) Anglicana	Iglesia (f) anglicana	[i'ɣlesia angli'kana]
anglicano (m)	anglicano (m)	[angli'kano]
mormonismo (m)	mormonismo (m)	[mormo'nismo]
mórmon (m)	mormón (m)	[mor'mon]
Judaísmo (m)	judaísmo (m)	[χuða'ismo]
judeu (m)	judío (m)	[χu'ðio]
budismo (m)	budismo (m)	[bu'ðismo]
budista (m)	budista (m)	[bu'ðista]
hinduísmo (m)	hinduismo (m)	[indu'ismo]
hindu (m)	hinduista (m)	[indu'ista]
Islão (m)	Islam (m)	[is'lam]
muçulmano (m)	musulmán (m)	[musul'man]
muçulmano	musulmán (adj)	[musul'man]
Xiismo (m)	chiísmo (m)	[tʃi'ismo]
xiita (m)	chií (m), chiita (m)	[tʃi'i], [tʃi'ita]
sunismo (m)	sunismo (m)	[su'nismo]
sunita (m)	suní (m, f)	[su'ni]

247. Religiões. Padres

padre (m)	sacerdote (m)	[saθer'ðote]
Papa (m)	Papa (m)	['papa]
monge (m)	monje (m)	['monχe]
freira (f)	monja (f)	['monχa]
pastor (m)	pastor (m)	[pas'tor]
abade (m)	abad (m)	[a'βað]
vigário (m)	vicario (m)	[bi'kario]
bispo (m)	obispo (m)	[o'βispo]
cardeal (m)	cardenal (m)	[karðe'nalʲ]
pregador (m)	predicador (m)	[preðika'ðor]
sermão (m)	prédica (f)	['preðika]
paroquianos (pl)	parroquianos (pl)	[paro'kjanos]
crente (m)	creyente (m)	[kre'jente]
ateu (m)	ateo (m)	[a'teo]

248. Fé. Cristianismo. Islão

Adão	Adán	[a'ðan]
Eva	Eva	['eβa]
Deus (m)	Dios (m)	['djos]
Senhor (m)	Señor (m)	[se'njor]
Todo Poderoso (m)	el Todopoderoso	[elʲ toðopoðe'roso]
pecado (m)	pecado (m)	[pe'kaðo]
pecar (vi)	pecar (vi)	[pe'kar]
pecador (m)	pecador (m)	[peka'ðor]
pecadora (f)	pecadora (f)	[peka'ðora]
inferno (m)	infierno (m)	[imɲ'fjerno]
paraíso (m)	paraíso (m)	[para'iso]
Jesus	Jesús (m)	[χe'sus]
Jesus Cristo	Jesucristo (m)	[χesu·'kristo]
Espírito (m) Santo	el Espíritu Santo	[elʲ es'piritu 'santo]
Salvador (m)	el Salvador	[elʲ salʲβa'ðor]
Virgem Maria (f)	la Virgen María	[lʲa 'birχen ma'ria]
Diabo (m)	el Diablo	[elʲ 'djaβlʲo]
diabólico	diabólico (adj)	[dja'βoliko]
Satanás (m)	Satán (m)	[sa'tan]
satânico	satánico (adj)	[sa'taniko]
anjo (m)	ángel (m)	['anχelʲ]
anjo (m) da guarda	ángel (m) custodio	['anχelʲ kus'toðio]
angélico	angelical (adj)	[anχeli'kalʲ]

apóstolo (m)	apóstol (m)	[a'postclⁱ]
arcanjo (m)	arcángel (m)	[ar'kanχelⁱ]
anticristo (m)	anticristo (m)	[anti'kristo]

Igreja (f)	Iglesia (f)	[i'ɣlesia̅]
Bíblia (f)	Biblia (f)	['biβlia]
bíblico	bíblico (adj)	['biβliko]

Velho Testamer to (m)	Antiguo Testamento (m)	[an'tiguo testa'mento]
Novo Testamen:o (m)	Nuevo Testamento (m)	[nu'eβo testa'mento]
Evangelho (m)	Evangelio (m)	[eβan'χэlio]
Sagradas Escrituras (f pl)	Sagrada Escritura (f)	[sa'ɣrača eskri'tura]
Céu (m)	cielo (m)	['θjelⁱo]

mandamento (m)	mandamiento (m)	[manda'mjento]
profeta (m)	profeta (m)	[pro'feta]
profecia (f)	profecía (f)	[profe's a]

Alá	Alá	[a'lⁱa]
Maomé	Mahoma	[ma'oma]
Corão, Alcorão m)	Corán, Korán (m)	[ko'ran]

mesquita (f)	mezquita (f)	[meθ'ki:a]
mulá (m)	mulá (m), mullah (m)	[mu'lⁱa]
oração (f)	oración (f)	[ora'θjon]
rezar, orar (vi)	orar, rezar (vi)	[o'rar], re'θar]

peregrinação (f)	peregrinación (f)	[pereɣr na'θjon]
peregrino (m)	peregrino (m)	[pere'ɣɪino]
Meca (f)	La Meca	[lⁱa 'meᴋa]

igreja (f)	iglesia (f)	[i'ɣlesia]
templo (m)	templo (m)	['templⁱɔ]
catedral (f)	catedral (f)	[kate'ծralⁱ]
gótico	gótico (adj)	['gotiko]
sinagoga (f)	sinagoga (f)	[sina'goga]
mesquita (f)	mezquita (f)	[meθ'kita]

capela (f)	capilla (f)	[ka'pija]
abadia (f)	abadía (f)	[aβa'ծia]
convento (m)	convento (m)	[kom'bento]
mosteiro (m)	monasterio (m)	[monas'terio]

sino (m)	campana (f)	[kam'pana]
campanário (m)	campanario (m)	[kampa'nario]
repicar (vi)	sonar (vi)	[so'nar]

cruz (f)	cruz (f)	[kruθ]
cúpula (f)	cúpula (f)	['kupulⁱa]
ícone (m)	icono (m)	[i'kono]

alma (f)	alma (f)	['alⁱma]
destino (m)	destino (m)	[des'tir o]
mal (m)	maldad (f)	[malⁱ'daծ]
bem (m)	bien (m)	[bjen]
vampiro (m)	vampiro (m)	[bam'piro]

bruxa (f)	bruja (f)	['bruχa]
demónio (m)	demonio (m)	[de'monio]
espírito (m)	espíritu (m)	[es'piritu]
redenção (f)	redención (f)	[reðen'θjon]
redimir (vt)	redimir (vt)	[reði'mir]
missa (f)	culto (m), misa (f)	['kulˈto], ['misa]
celebrar a missa	decir misa	[de'θir 'misa]
confissão (f)	confesión (f)	[koɲfe'sjon]
confessar-se (vr)	confesarse (vr)	[koɲfe'sarse]
santo (m)	santo (m)	['santo]
sagrado	sagrado (adj)	[sa'ɣraðo]
água (f) benta	agua (f) santa	['aɣua 'santa]
ritual (m)	rito (m)	['rito]
ritual	ritual (adj)	[ritu'alˈ]
sacrifício (m)	sacrificio (m)	[sakri'fiθio]
superstição (f)	superstición (f)	[supersti'θjon]
supersticioso	supersticioso (adj)	[supersti'θjoso]
vida (f) depois da morte	vida (f) de ultratumba	['biða de ulˈtra·'tumba]
vida (f) eterna	vida (f) eterna	['biða e'terna]

TEMAS DIVERSOS

249. Várias palavras úteis

ajuda (f)	ayuda (f)	[a'juða]
barreira (f)	barrera (f)	[ba'rera]
base (f)	base (f)	['base]
categoria (f)	categoría (f)	[katego·ria]
causa (f)	causa (f)	['kausa˚]
coincidência (f)	coincidencia (f)	[koinθi'ðenθia]
coisa (f)	cosa (f)	['kosa]
começo (m)	principio (m)	[prin'θiɾio]
cómodo (ex. poltrona ~a)	confortable (adj)	[komfor'taβle]
comparação (f)	comparación (f)	[kompara'θjon]
compensação (f	compensación (f)	[kompensa'θjon]
crescimento (m)	crecimiento (m)	[kreθi'mjento]
desenvolvimento (m)	desarrollo (m)	[desa'rojo]
diferença (f)	diferencia (f)	[dife'renθia]
efeito (m)	efecto (m)	[e'fekto]
elemento (m)	elemento (m)	[ele'mento]
equilíbrio (m)	balance (m)	[ba'lʲanƷe]
erro (m)	error (m)	[e'ror]
esforço (m)	esfuerzo (m)	[esfu'erθo]
estilo (m)	estilo (m)	[es'tilʲo˚]
exemplo (m)	ejemplo (m)	[e'χemplʲo]
facto (m)	hecho (m)	['etʃo]
fim (m)	fin (m)	[fin]
forma (f)	forma (f)	['forma]
frequente	frecuente (adj)	[freku'ɛnte]
fundo (ex. ~ verde)	fondo (m)	['fondo˚]
género (tipo)	tipo (m)	['tipo]
grau (m)	grado (m)	['graðo]
ideal (m)	ideal (m)	[iðe'alʲ]
labirinto (m)	laberinto (m)	[lʲaβe'rinto]
modo (m)	modo (m)	['moðo]
momento (m)	momento (m)	[mo'mento]
objeto (m)	objeto (m)	[oβ'χeto]
obstáculo (m)	obstáculo (m)	[oβs'taкulʲo]
original (m)	original (m)	[oriχi'nalʲ]
padrão	estándar (adj)	[es'tanɟar]
padrão (m)	estándar (m)	[es'tanɟar]
paragem (pausa)	alto (m)	['alʲto]
parte (f)	parte (f)	['parte˚]

partícula (f)	partícula (f)	[par'tiku!ʲa]
pausa (f)	pausa (f)	['pausa]
posição (f)	posición (f)	[posi'θjoɲ]
princípio (m)	principio (m)	[prin'θipio]
problema (m)	problema (m)	[pro'βlema]
processo (m)	proceso (m)	[pro'θeso]
progresso (m)	progreso (m)	[pro'ɣreso]
propriedade (f)	propiedad (f)	[propje'ðað]
reação (f)	reacción (f)	[reak'θjon]
risco (m)	riesgo (m)	['rjesgo]
ritmo (m)	tempo (m)	['tempo]
segredo (m)	secreto (m)	[se'kreto]
série (f)	serie (f)	['serie]
sistema (m)	sistema (m)	[sis'tema]
situação (f)	situación (f)	[situa'θjon]
solução (f)	solución (f)	[sol!u'θjon]
tabela (f)	tabla (f)	['taβ!ʲa]
termo (ex. ~ técnico)	término (m)	['termino]
tipo (m)	tipo (m)	['tipo]
urgente	urgente (adj)	[ur'xente]
urgentemente	urgentemente	[urxente'mente]
utilidade (f)	utilidad (f)	[utili'ðað]
variante (f)	variante (f)	[ba'rjante]
variedade (f)	variedad (f)	[barje'ðað]
verdade (f)	verdad (f)	[ber'ðað]
vez (f)	turno (m)	['turno]
zona (f)	zona (f)	['θona]

250. Modificadores. Adjetivos. Parte 1

aberto	abierto (adj)	[a'βjerto]
afiado	agudo (adj)	[a'guðo]
agradável	agradable (adj)	[aɣra'ðaβle]
agradecido	agradecido (adj)	[aɣraðe'θiðo]
alegre	alegre (adj)	[a'leɣre]
alto (ex. voz ~a)	fuerte (adj)	[fu'erte]
amargo	amargo (adj)	[a'margo]
amplo	amplio (adj)	['amplio]
antigo	antiguo (adj)	[an'tiguo]
apertado (sapatos ~s)	apretado (adj)	[apre'taðo]
apropriado	conveniente (adj)	[kombe'njente]
arriscado	arriesgado (adj)	[arjes'gaðo]
artificial	artificial (adj)	[artifi'θjal!ʲ]
azedo	agrio (adj)	['aɣrio]
baixo (voz ~a)	bajo (adj)	['baχo]
barato	barato (adj)	[ba'rato]

| belo | hermoso (adj) | [er'moso] |
| bom | bueno (adj) | [bu'enc] |

bondoso	bueno (adj)	[bu'enc]
bonito	bello (adj)	['bejo]
bronzeado	bronceado (adj)	[bronθe'aðo]
burro, estúpido	tonto (adj)	['tonto]
calmo	calmo (adj)	['kalˈmc]

cansado	cansado (adj)	[kan'saðo]
cansativo	fatigoso (adj)	[fati'goso]
carinhoso	cariñoso (adj)	[kari'njoso]
caro	caro (adj)	['karo]
cego	ciego (adj)	['θjego]

central	central (adj)	[θen'tralˈ]
cerrado (ex. nevoeiro ~)	espeso (adj)	[es'peso]
cheio (ex. copo ~)	lleno (adj)	['jeno]
civil	civil (adj)	[θi'βilˈ]

clandestino	clandestino (adj)	[klˈandes'tino]
claro	claro (adj)	['klˈaro]
claro (explicação ~a)	claro (adj)	['klˈaro]
compatível	compatible (adj)	[kompa'tiβle]

comum, norma	ordinario (adj)	[orði'nario]
congelado	congelado (adj)	[konχe'lˈaðo]
conjunto	conjunto (adj)	[kon'χunto]
considerável	considerable (adj)	[konsiðe'raβle]
contente	contento (adj)	[kon'tento]

contínuo	continuo (adj)	[kon'tinuo]
contrário (ex. o efeito ~)	opuesto (adj)	[opu'esto]
correto (resposta ~a)	correcto (adj)	[ko'rekto]
cru (não cozinhado)	crudo (adj)	['kruðc]
curto	corto (adj)	['korto]

de curta duração	de corta duración (adj)	[de 'korta dura'θjon]
de sol, ensolarado	soleado (adj)	[sole'aðo]
de trás	de atrás (adj)	[de a'tras]
denso (fumo, etc.)	denso (adj)	['denso]
desanuviado	sin nubes (adj)	[sin 'nuβes]

descuidado	negligente (adj)	[neɣli'χente]
diferente	diferente (adj)	[dife'rente]
difícil	difícil (adj)	[di'fiθil]
difícil, complexo	difícil (adj)	[di'fiθil]
direito	derecho (adj)	[de'retˈo]

distante	lejano (adj)	[le'χarˈo]
diverso	vario (adj)	['bario]
doce (açucarado)	azucarado, dulce (adj)	[aθuka'raðo], ['dulˈθe]
doce (água)	dulce (adj)	['dulˈθe]
doente	enfermo (adj)	[emˈfermo]
duro (material ~)	duro (adj)	['duro]
educado	cortés (adj)	[kor'tes]

encantador	**simpático, amable** (adj)	[sim'patiko], [a'maβle]
enigmático	**misterioso** (adj)	[misteri'oso]
enorme	**enorme** (adj)	[e'norme]
escuro (quarto ~)	**oscuro** (adj)	[os'kuro]
especial	**especial** (adj)	[espe'θjalʲ]
esquerdo	**izquierdo** (adj)	[iθ'kjerðo]
estrangeiro	**extranjero** (adj)	[ekstran'xero]
estreito	**estrecho** (adj)	[es'treʧo]
exato	**exacto** (adj)	[e'ksakto]
excelente	**excelente** (adj)	[ekθe'lente]
excessivo	**excesivo** (adj)	[ekθe'siβo]
externo	**exterior** (adj)	[ekste'rjor]
fácil	**fácil** (adj)	['faθilʲ]
faminto	**hambriento** (adj)	[am'brjento]
fechado	**cerrado** (adj)	[θe'raðo]
feliz	**feliz** (adj)	[fe'liθ]
fértil (terreno ~)	**fértil** (adj)	['fertilʲ]
forte (pessoa ~)	**fuerte** (adj)	[fu'erte]
fraco (luz ~a)	**tenue** (adj)	['tenue]
frágil	**frágil** (adj)	['fraxilʲ]
fresco	**fresco** (adj)	['fresko]
fresco (pão ~)	**fresco** (adj)	['fresko]
frio	**frío** (adj)	['frio]
gordo	**graso** (adj)	['graso]
gostoso	**sabroso** (adj)	[sa'βroso]
grande	**grande** (adj)	['grande]
gratuito, grátis	**gratis** (adj)	['gratis]
grosso (camada ~a)	**grueso** (adj)	[gru'eso]
hostil	**hostil** (adj)	[os'tilʲ]
húmido	**húmedo** (adj)	['umeðo]

251. Modificadores. Adjetivos. Parte 2

igual	**igual, idéntico** (adj)	[igu'alʲ], [i'ðentiko]
imóvel	**inmóvil** (adj)	[in'moβilʲ]
importante	**importante** (adj)	[impor'tante]
impossível	**imposible** (adj)	[impo'siβle]
incompreensível	**indescifrable** (adj)	[indeθi'fraβle]
indigente	**indigente** (adj)	[indi'xente]
indispensável	**imprescindible** (adj)	[impreθin'diβle]
inexperiente	**sin experiencia** (adj)	[sin ekspe'rjenθia]
infantil	**infantil** (adj)	[imɲfan'tilʲ]
ininterrupto	**continuo** (adj)	[kon'tinuo]
insignificante	**insignificante** (adj)	[insiɣnifi'kante]
inteiro (completo)	**entero** (adj)	[en'tero]
inteligente	**inteligente** (adj)	[inteli'xente]

interno	interior (adj)	[inte'rjor]
jovem	joven (adj)	['χoβen˸
largo (caminho ~)	ancho (adj)	['antʃo]
legal	legal (adj)	[le'gali]
leve	ligero (adj)	[li'χero]

limitado	limitado (adj)	[limi'taðo]
limpo	limpio (adj)	['limpio]
líquido	líquido (adj)	['likiðo]
liso	liso (adj)	['liso]
liso (superfície ~a)	plano (adj)	['pliano]

livre	libre (adj)	['liβre]
longo (ex. cabelos ~s)	largo (adj)	['liargo]
maduro (ex. fruto ~)	maduro (adj)	[ma'ðuro]
magro	delgado (adj)	[deli'gado]
magro (pessoa)	flaco, delgado (adj)	['fliako], [del'gaðo]

mais próximo	el más próximo	[eli 'mas 'proksimo]
mais recente	pasado (adj)	[pa'saðɔ]
mate, baço	mate (adj)	['mate]
mau	malo (adj)	['malio]
meticuloso	meticuloso (adj)	[metiku'lioso]

míope	miope (adj)	[mi'ope]
mole	blando (adj)	['blianddɔ]
molhado	mojado (adj)	[mo'χaðo]
moreno	moreno (adj)	[mo'rero]
morto	muerto (adj)	[mu'ertɔ]

não difícil	no difícil (adj)	[no di'fiɐili]
não é clara	poco claro (adj)	['poko ˈkliaro]
não muito grande	no muy grande (adj)	[no mu 'grande]
natal (país ~)	natal (adj)	[na'tali]
necessário	necesario (adj)	[neθe'sario]

negativo	negativo (adj)	[nega'tˌβo]
nervoso	nervioso (adj)	[ner'βjcso]
normal	normal (adj)	[nor'mali]
novo	nuevo (adj)	[nu'eβc]
o mais importante	el más importante	[eli 'mas impor'tante]

obrigatório	obligatorio (adj)	[oβligaˌtorio]
original	original (adj)	[oriχi'nali]
passado	último (adj)	['ulitimo]
pequeno	pequeño (adj)	[pe'kerˌjo]
perigoso	peligroso (adj)	[peli'ɣroso]

permanente	permanente (adj)	[permɛ'nente]
perto	mas próximo	[mas 'proksimo]
pesado	pesado (adj)	[pe'saðo]
pessoal	personal (adj)	[perso'nali]
plano (ex. ecrã ~ a)	plano (adj)	['plianc]

| pobre | pobre (adj) | ['poβrɛ] |
| pontual | puntual (adj) | [puntu'ali] |

229

possível	posible (adj)	[po'siβle]
pouco fundo	poco profundo (adj)	['poko pro'fundo]
presente (ex. momento ~)	presente (adj)	[pre'sente]

prévio	precedente (adj)	[preθe'ðente]
primeiro (principal)	principal (adj)	[prinθi'palʲ]
principal	principal (adj)	[prinθi'palʲ]
privado	privado (adj)	[pri'βaðo]

provável	probable (adj)	[pro'βaβle]
próximo	próximo (adj)	['proksimo]
público	público (adj)	['puβliko]
quente (cálido)	caliente (adj)	[ka'ljente]

quente (morno)	templado (adj)	[tem'plʲaðo]
rápido	rápido (adj)	['rapiðo]
raro	raro (adj)	['raro]
remoto, longínquo	distante (adj)	[dis'tante]
reto	recto (adj)	['rekto]

salgado	salado (adj)	[sa'lʲaðo]
satisfeito	satisfecho (adj)	[satis'fetʃo]
seco	seco (adj)	['seko]
seguinte	siguiente (adj)	[si'gjente]
seguro	seguro (adj)	[se'guro]

similar	similar (adj)	[simi'lʲar]
simples	simple (adj)	['simple]
soberbo	perfecto (adj)	[per'fekto]
sólido	sólido (adj)	['soliðo]
sombrio	sombrío (adj)	[som'brio]

sujo	sucio (adj)	['suθio]
superior	el más alto	[elʲ 'mas 'alʲto]
suplementar	adicional (adj)	[aðiθjo'nalʲ]
terno, afetuoso	tierno (adj)	['tjerno]

tranquilo	tranquilo (adj)	[traŋ'kilʲo]
transparente	transparente (adj)	[transpa'rente]
triste (pessoa)	triste (adj)	['triste]
triste (um ar ~)	triste (adj)	['triste]
último	último (adj)	['ulʲtimo]

único	único (adj)	['uniko]
usado	de segunda mano	[de se'gunda 'mano]
vazio (meio ~)	vacío (adj)	[ba'θio]
velho	viejo (adj)	['bjeχo]
vizinho	vecino (adj)	[be'θino]

500 VERBOS PRINCIPAIS

252.   Verbos A-B

aborrecer-se (vr)	**aburrirse** (vr)	[aβu'rirse]
abraçar (vt)	**abrazar** (vt)	[aβra'θar]
abrir (~ a janela)	**abrir** (vt)	[a'βrir]
acalmar (vt)	**calmar** (vt)	[kalʲ'maɾ]
acariciar (vt)	**acariciar** (vt)	[akari'θ aɾ]
acenar (vt)	**agitar la mano**	[aχi'tar ʲa 'mano]
acender (~ uma fogueira)	**encender** (vt)	[enθen'ʲder]
achar (vt)	**pensar** (vi, vt)	[pen'sa⁻]
acompanhar (vt)	**acompañar** (vt)	[akompa'njar]
aconselhar (vt)	**aconsejar** (vt)	[akonse'χar]
acordar (despertar)	**despertar** (vt)	[despeɾ'tar]
acrescentar (vt)	**añadir** (vt)	[anja'ði⁻]
acusar (vt)	**acusar** (vt)	[aku'sa⁻]
adestrar (vt)	**adiestrar** (vt)	[aðjes't⁻ar]
adivinhar (vt)	**adivinar** (vt)	[aðiβi'nar]
admirar (vt)	**admirar** (vt)	[aðmi'rar]
advertir (vt)	**advertir** (vt)	[aðβer'ʲir]
afirmar (vt)	**afirmar** (vt)	[afir'mɛr]
afogar-se (pessoa)	**ahogarse** (vr)	[ao'garʒe]
afugentar (vt)	**expulsar** (vt)	[ekspulʲ'sar]
agir (vi)	**actuar** (vi)	[aktu'aɪ]
agitar, sacudir (objeto)	**sacudir** (vt)	[saku'ðir]
agradecer (vt)	**agradecer** (vt)	[aɣraðe'θer]
ajudar (vt)	**ayudar** (vt)	[aju'ðar]
alcançar (objetivos)	**lograr** (vt)	[lʲo'ɣrar]
alimentar (dar comida)	**alimentar** (vt)	[alimer 'tar]
almoçar (vi)	**almorzar** (vi)	[alʲmor'θar]
alugar (~ o barco, etc.)	**alquilar** (vt)	[alʲki'lʲar]
alugar (~ um apartamento)	**alquilar** (vt)	[alʲki'lʲar]
amar (pessoa)	**querer** (vt)	[ke'rer]
amarrar (vt)	**atar** (vt)	[a'tar]
ameaçar (vt)	**amenazar** (vt)	[amena'θar]
amputar (vt)	**amputar** (vt)	[ampu'tar]
anotar (escrever)	**anotar** (vt)	[ano'taɾ]
anular, cancelar (vt)	**anular** (vt)	[anu'lʲɛr]
apagar (com apagador, etc.)	**borrar** (vt)	[bo'rar⁻]
apagar (um incêndio)	**sofocar** (vt)	[sofo'kɛr]
apaixonar-se de ...	**enamorarse de ...**	[enamo'rarse de]

aparecer (vi)	aparecer	[apare'θer]
aplaudir (vi)	aplaudir (vi, vt)	[apl'au'ðir]
apoiar (vt)	apoyar (vt)	[apo'jar]
apontar para ...	apuntar a ...	[apun'tar a]
apresentar (alguém a alguém)	presentar (vt)	[presen'tar]
apresentar (Gostaria de ~)	presentar (vt)	[presen'tar]
apressar (vt)	apresurar (vt)	[apresu'rar]
apressar-se (vr)	darse prisa	['darse 'prisa]
aproximar-se (vr)	acercarse (vr)	[aθer'karse]
aquecer (vt)	calentar (vt)	[kalen'tar]
arrancar (vt)	arrancar (vt)	[ara'ŋkar]
arranhar (gato, etc.)	arañar (vt)	[ara'njar]
arrepender-se (vr)	arrepentirse (vr)	[arepen'tirse]
arriscar (vt)	arriesgar (vt)	[arjes'gar]
arrumar, limpar (vt)	hacer la limpieza	[a'θer l'a lim'pjeθa]
aspirar a ...	aspirar a ...	[aspi'rar a]
assinar (vt)	firmar (vt)	[fir'mar]
assistir (vt)	asistir (vt)	[asis'tir]
atacar (vt)	atacar (vt)	[ata'kar]
atar (vt)	atar a ...	[a'tar a]
atirar (vi)	tirar (vi)	[ti'rar]
atracar (vi)	amarrar (vt)	[ama'rar]
aumentar (vi)	aumentarse (vr)	[aumen'tarse]
aumentar (vt)	aumentar (vt)	[aumen'tar]
avançar (sb. trabalhos, etc.)	avanzarse (vr)	[aβan'θarse]
avistar (vt)	avistar (vt)	[aβis'tar]
baixar (guindaste)	bajar (vt)	[ba'χar]
barbear-se (vr)	afeitarse (vr)	[afej'tarse]
basear-se em ...	estar basado en ...	[estar ba'saðo en]
bastar (vi)	ser suficiente	[ser sufi'θjente]
bater (espancar)	pegar (vt)	[pe'gar]
bater (vi)	golpear (vt)	[gol'pe'ar]
bater-se (vr)	pelear (vi)	[pele'ar]
beber, tomar (vt)	beber (vi, vt)	[be'βer]
brilhar (vi)	brillar (vi)	[bri'jar]
brincar, jogar (crianças)	jugar (vi)	[χu'gar]
buscar (vt)	buscar (vt)	[bus'kar]

253. Verbos C-D

caçar (vi)	cazar (vi, vt)	[ka'θar]
calar-se (parar de falar)	dejar de hablar	[de'χar de a'βl'ar]
calcular (vt)	contar (vt)	[kon'tar]
carregar (o caminhão)	cargar (vt)	[kar'gar]
carregar (uma arma)	cargar (vt)	[kar'gar]

casar-se (vr)	casarse (vr)	[ka'sarse]
causar (vt)	ser causa de ...	[ser 'kausa de]
cavar (vt)	cavar (vt)	[ka'βar]

ceder (não resistir)	ceder (vi, vt)	[θe'ðer]
cegar, ofuscar (vt)	cegar (vt)	[θe'gar]
censurar (vt)	reprochar (vt)	[repro't͡ʃar]
cessar (vt)	cesar (vt)	[θe'sar]

chamar (~ por socorro)	llamar (vt)	[ja'mar]
chamar (dizer em voz alta o nome)	llamar (vt)	[ja'mar]
chegar (a algum lugar)	llegar a ...	[je'gar a]
chegar (sb. comboio, etc.)	llegar (vi)	[je'gar]

cheirar (tem o cheiro)	oler (vi)	[o'ler]
cheirar (uma flor)	oler (vt)	[o'ler]
chorar (vi)	llorar (vi)	[jo'rar]
citar (vt)	citar (vt)	[θi'tar]

colher (flores)	coger (vt)	[ko'xer]
colocar (vt)	poner (vt)	[po'ner]
combater (vi, vt)	combatir (vi)	[komba'tir]
começar (vt)	comenzar (vt)	[komen'θar]

comer (vt)	comer (vi, vt)	[ko'mer]
comparar (vt)	comparar (vt)	[kompa'rar]
compensar (vt)	compensar (vt)	[kompen'sar]
competir (vi)	competir (vi)	[kompe'tir]

complicar (vt)	complicar (vt)	[kompli'kar]
compor (vt)	componer (vt)	[kompo'ner]
comportar-se (vr)	comportarse (vr)	[kompor'tarse]
comprar (vt)	comprar (vt)	[kom'prar]

compreender (vt)	comprender (vt)	[kompren'der]
comprometer (vt)	comprometer (vt)	[komprome'ter]
concentrar-se (vr)	concentrarse (vr)	[konθen'trarse]
concordar (dizer "sim")	estar de acuerdo	[es'tar de aku'erðo]

condecorar (dar medalha)	condecorar (vt)	[kondeko'rar]
conduzir (~ o carro)	conducir el coche	[kondu'θir el 'kotʃe]
confessar-se (criminoso)	confesar (vt)	[konfe'sar]
confiar (vt)	confiar (vt)	[konj'fjar]

confundir (equivocar-se)	confundir (vt)	[konfun'dir]
conhecer (vt)	conocer (vt)	[kono'θer]
conhecer-se (vr)	hacer conocimiento	[a'θer konoθi'mjento]
consertar (vt)	poner en orden	[po'ner en 'orðen]

consultar ...	consultar a ...	[konsul'tar a]
contagiar-se com ...	contagiarse de ...	[konta xjarse de]
contar (vt)	contar (vt)	[kon'tar]
contar com ...	contar con ...	[kon'tar kon]
continuar (vt)	continuar (vt)	[kontinu'ar]
contratar (vt)	contratar (vt)	[kontra'tar]

controlar (vt)	**controlar** (vt)	[kontro'lʲar]
convencer (vt)	**convencer** (vt)	[komben'θer]
convidar (vt)	**invitar** (vt)	[imbi'tar]
cooperar (vi)	**colaborar** (vi)	[kolʲaβo'rar]
coordenar (vt)	**coordinar** (vt)	[koorði'nar]
corar (vi)	**enrojecer** (vi)	[enroχe'θer]
correr (vi)	**correr** (vi)	[ko'rer]
corrigir (vt)	**corregir** (vt)	[kore'χir]
cortar (com um machado)	**hachear** (vt)	[atʃe'ar]
cortar (vt)	**cortar** (vt)	[kor'tar]
cozinhar (vt)	**preparar** (vt)	[prepa'rar]
crer (pensar)	**creer** (vt)	[kre'er]
criar (vt)	**crear** (vt)	[kre'ar]
cultivar (vt)	**cultivar** (vt)	[kulʲti'βar]
cuspir (vi)	**escupir** (vi)	[esku'pir]
custar (vt)	**costar** (vt)	[kos'tar]
dar (vt)	**dar** (vt)	[dar]
dar banho, lavar (vt)	**bañar** (vt)	[ba'njar]
datar (vi)	**datar de ...**	[da'tar de]
decidir (vt)	**decidir** (vt)	[deθi'ðir]
decorar (enfeitar)	**decorar** (vt)	[deko'rar]
dedicar (vt)	**dedicar** (vt)	[deði'kar]
defender (vt)	**defender** (vt)	[defen'der]
defender-se (vr)	**defenderse** (vr)	[defen'derse]
deixar (~ a mulher)	**abandonar** (vt)	[aβando'nar]
deixar (esquecer)	**olvidar** (vt)	[olʲβi'ðar]
deixar (permitir)	**permitir** (vt)	[permi'tir]
deixar cair (vt)	**dejar caer**	[de'χar ka'er]
denominar (vt)	**llamar** (vt)	[ja'mar]
denunciar (vt)	**denunciar** (vt)	[denun'θjar]
depender de ... (vi)	**depender de ...**	[depen'der de]
derramar (vt)	**derramar** (vt)	[dera'mar]
derramar-se (vr)	**desparramarse** (vr)	[despara'marse]
desaparecer (vi)	**desaparecer** (vi)	[desapare'θer]
desatar (vt)	**desatar** (vt)	[desa'tar]
desatracar (vi)	**desamarrar** (vt)	[desama'rar]
descansar (um pouco)	**descansar** (vi)	[deskan'sar]
descer (para baixo)	**descender** (vi)	[deθen'der]
descobrir (novas terras)	**descubrir** (vt)	[desku'βrir]
descolar (avião)	**despegar** (vi)	[despe'gar]
desculpar (vt)	**disculpar** (vt)	[diskulʲ'par]
desculpar-se (vr)	**disculparse** (vr)	[diskulʲ'parse]
desejar (vt)	**desear** (vt)	[dese'ar]
desempenhar (vt)	**interpretar** (vt)	[interpre'tar]
desligar (vt)	**apagar** (vt)	[apa'gar]
desprezar (vt)	**despreciar** (vt)	[despre'θjar]

destruir (documentos, etc.)	**destruir** (vt)	[destru' r]
dever (vi)	**deber** (v aux)	[de'βer]
devolver (vt)	**devolver** (vt)	[deβoˡ'βer]

direcionar (vt)	**encaminar** (vt)	[eŋkam 'nar]
dirigir (~ uma empresa)	**dirigir** (vt)	[diri'χir]
dirigir-se	**dirigirse** (vr)	[diri'χirse]
(a um auditório, etc.)		
discutir (notícias, etc.)	**discutir** (vt)	[disku'tir]

distribuir (folhetos, etc.)	**distribuir** (vt)	[distriβu'ir]
distribuir (vt)	**distribuir** (vt)	[distriβu'ir]
divertir (vt)	**entretener** (vt)	[entretɛ'ner]
divertir-se (vr)	**divertirse** (vr)	[diβer'ti˞se]

dividir (mat.)	**dividir** (vt)	[diβi'ðir]
dizer (vt)	**decir** (vt)	[de'θir]
dobrar (vt)	**doblar** (vt)	[doβ'ˡar]
duvidar (vt)	**dudar** (vt)	[du'ðar]

254. Verbos E-J

elaborar (uma lista)	**compilar** (vt)	[kompi' ˡar]
elevar-se acima de …	**elevarse** (vr)	[ele'βarse]
eliminar (um obstáculo)	**eliminar** (vt)	[elimi'nar]
embrulhar (com papel)	**empaquetar** (vt)	[empake'tar]

emergir (submarino)	**emerger** (vi)	[emer'χer]
emitir (vt)	**emitir** (vt)	[emi'tir]
empreender (vt)	**emprender** (vt)	[empreɲ'der]
empurrar (vt)	**empujar** (vt)	[empu'χar]

encabeçar (vt)	**encabezar** (vt)	[eŋkaβɜ'θar]
encher (~ a garrafa, etc.)	**llenar** (vt)	[je'nar]
encontrar (achar)	**encontrar** (vt)	[eŋkon trar]
enganar (vt)	**engañar** (vi, vt)	[enga'r jar]

ensinar (vt)	**enseñar** (vi, vt)	[ense'r jar]
entrar (na sala, etc.)	**entrar** (vi)	[en'trar]
enviar (uma carta)	**enviar** (vt)	[em'bjɛr]
equipar (vt)	**equipar** (vt)	[eki'par]

errar (vi)	**equivocarse** (vr)	[ekiβo'karse]
escolher (vt)	**escoger** (vt)	[esko'χer]
esconder (vt)	**esconder** (vt)	[eskon der]
escrever (vt)	**escribir** (vt)	[eskri'ɛir]

escutar (vt)	**escuchar** (vt)	[esku't̪ar]
escutar atrás da porta	**escuchar a hurtadillas**	[esku't̪ar a urta'ðijas]
esmagar (um inseto, etc.)	**aplastar** (vt)	[apˡas tar]
esperar (contar com)	**esperar** (vt)	[espe'rar]

| esperar (o autocarro, etc.) | **esperar** (vt) | [espe'rar] |
| esperar (ter esperança) | **esperar** (vi) | [espe'rar] |

espreitar (vi)	mirar a hurtadillas	[mi'rar a urta'ðijas]
esquecer (vt)	olvidar (vt)	[olʲβi'ðar]
estar	estar (vi)	[es'tar]

estar (vi)	estar (vi)	[es'tar]
estar convencido	convencerse (vr)	[komben'θerse]
estar deitado	estar acostado	[es'tar akos'taðo]
estar perplexo	estar perplejo	[es'tar per'pleχo]

estar sentado	estar sentado	[es'tar sen'taðo]
estremecer (vi)	estremecerse (vr)	[estreme'θerse]
estudar (vt)	estudiar (vt)	[estu'ðjar]
evitar (vt)	evitar (vt)	[eβi'tar]

examinar (vt)	examinar (vt)	[eksami'nar]
exigir (vt)	exigir (vt)	[eksi'χir]
existir (vi)	existir (vi)	[eksis'tir]
explicar (vt)	explicar (vt)	[ekspli'kar]

expressar (vt)	expresar (vt)	[ekspre'sar]
expulsar (vt)	excluir (vt)	[eksklʲu'ir]
facilitar (vt)	facilitar (vt)	[faθili'tar]
falar com ...	hablar con ...	[a'βlʲar kon]

faltar a ...	faltar a ...	[falʲ'tar a]
fascinar (vt)	fascinar (vt)	[faθi'nar]
fatigar (vt)	cansar (vt)	[kan'sar]
fazer (vt)	hacer (vt)	[a'θer]

fazer lembrar	recordar (vt)	[rekor'ðar]
fazer piadas	bromear (vi)	[brome'ar]
fazer uma tentativa	intentar (vt)	[inten'tar]
fechar (vt)	cerrar (vt)	[θe'rar]
felicitar (dar os parabéns)	felicitar (vt)	[feliθi'tar]

ficar cansado	estar cansado	[es'tar kan'saðo]
ficar em silêncio	callarse (vr)	[ka'jarse]
ficar pensativo	reflexionar (vi)	[refleksjo'nar]
forçar (vt)	forzar (vt)	[for'θar]
formar (vt)	formar (vt)	[for'mar]

fotografar (vt)	fotografiar (vt)	[fotoɣra'fjar]
gabar-se (vr)	alabarse (vr)	[alʲa'βarse]
garantir (vt)	garantizar (vt)	[garanti'θar]
gostar (apreciar)	gustar (vi)	[gus'tar]

gostar (vt)	gustar (vi)	[gus'tar]
gritar (vi)	gritar (vi)	[gri'tar]
guardar (cartas, etc.)	guardar (vt)	[guar'ðar]
guardar (no armário, etc.)	guardar (vt)	[guar'ðar]
guerrear (vt)	estar en guerra	[es'tar en 'gera]

herdar (vt)	heredar (vt)	[ere'ðar]
iluminar (vt)	alumbrar (vt)	[alʲum'brar]
imaginar (vt)	imaginarse (vr)	[imaχi'narse]
imitar (vt)	imitar (vt)	[imi'tar]

implorar (vt)	suplicar (vt)	[supli'kar]
importar (vt)	importar (vt)	[impor'tar]
indicar (orientar)	mostrar (vt)	[mos'trar]
indignar-se (vr)	indignarse (vr)	[indiɣ'narse]

infetar, contagiar (vt)	contagiar (vt)	[konta'ɣjar]
influenciar (vt)	influir (vt)	[iɱflʲu'ir]
informar (fazer saber)	informar (vt)	[iɱfor'mar]
informar (vt)	informar (vt)	[iɱfor'mar]

informar-se (~ sobre)	informarse (vr)	[iɱfor'marse]
inscrever (na lista)	inscribir (vt)	[inskri'ɕir]
inserir (vt)	insertar (vt)	[inser'tar]
insinuar (vt)	aludir (vi)	[alʲu'ðir]

insistir (vi)	insistir (vi)	[insis'tir]
inspirar (vt)	inspirar (vt)	[inspi'rar]
instruir (vt)	instruir (vt)	[instru'i]
insultar (vt)	insultar (vt)	[insulʲ'tar]

interessar (vt)	interesar (vt)	[intere'sar]
interessar-se (vr)	interesarse por ...	[intere'sarse por]
intervir (vi)	intervenir (vi)	[interβe'nir]
invejar (vt)	envidiar (vt)	[embi'ðjar]

inventar (vt)	inventar (vt)	[imben'tar]
ir (a pé)	ir (vi)	[ir]
ir (de carro, etc.)	ir (vi)	[ir]
ir nadar	bañarse (vr)	[ba'njarse]

ir para a cama	irse a la cama	['irse a lʲa 'kama]
irritar (vt)	irritar (vt)	[iri'tar]
irritar-se (vr)	irritarse (vr)	[iri'tarse]
isolar (vt)	aislar (vt)	[ais'lʲar]

jantar (vi)	cenar (vi)	[θe'nar]
jogar, atirar (vt)	tirar (vt)	[ti'rar]
juntar, unir (vt)	unir (vt)	[u'nir]
juntar-se a ...	unirse (vr)	[u'nirse]

255. Verbos L-P

lançar (novo projeto)	lanzar (vt)	[lʲan'θar]
lavar (vt)	lavar (vt)	[lʲa'βar]
lavar a roupa	lavar la ropa	[lʲa'βar lʲa 'ropa]
lavar-se (vr)	darse un baño	['darse un 'banjo]

lembrar (vt)	recordar (vt)	[rekor'ðar]
ler (vt)	leer (vi, vt)	[le'er]
levantar-se (vr)	levantarse (vr)	[leβan'tarse]
levar (ex. leva isso daqui)	retirar (vt)	[reti'rar]

| libertar (cidade, etc.) | liberar (vt) | [liβe'rar] |
| ligar (o radio, etc.) | encender (vt) | [enθer'der] |

limitar (vt)	**limitar** (vt)	[limi'tar]
limpar (eliminar sujeira)	**limpiar** (vt)	[lim'pjar]
limpar (vt)	**limpiar** (vt)	[lim'pjar]
lisonjear (vt)	**adular** (vt)	[aðu'lʲar]
livrar-se de ...	**librarse de ...**	[li'βrarse de]
lutar (combater)	**luchar** (vi)	[lʲu'ʧar]
lutar (desp.)	**luchar** (vi)	[lʲu'ʧar]
marcar (com lápis, etc.)	**marcar** (vt)	[mar'kar]
matar (vt)	**matar** (vt)	[ma'tar]
memorizar (vt)	**memorizar** (vt)	[memori'θar]
mencionar (vt)	**mencionar** (vt)	[menθjo'nar]
mentir (vi)	**mentir** (vi)	[men'tir]
merecer (vt)	**merecer** (vt)	[mere'θer]
mergulhar (vi)	**bucear** (vi)	[buθe'ar]
misturar (combinar)	**mezclar** (vt)	[meθ'klʲar]
morar (vt)	**habitar** (vi, vt)	[aβi'tar]
mostrar (vt)	**mostrar** (vt)	[mos'trar]
mover (arredar)	**mover** (vt)	[mo'βer]
mudar (modificar)	**cambiar**	[kam'bjar]
multiplicar (vt)	**multiplicar** (vt)	[mulʲtipli'kar]
nadar (vi)	**nadar** (vi)	[na'ðar]
negar (vt)	**negar** (vt)	[ne'gar]
negociar (vi)	**negociar** (vi)	[nego'θjar]
nomear (função)	**nombrar** (vt)	[nom'brar]
obedecer (vt)	**obedecer** (vi, vt)	[oβeðe'θer]
objetar (vt)	**objetar** (vt)	[oβχe'tar]
observar (vt)	**observar** (vt)	[oβser'βar]
ofender (vt)	**ofender** (vt)	[ofen'der]
olhar (vt)	**mirar** (vi, vt)	[mi'rar]
omitir (vt)	**omitir** (vt)	[omi'tir]
ordenar (mil.)	**ordenar** (vt)	[orðe'nar]
organizar (evento, etc.)	**organizar** (vt)	[organi'θar]
ousar (vt)	**osar** (vi)	[o'sar]
ouvir (vt)	**oír** (vt)	[o'ir]
pagar (vt)	**pagar** (vi, vt)	[pa'gar]
parar (para descansar)	**pararse** (vr)	[pa'rarse]
parecer-se (vr)	**parecerse** (vr)	[pare'θerse]
participar (vi)	**participar** (vi)	[partiθi'par]
partir (~ para o estrangeiro)	**partir** (vi)	[par'tir]
passar (vt)	**pasar** (vt)	[pa'sar]
passar a ferro	**planchar** (vi, vt)	[plʲan'ʧar]
pecar (vi)	**pecar** (vi)	[pe'kar]
pedir (comida)	**pedir** (vt)	[pe'ðir]
pedir (um favor, etc.)	**pedir** (vt)	[pe'ðir]
pegar (tomar com a mão)	**coger** (vt)	[ko'χer]
pegar (tomar)	**tomar** (vt)	[to'mar]

pendurar (cortiras, etc.)	colgar (vt)	[kol'ga⁻]
penetrar (vt)	penetrar (vt)	[pene't⁻ar]
pensar (vt)	pensar (vi, vt)	[pen'sɛr]
pentear-se (vr)	peinarse (vr)	[pej'narse]
perceber (ver)	notar (vt)	[no'tar]
perder (o guarda-chuva, etc.)	perder (vt)	[per'ðe⁻]
perdoar (vt)	perdonar (vt)	[perðoʰnar]
permitir (vt)	permitir (vt)	[permi'ːir]
pertencer a ...	pertenecer a ...	[pertene'θer a]
perturbar (vt)	molestar (vt)	[moles tar]
pesar (ter o peso)	pesar (vt)	[pe'sar]
pescar (vt)	pescar (vi)	[pes'kɛr]
planear (vt)	planear (vt)	[plʲaneˈar]
poder (vi)	poder (v aux)	[po'ðer]
pôr (posicionarː	poner, colocar (vt)	[po'ner], [kolʲo'kar]
possuir (vt)	poseer (vt)	[pose'er]
preferir (vt)	preferir (vt)	[prefe'rir]
preocupar (vt)	inquietar (vt)	[inkje'tar]
preocupar-se (vr)	inquietarse (vr)	[inkje'tarse]
preocupar-se (vr)	preocuparse (vr)	[preoku'parθe]
preparar (vt)	preparar (vt)	[prepa rar]
preservar (ex. ~ a paz)	mantener (vt)	[mantɛ'ner]
prever (vt)	prever (vt)	[pre'βɛr]
privar (vt)	privar (vt)	[pri'βar]
proibir (vt)	prohibir (vt)	[proi'βir]
projetar, criar (vt)	proyectar (vt)	[projekˈtar]
prometer (vt)	prometer (vt)	[prome'ter]
pronunciar (vt)	pronunciar (vt)	[pronuⁿ'θjar]
propor (vt)	proponer (vt)	[propoˈner]
proteger (a natureza)	proteger (vt)	[prote'χer]
protestar (vi)	protestar (vi, vt)	[protes'tar]
provar (~ a teoria, etc.)	probar (vt)	[pro'βar]
provocar (vt)	provocar (vt)	[proβcʰkar]
publicitar (vt)	publicitar (vt)	[puβliɛi'tar]
punir, castigar (vt)	castigar (vt)	[kasti'gar]
puxar (vt)	tirar (vt)	[ti'rar]

256. Verbos Q-Z

quebrar (vt)	romper (vt)	[rom'per]
queimar (vt)	quemar (vt)	[ke'mar]
queixar-se (vr)	quejarse (vr)	[ke'χa⁻se]
querer (desejar)	querer (vt)	[ke'rer]
rachar-se (vr)	rajarse (vr)	[ra'χarse]
realizar (vt)	realizar (vt)	[reali'θar]

recomendar (vt)	recomendar (vt)	[rekomen'dar]
reconhecer (identificar)	reconocer (vt)	[rekono'θer]
reconhecer (o erro)	reconocer, admitir	[rekono'θer], [aðmi'tir]
recordar, lembrar (vt)	recordarse (vr)	[rekor'ðarse]
recuperar-se (vr)	recuperarse (vr)	[rekupe'rarse]
recusar (vt)	negar (vt)	[ne'gar]
reduzir (vt)	disminuir (vt)	[disminu'ir]
refazer (vt)	rehacer (vt)	[rea'θer]
reforçar (vt)	fortalecer (vt)	[fortale'θer]
refrear (vt)	retener (vt)	[rete'ner]
regar (plantas)	regar (vt)	[re'gar]
remover (~ uma mancha)	quitar (vt)	[ki'tar]
reparar (vt)	reparar (vt)	[repa'rar]
repetir (dizer outra vez)	repetir (vt)	[repe'tir]
reportar (vt)	presentar un informe	[presen'tar un iɲ'forme]
repreender (vt)	regañar (vt)	[rega'njar]
reservar (~ um quarto)	reservar (vt)	[reser'βar]
resolver (o conflito)	resolver (vt)	[resoɬ'ʲβer]
resolver (um problema)	resolver (vt)	[resoɬ'ʲβer]
respirar (vi)	respirar (vi)	[respi'rar]
responder (vt)	responder (vi, vt)	[respon'der]
rezar, orar (vi)	orar (vi)	[o'rar]
rir (vi)	reírse (vr)	[re'irse]
romper-se (corda, etc.)	romperse (vr)	[rom'perse]
roubar (vt)	robar (vt)	[ro'βar]
saber (vt)	saber (vt)	[sa'βer]
sair (~ de casa)	salir (vi)	[sa'lir]
sair (livro)	salir (vt)	[sa'lir]
salvar (vt)	salvar (vt)	[salʲ'βar]
satisfazer (vt)	satisfacer (vt)	[satisfa'θer]
saudar (vt)	saludar (vt)	[salʲu'ðar]
secar (vt)	secar (vt)	[se'kar]
seguir ...	seguir ...	[se'gir]
selecionar (vt)	seleccionar (vt)	[selekθjo'nar]
semear (vt)	sembrar (vi, vt)	[sem'brar]
sentar-se (vr)	sentarse (vr)	[sen'tarse]
sentenciar (vt)	sentenciar (vt)	[senten'θjar]
sentir (~ perigo)	sentir (vt)	[sen'tir]
ser (vi)	ser (vi)	[ser]
ser diferente	diferenciarse (vr)	[diferen'θjarse]
ser indispensável	ser indispensable	[ser indispen'saβle]
ser necessário	ser necesario	[ser neθe'sario]
ser preservado	estar conservado	[es'tar konser'βaðo]
ser, estar	ser, estar (vi)	[ser], [es'tar]
servir (restaurant, etc.)	servir (vt)	[ser'βir]
servir (roupa)	quedar (vi)	[ke'ðar]

significar (palavra, etc.)	**significar** (vt)	[siɣnifi'kar]
significar (vt)	**significar** (vt)	[siɣnifi'kar]
simplificar (vt)	**simplificar** (vt)	[simplifi kar]

sobrestimar (vt)	**sobreestimar** (vt)	['soβreesti'mar]
sofrer (vt)	**sufrir** (vi)	[su'frir]
sonhar (vi)	**soñar** (vi)	[so'njar]
sonhar (vt)	**soñar** (vi)	[so'njar]
soprar (vi)	**soplar** (vi)	[so'plʲar]

sorrir (vi)	**sonreír** (vi)	[sonre'iɾ]
subestimar (vt)	**subestimar** (vt)	[suβestiˈmar]
sublinhar (vt)	**subrayar** (vt)	[suβra'jar]
sujar-se (vr)	**ensuciarse** (vr)	[ensu'θʲarse]

supor (vt)	**suponer** (vt)	[supo'ner]
suportar (as dores)	**soportar** (vt)	[sopor'tɔr]
surpreender (vt)	**sorprender** (vt)	[sorpren'der]
surpreender-se (vr)	**sorprenderse** (vr)	[sorpren'derse]
suspeitar (vt)	**sospechar** (vt)	[sospe'ʧar]

suspirar (vi)	**suspirar** (vi)	[suspi'rar]
tentar (vt)	**tratar de ...**	[tra'tar de]
ter (vt)	**tener** (vt)	[te'ner]
ter medo	**tener miedo de ...**	[te'ner 'mjeðo de]

terminar (vt)	**terminar** (vt)	[termi'nɔr]
tirar (vt)	**quitar** (vt)	[ki'tar]
tirar cópias	**hacer copias**	[a'θer 'kopias]
tirar uma conclusão	**hacer una conclusión**	[a'θer 'ʊna koŋklʲu'sjon]

tocar (com as mãos)	**tocar** (vt)	[to'kar]
tomar emprestado	**prestar** (vt)	[pres'ta˥]
tomar nota	**tomar nota**	[to'mar 'nota]
tomar o pequeno-almoço	**desayunar** (vi)	[desaju nar]

tornar-se (ex. ~ conhecido)	**hacerse** (vr)	[a'θerse]
trabalhar (vi)	**trabajar** (vi)	[traβa'χar]
traduzir (vt)	**traducir** (vt)	[traðu'θir]
transformar (vt)	**transformar** (vt)	[transfcr'mar]

tratar (a doença)	**curar** (vt)	[ku'rar]
trazer (vt)	**traer** (vt)	[tra'er]
treinar (pessoa)	**entrenar** (vt)	[entre'rar]
treinar-se (vr)	**entrenarse** (vr)	[entre'rarse]
tremer (de frio)	**temblar** (vi)	[tem'blʲar]

trocar (vt)	**intercambiar** (vt)	[interkam'bjar]
trocar, mudar (vt)	**cambiar** (vt)	[kam'bjar]
usar (uma palavra, etc.)	**emplear** (vt)	[emple'ar]
utilizar (vt)	**usar** (vt)	[u'sar]
vacinar (vt)	**vacunar** (vt)	[baku'nar]

vender (vt)	**vender** (vt)	[ben'der]
verter (encher)	**verter** (vt)	[ber'ter]
vingar (vt)	**vengar** (vt)	[ben'gar]

virar (ex. ~ à direita)	girar (vi)	[χi'rar]
virar (pedra, etc.)	volver (vt)	[bolʲ'βer]
virar as costas	volverse de espaldas	[bolʲ'βerse de es'palʲdas]
viver (vi)	vivir (vi)	[bi'βir]
voar (vi)	volar (vi)	[bo'lʲar]
voltar (vi)	regresar (vi)	[reɣre'sar]
votar (vi)	votar (vi)	[bo'tar]
zangar (vt)	enfadar (vt)	[eɱfa'ðar]
zangar-se com ...	enfadarse con ...	[eɱfa'ðarse kon]
zombar (vt)	burlarse (vr)	[bur'lʲarse]

9 781784 008529